I0166399

LE SIÉGE DE METZ

EN 1552

Metz 1

B (3)

JOURNAL

DU

SIÉGE DE METZ

EN 1552.

Documents relatifs à l'organisation de l'armée de l'empereur
Charles-Quint, et à ses travaux devant cette place ; — Et description des
médailles frappées à l'occasion de la levée du siége.

RECUEILLIS ET PUBLIÉS

Par M. F.-M. CHABERT

MEMBRE TITULAIRE DE L'ACADÉMIE IMPÉRIALE DE METZ, MEMBRE HONORAIRE DE LA
SOCIÉTÉ GRAND-DUCALE DE LUXEMBOURG, MEMBRE CORRESPONDANT
DES ACADÉMIES DU GARD, DE NANCY, ETC.

BIBLIOTHEQUE NATIONALE DE FRANCE

3 7513 00457385 2

METZ

Typographie de ROUSSEAU-PALLEZ, Éditeur

IMPRIMEUR DE MONSEIGNEUR L'ÉVÊQUE
Libraire de l'Académie impériale
rue des Clercs, 14.

MDCCCLVI

AVERTISSEMENT.

La défense de Metz contre Charles-Quint est un des plus beaux faits d'armes de l'histoire moderne. Nos chroniqueurs nous ont conservé le journal du siége et les noms des principaux généraux qui secondèrent François de Guise.' Tout ce qui se rapporte à cette époque mémorable est de la plus haute importance.

Nous croyons faire une chose utile en offrant une édition nouvelle et complète de la relation du SIÉGE DE METZ EN 1552, PAR BERTRAND DE SALIGNAC, avec les gravures et le plan de la ville, *selon sa vraye proportion*. Pour notre publication, nous avons suivi l'édition qui fut imprimée sous les yeux même de l'auteur, un an après l'événement, et nous y avons joint la préface et les variantes de la réimpression de Collignon, avec le plan gravé par Sébastien le Clerc.

Un glossaire donne l'explication des principaux mots peu connus ou surannés qui se trouvent dans le livre de B. de Salignac.

M. le Puillon de Boblaye, général commandant l'école d'application du génie et de l'artillerie de Metz, a bien voulu nous mettre en possession de nouveaux documents du plus haut intérêt. Ces documents, extraits du bureau de l'ancienne Chancellerie impériale, sont actuellement déposés aux archives royales d'Espagne, dans la ville de Simancas.

Les copies transcrites avec le plus grand soin par M. Gautier, colonel du génie, commandant en second l'école de Guadalajara, et transmises par cet officier supérieur, suivant lettre d'envoi datée de Guadalajara du 9 janvier 1854, ont été traduites et offertes, avec leur traduction, par M. le général de Boblaye à la bibliothèque de l'école d'application.

Nous nous empressons de soumettre aux lecteurs ces documents entièrement inédits. Cette partie de notre publication a été revue par M. le général de Boblaye lui-même. Les notes qui accompagnent la traduction sont dues à M. Dufresne, conseiller de préfecture à Metz.

Les documents provenant des archives de Simancas, tous relatifs à l'organisation de l'armée impériale et à ses travaux devant Metz, font connaître les embarras de Charles-Quint, en quelque sorte le journal de sa vie pendant son séjour sous les murs de Metz et à Thionville, enfin les réflexions de ce grand homme sur les causes qui le forcèrent à abandonner son entreprise.

Nous devons à l'obligeance de M. Robert, sous-intendant militaire de première classe, la description et les dessins des cinq médailles qui ont été frappées en France, à l'occasion de l'heureuse issue du siége de Metz.

Cette publication recevra, nous l'espérons, l'approbation de toutes les personnes qui s'intéressent à l'histoire nationale. Elle est destinée à faire suite à la grande histoire de Metz par les religieux bénédictins (6 vol. in-4°). Puissent nos efforts engager nos concitoyens à continuer la collection des Chroniques messines qui sont si riches en souvenirs et qui présentent une série de sujets d'étude des plus nombreux, des plus variés et des plus attrayants.......

INTRODUCTION HISTORIQUE.

Depuis que la France était entrée en lutte avec la maison d'Autriche, elle s'était efforcée de reporter sa limite orientale jusqu'au Rhin. Cette pensée avait long-temps occupé l'esprit du chevaleresque François Ier ; il l'avait léguée à son suc-cesseur Henri II, son second fils. Les nouveautés hardies du Protestantisme et l'ambition insatiable de Charles-Quint servirent admirablement les projets du jeune roi de France. Henri II saisit habilement l'occasion qui se présenta bientôt de prendre pied dans les Trois-Evêchés [1], qui étaient des états libres, des membres de la grande confédération germanique.

Charles-Quint venait de s'aliéner les cœurs des Messins en exigeant d'eux, malgré ses promesses et les droits d'exemption d'impôts reconnus de toute ancienneté, le paiement de trente-cinq mille florins d'or pour leur part des frais de la guerre faite en Allemagne contre les princes qui redoutaient le plus les progrès de la puissance impériale. La ville de Metz, la principale métropole de la province des Trois-Évêchés, avait une constitution républicaine et jouissait des droits de souveraineté. Mais son gouvernement penchait vers l'anarchie, n'ayant plus cette unité qui, jusque-là, avait fait sa force. La Réforme avait mis la division dans les familles patriciennes. Les administrateurs de la cité ne se dissimulaient pas que le temps était arrivé où des lettres de neutralité, concédées par l'empereur et par le roi de France, seraient insuffisantes pour protéger les Trois-Evêchés et maintenir leur indépendance. D'ailleurs les événements les plus récents prou-vaient jusqu'à l'évidence que la possession de Metz, Toul et Verdun était convoitée à la fois par Charles-Quint qui aspirait plus ouvertement que jamais à la monar-chie universelle, et par Henri II qui sentait le besoin de couvrir par un inexpu-gnable rempart ses provinces de l'Est faiblement défendues par les frontières de Champagne. Un parti nombreux et influent, parmi les habitants de Metz, se pro-nonçait en faveur de la France.

---

[1] Villes et Pays de Metz, Toul et Verdun.

Averti de cette situation si favorable à ses desseins, Henri II était prêt à prendre une résolution énergique, quand les princes protestants, ayant formé une ligue contre l'empereur, implorèrent le secours de son rival. Un pacte secret fut conclu au mois d'octobre 1551. Cette alliance entre la France et les États protestants de l'Allemagne avait pour but de « résister de vive force aux pratiques employées » par Charles d'Autriche pour faire tomber la Germanie en une bestiale, insup- » portable et perpétuelle servitude, comme il a été fait en Espagne et ailleurs. »

« On trouverait aussi bon, disaient les princes pour s'assurer le concours » d'Henri II, que ledit seigneur roi s'impatronisât le plus tôt qu'il pourrait des » villes qui appartiennent d'ancienneté à l'Empire, et qui ne sont pas de la langue » germanique, savoir, de Cambrai, Toul en Lorraine, Metz et Verdun, et autres » semblables ; et qu'il les gardât comme vicaire du Saint-Empire [1]. » Ce traité fut ratifié par le roi, dans son château de Chambord, le 15 janvier 1552. Les seigneurs de l'Empire s'engageaient à attaquer Charles-Quint, et à ne faire avec lui ni paix ni trève sans l'aveu de la France. Henri II promettait, de son côté, de fournir des subsides à ses alliés.

Le roi de France fit publier, dès le mois de février 1552, une Déclaration adressée aux Electeurs, Princes, Prélats, Comtes, Seigneurs, Chevaliers, Gentils-hommes, Villes franches ou impériales. « Afin, leur disait-il, que chacun soit » assuré et sans aucun souci pour ses états, biens et possessions, Nous mettrons » toute la peine qu'il nous sera possible afin qu'homme du monde, avec raison, ne » se puisse plaindre ou dire que notre alliance et ligue ait été ou soit dommageable » à personne. Car Nous voulons et n'avons jamais entendu, sinon qu'un chacun » demeure en ses prééminences, honneurs, biens et liberté ; et non pour autre fin, » Nous avons entrepris la guerre.

» Nous vous promettons par le Dieu tout puissant, devant tous les Rois, Princes » et Potentats de la Chrétienté, que Nous ne permettrons, en façon du monde, que » à vous tous en général, ne à pas un de vous en particulier, de quelqu'état et » qualité qu'il puisse être, il soit, à notre sçu, fait tort, ne que vous receviez par » Nous aucuns dommages, tant s'en faut. » [2]

Cette promesse si solennellement jurée à la face du ciel et de la terre, pressa la détermination des Messins. Ils embrassèrent ouvertement le parti des mécontents.

Henry II ne perdit pas de temps. Après s'être fait déclarer le protecteur des droits de l'Empire, il quitta sa capitale, précédé d'une armée nombreuse sous le commandement du fameux connétable de Montmorency.

La ville de Metz envoya au roi des députés à Joinville : le monarque *eut grant*

[1] Traité de paix, tome II, page 258.
[2] Cette déclaration est rapportée dans Marcel.

plaisir d'entendre la bonne volonté en laquelle les Messins continuaient en son endroict [1].

Bientôt Metz apprit avec surprise qu'elle devait livrer passage à une autre milice que la sienne. Dans la crainte d'une violence, elle voulut stipuler des garanties; elle invoqua sa constitution et ses priviléges; mais elle était trop profondément divisée : l'évêque Robert de Lenoncourt, qui espérait, en détachant la cité de l'Empire, trouver l'occasion de saisir l'autorité suprême dans la ville, travaillait la noblesse. Le sieur de Tavannes, envoyé à Metz, obtint des bourgeois qu'ils recevraient le connétable avec ses gardes et une enseigne de gens de pied. « Puisque « le roi, avançait le sieur de Tavannes, allait pour la liberté de l'Allemagne, il « ne pouvait moins qu'avoir son logis en leur ville [2]. »

Le parti français l'avait emporté. Montmorency suivi de 1500 soldats de ses meilleures troupes, sans compter une suite nombreuse de princes et de gentilshommes, fit son entrée immédiate dans la ville (10 avril 1552). Le 12 du même mois, Toul ouvrit ses portes, sans conditions. Verdun reçut les Français deux mois plus tard. Charles-Quint n'avait pu faire aucun préparatif pour résister à une attaque aussi soudaine et aussi imprévue.

Henri II avait rejoint son armée. Le 18 avril 1552, qui était le jour de Pâques, le roi de France vint en personne à Metz consacrer l'heureuse possession faite par son connétable. Il trouva à la Cathédrale une inscription ainsi conçue, dont les vestiges apparaissaient encore sous le grand crucifix, à la fin du dernier siècle :

HENRICUS SECUNDUS, GALLIÆ REX ET VRBIS PROTECTOR.

Peu de jours après, Henri II manda les Gouvernants au palais épiscopal, où il était descendu, et les requit de lui prêter serment de fidélité. C'en était fait, la cité avait perdu son indépendance, et les magistrats étaient dépouillés désormais de leurs plus précieuses attributions. La seule protestation du Maître-Échevin et des Échevins de la ville de Metz fut la manière avec laquelle ils s'exprimèrent au roi. Dumont, dans son ouvrage intitulé: *Corps diplomatique*, a donné leur serment que nous reproduisons d'après cet auteur :

« Ne voulant, disent ces magistrats, nuire et défavoriser la ligue tendante » au bien commun de la Germanie et Saint Empire, Nous jurons de ne jamais » aider ni supporter l'Empereur, ains au contraire de vous porter toujours » honneur, faveur, assistance, aide et confort, tant de NOTRE dite Ville et » places qui en dépendent, que de nos biens, personnes et facultés, vivres et » commodités: suppliant Votre Majesté nous vouloir prendre et recevoir en

[1] Lettre du duc de Montmorency aux Magistrats de Metz.
[2] Mémoires de Tavannes.

» sa protection et sauvegarde sans préjudice toutesfois des droits du Saint
» Empire. »

Ainsi, en vertu des titres et par les événements qui ont amené la ville de
Metz à se mettre sous la protection de la France, saintement jurée par le roi
Henri II, la fière vassale de l'Empire n'avait pas entendu concéder aucun droit
de souveraineté.

Metz, devenue ville française, paya généreusement sa bienvenue. Car ce
fut au prix de son sang, en associant son beau courage à l'impétueuse valeur
française dans une héroïque défense, que notre ville cimenta l'alliance indis-
soluble qui a confondu ses destinées avec celles de la première nation du monde.
. . . .

Les princes d'Allemagne ne tardèrent pas à faire leur paix avec Charles-Quint.
Henri II avait prévu cette réconciliation; en signant le traité de Chambord, son
but n'avait été autre que de s'emparer des places fortes des Trois-Evêchés. Il
avait annoncé d'abord qu'il les garderait pour l'Empire, mais depuis qu'il en était
le maître et depuis surtout qu'il connaissait l'abandon des princes d'Allemagne, il
n'avait plus aucune raison de déguiser ses desseins et sa volonté. Henri déclara
donc hautement qu'il voulait réunir les villes et les pays de Metz, Toul et Verdun
à sa monarchie; il rappela même que toute la rive gauche du Rhin avait fait partie
du royaume de France, sous les Mérovingiens et les Carlovingiens.

Charles-Quint, humilié dans ses convoitises européennes, et connaissant toute
l'importance de Metz, résolut de reprendre cette ville à tout prix. Pendant qu'il
rassemblait une armée puissante dans ce dessein, il s'empressa d'enjoindre aux
Messins de revenir sous la bannière du Saint-Empire, et aux Français d'évacuer
les Trois-Evêchés qu'ils avaient envahis. Les partisans de l'Empereur employèrent
toutes les ressources de leur imagination pour presser les populations qui s'é-
taient rangées du côté de la France, à déserter la cause de Henri II [1]. On ré-
pondit à ces exhortations en relevant les murailles des trois villes impériales.
Charles-Quint, en proie au plus vif ressentiment, fit des diligences incroyables.
Mais le roi de France avait encore cette fois devancé son ennemi. Il avait fait
partir pour Metz, avec le titre de lieutenant-général, le plus brave et le plus
accompli de ses capitaines, l'illustre François, duc de Guise, qui devait im-
mortaliser son nom par la plus admirable des défenses. En peu de mois, la
ville fut transformée en une place de guerre formidable. Guise, avec son génie et sa
fortune, réalisa des prodiges qui, s'ils n'étaient pas consignés dans l'ouvrage
contemporain de Salignac, paraîtraient incroyables, à cause de l'époque à laquelle
ces détails remarquables se rattachent.

Voir ma traduction des *Discours du temps de la rivalité de Henri II et Charles-Quint.*
Metz, 1849.

Pendant que le duc poussait les travaux de défense, avec l'assistance la plus dévouée des habitants, cinq cents gentilshommes français, jaloux de prendre part à un siége qui promettait d'être mémorable, arrivaient de toutes parts à Metz et se présentaient en qualité de volontaires pour servir sous François de Guise.

L'armée impériale, formée des bandes espagnoles, italiennes et allemandes, et commandée par les plus habiles généraux, vint à la mi-octobre, malgré la saison avancée et en dépit de tous les obstacles, investir la ville de Metz. Charles-Quint lui-même se rendit sous les murs de cette place, pour exciter les troupes par sa présence et pour diriger en personne la plus gigantesque des expéditions qu'il eut encore entreprises.

. . . .

Deux mois plus tard, le premier jour de l'an 1553, l'orgueilleux empereur, après avoir vu périr trente mille de ses meilleurs soldats, levait le siége, à bout de courage et d'espoir, reniant Dieu, accusant les hommes, prêt à dire adieu à l'empire, au monde, et à se confiner dans un monastère [1].

Le *Siége de Metz par l'empereur Charles-Quint*, en 1552, dont Bertrand de Salignac est l'auteur, est attachant par sa simplicité et remarquable par son exactitude. C'est le journal fidèle de toutes les péripéties de ce siége fameux, par un témoin oculaire qui s'est trouvé en position d'être toujours bien informé. Jour par jour, Bertrand de Salignac, en excellent militaire et en consciencieux écrivain, a inscrit les impressions du moment. Aussi tout est raconté avec beaucoup de vérité; on suit bien l'action des deux armées et on comprend l'animation de François de Guise, et le dévouement héroïque des chefs les plus éminents de la garnison, décidée aux plus grands sacrifices pour conserver à la France le boulevard qui couvre et défend depuis trois cents ans les frontières de l'Est.

Hâtons-nous de dire que Bertrand de Salignac et les autres historiens contemrains [2] qui ont pris soin de transmettre à la postérité le souvenir du siége de Metz en 1552, sont unanimes pour faire partager aux Messins la gloire du duc de Guise.

Après la lecture de la relation du siége, par de Salignac, on ne sait qu'admirer le plus de l'habileté du chef, de sa compatissante magnanimité après la victoire, de la valeur des troupes, de l'abnégation des habitants. L'armée française doit au récit du grand-oncle de Fénelon un de ses plus beaux souvenirs....

---

[1] Vincent Carloix, *Mémoire de la vie du maréchal de Vielleville*. T. 2, p. 458.

[2] Ambroise Paré, *Voyage de Metz.* — *Brief discours du siège de Metz en Lorraine, rédigé par escript, de jour en jour, par un soldat à la requeste d'un sien amy.* — *Extrait de Iean Carion sur le siège de Metz en 1552.* — *Ephémérides du siège et Saillyes de Metz,* par des Chagnats.

NOTICE SUR BERTRAND DE SALIGNAC.

Les biographes citent Bertrand de Salignac, seigneur de la Mothe, marquis de Fénelon, comme le premier personnage connu de l'ancienne famille de Fénelon, originaire du Périgord, dont le membre le plus illustre est l'archevêque de Cambrai. L'écrivain du *Siége de Metz par l'empereur Charles-Quint*, est le grand-oncle de l'auteur du Télémaque. .

On ne connaît que quelques détails de la vie de Bertrand de Salignac. Il était le septième et dernier fils d'Elie de Salignac et de Catherine de Ségur.

Militaire distingué, Bertrand de Salignac s'était déjà signalé par sa valeur et par de brillants services, lorsqu'il accourut, avec ses plus valeureux compagnons d'armes, à la défense de Metz menacée par les troupes impériales. Durant le siège, il combattit aux côtés de Jean de Gontault, seigneur de Biron, père du maréchal. François de Rabutin dit, à l'occasion de cet événement qui occupa l'attention de toute l'Europe, que « beaucoup de gentils esprits d'hommes qui » estoient presens, de la mesme main qu'ils avaient combattu, escrivirent les » faits dignes de memoire ; mais que Salignac, gentilhomme de meritée réputation, » tant aux armes qu'aux lettres, en a tellement bien et selon la verité escrit, qu'il » n'estoit presque besoing en parler davantage, ny en atteindre autre chose. »

Après avoir pris part à la guerre dans les Pays-Bas, et assisté à la bataille de Renty, Bertrand de Salignac abandonna la carrière des armes pour la diplomatie. Henri II, Charles IX et Henri III l'envoyèrent successivement en Angleterre. Ses qualités et la souplesse de son caractère lui gagnèrent rapidement les bonnes grâces et la confiance d'Elisabeth. Aussi réussit-il complètement dans ses négociations auprès de cette reine. L'histoire, qui a gardé avec honneur les noms des chefs des provinces qui refusèrent d'obéir aux ordres de Charles IX pour la sanglante exécution de la Saint-Barthélemy, a aussi conservé la réponse de l'ambassadeur de Salignac. Chargé de justifier auprès de la reine Elisabeth l'horrible journée, le marquis de Fénelon écrivit au roi ce billet, certes non moins célèbre que celui du vicomte d'Orthez : « Sire, je deviendrais coupable de cette terrible exé- » cution si je tâchais de la colorer. Votre Majesté peut s'adresser à ceux qui la

» lui ont conseillée. Un roi peut accabler un gentilhomme de sa puissance, mais » il ne peut jamais lui ravir l'honneur. »

La haute estime dont jouissait Bertrand de Salignac et le respect qui l'entourait à l'étranger, lui firent pardonner, par Charles IX, cette généreuse hardiesse.

Le pieux archevêque de Cambrai se plaisait à rappeler le souvenir du marquis de Fénelon, son grand-oncle. Il disait, en parlant de lui, qu'il avait eu la gloire de doter la postérité de travaux propres à illustrer son nom, et de léguer à ses descendants l'exemple moralisateur de ses vertus et une mémoire entourée de vénération.

Outre la *Relation du Siége de Metz*, on a de Bertrand de Salignac: le *Voyage du roi Henri II aux Pays-Bas de l'empire*, en 1554 [1]. — *Mémoire touchant l'Angleterre et la Suisse*, ou *Sommaire de la négociation faite en Angleterre, en 1571*, par Fénelon, François de Montmorency et Paul de Foix (imprimé dans les mémoires de Castelnau, au tome Ier. Paris, 1659, in-folio.)

---

[1] Publié sous la forme épistolaire et adressé au cardinal de Ferrare, ce recueil eut trois éditions: Paris, 1554; Lyon, même année; Rouen, 1555.

Notes bibliographiques sur le siége de Metz par Charles-Quint, en 1552,

PAR BERTRAND DE SALIGNAC.

L'ouvrage dédié au roi Henri II par l'auteur, fut imprimé en 1553, à Paris, chez Estienne. C'est un in-4°, dont les feuilles ne sont point numérotées ; la dernière est signée Y. III. Il manque très-souvent aux rares exemplaires possédés par quelques amateurs, les quatre feuillets qui terminent le volume. Il existe un certain nombre de copies faites au seizième et au dix-septième siècles ; toutes celles que nous avons vues sont entièrement conformes à l'édition de 1553. La plupart de ces copies ont pour titre : *Narration de tout ce qui s'est passé de plus mémorable pendant le siege que l'empereur Charles Quint mit devant la ville de Metz, en l'an mil cinq cent cinquante-deux, laquelle estoit nouuellement retournée a l'obeissance du Roy, et reunie a la couronne de France.*

Une traduction italienne parut à Florence, la même année, sous le titre de : *Metz difesa da Francesco duco di Ghisa, tradotta dal francese, in Frenze, onofrio.*

Pierre Collignon, de Metz, réimprima, en 1665, le livre de Bertrand de Salignac, parce qu'il ne se trouvait plus « que dedans les cabinets, parmi les livres rares. » Il compléta le titre de la manière suivante :

LE SIEGE DE METZ PAR L'EMPEREVR CHARLES V. EN L'AN M. D. LII. *Où l'on voit comme Monsieur de Guise et plusieurs grands Seigneurs de Francè, qui estoient dans la dite Ville ce sont comportés a la deffence de la Place.* Au dessous: les armes de France et de Navarre, surmontées de la couronne royale et entourées du cordon de l'ordre du Saint-Esprit.

A METZ, Chez P. COLLIGNON, Imprimeur ordinaire du Roy, & de la Ville demeurant en Fourni-ruë. — M. DC. LXV.

In-4° de 167 pages (les chiffres 140 à 147 ont été répétés par erreur après la page 159, de sorte que la dernière porte 147 au lieu de 167), non compris 4 feuillets au commencement pour l'épître de l'imprimeur aux magistrats de Metz, et la dédicace de Bertrand de Salignac au roi.

La réimpression de 1665, surtout entière et en bon état de conservation, est déjà difficile à rencontrer. Elle contient des erreurs et plusieurs variantes. Il existe des exemplaires ayant des lettres de renvois, mais les explications de ces renvois paraissent n'avoir jamais été imprimées. Collignon n'a point reproduit les quatre feuillets qui donnent le *rôle des Princes, Seigneurs, Capitaines et autres gentils-hommes et gens de guerre, qui étaient dans Metz durant le siège,* non plus que le privilége d'impression.

Au plan de l'édition originale, on a substitué un plan de Metz et des environs par Sébastien le Clerc: il est le dernier ouvrage exécuté à Metz par ce graveur, devenu célèbre plus tard. Ce plan, peu détaillé, est d'une exécution médiocre.

Le *Siége de Metz*, par Bertrand de Salignac, a été inséré dans la collection des Mémoires pour servir à l'histoire de France.

Voici la curieuse préface de l'imprimeur de Metz, Collignon, mise en tête de son édition de 1665:

A MESSIRE

JEAN-JACQUES DE GOURNAY,

Chevalier, Seigneur de Secourt, etc., maistre Eschevin,

ET MESSIEURS

Nicolas AUBURTIN, Charles GUICHARD, Paul FERIET, Jean ALLION, Jean FRANÇOIS,. François BRUILLARD, Estienne MALCHARD, Paul JOLY, et Charles le DUCHAT, Conseillers, Eschevins, Magistrats de la ville et cité de Metz ; Christophe AUBURTIN, Procureur Syndic ; Louis BERTRAND, Secrétaire et Greffier, et Abraham MICHELET, Receveur general.

Messieurs,

Lorsque le Roy [1] vint en ceste ville en l'annee 1657, plusieurs personnes de la cour, de toutes qualités, m'ayans demandé l'histoire du Siege de Metz, comme une piece pour laquelle tout le monde avoit de la curiosité, et qui ne se trouvoit plus que dedans les cabinets, parmi les livres rares, je fis dessein de le rendre plus commun pour satisfaire ceux qui le desiroient, et je fus confirmé dans ceste pensée au dernier voyage que Sa Majesté fit icy en l'année 1663, où, durant son séjour, ceste mesme histoire me fut encore demandée par une infinité de gens de diverses conditions, qui, voyants que les exemplaires en estoient faillis, m'exhortèrent à en faire une édition nouvelle ; mais n'osant de moy mesme rien entreprendre de ceste nature, j'en consultay M. le maistre eschevin qui estoit pour lors,

------

[1] Louis XIV.

lequel je trouvay favorable ; de sorte que, sous son adveu, que je receus aussi pour celuy de tous messieurs, je formai la resolution de rendre au public ce qu'il sembloit que le temps eust voulu lui soustraire.

Pour l'execution de ce dessein, je fis une recherche exacte de tous les exemplaires qui s'en purent trouver, afin d'en prendre le plus entier pour modèle de cest ouvrage ; et de tous ceux que je recouvray a la faveur de mes amis, a peine en avoit il un seulement auquel il n'y eust quelque défectuosité; mais enfin je rencontray ce que je désirois dans la bibliothèque d'une personne curieuse : c'est de ce thrésor que j'ay tiré ce que je vous présente, et que je communique aujourd'huy à tout le monde.

Je n'ay rien changé en sa forme ni en son langage, estimant que c'eust esté travestir un vieil Gaulois que de lui oster les armures du temps auquel il vivoit, pour lui en donner a la moderne, et tomber a peu près dans la mesme faute de ceux qui representent les anciens heros le pistolet a la main, au lieu de la fleche ou du javelot; aussi, comme il est plus sceant à un vieillard d'estre vestu d'habillements convenables a son aage, il semble qu'il estoit à propos de laisser ceste histoire dans les termes qui estoient en usage au siecle auquel elle est arrivee : c'est de ceste manière que l'on fait estat des medailles desquelles l'antiquité fait la beauté, et qui perdroient leur prix et leur valeur si les inscriptions en estoient traduittes ou renouvellées, et l'on estime les vieilles statuës, quelques troncquées qu'elles soient, sans comparaison plus que les nouvelles, pour bien ornees qu'elles puissent estre. Enfin, comme les choses anciennes tesmoignent mieux de la vérité, je me suis résolu de laisser ce recit en l'estat qu'il estoit, pour ne rendre mon travail suspect a personne; aussi ne m'a on pas demande ceste histoire corrigee ni en autre langage, et je ne suis pas auteur pour faire ni l'un ni l'autre, mais un simple imprimeur qui publie et mets de bonne foy en lumiere les escrits de ceux qui le sont ; je dois ressembler au miroir fidele, qui, comme disoit un ancien, rend les objets tels qu'il les reçoit, et n'en altere rien en la forme, ni en la matiere ni en la couleur.

Au fonds le langage en est excellent pour estre de l'autre siecle; il est significatif en tous ses termes, fort intelligible, et n'a besoin de commentaire n'y d'aucune interprétation, qui est tout ce que l'on en peut desirer ; et ne se faut pas plaindre de la façon de parler de ce temps-là, puisque c'estoit celle de la cour et de tout le royaume, la langue françoise n'estant pas encore parvenuë au point de sa politesse. Et tout de mesme que les anciens usoient moins d'or que d'argent, il leur faut aussi pardonner s'ils avoient un peu moins de grace et d'elegance en leurs expressions.

Comme il n'a rien esté changé au langage, on n'a pas estimé non plus devoir faire aucunes observations ni remarques a ceste histoire, parce qu'elle est si fidelle et si veritable, qu'il n'y a rien a y adjouster qui ne fust hors du sujet ou de son lieu.

L'intention de l'auteur a esté d'y descrire les merveilles que firent ces grands heros et genéreux capitaines, sous les ordres du roi Henry second, pour la deffence de la ville contre les ennemis de l'Estat et une armée nombreuse et puissante, commandée par un grand empereur en personne, dont ils rendirent tous les efforts inutiles, et arresterent son plus oultre au pied de ses murailles comme à une borne, qui appartient en effect a nos roys si legitimement, que Charles cinquiesme luy mesme, a qui ceste place venoit d'estre ostée, ne la consideroit pas aussi comme faisant partie de ses Estats, puisque, peu de temps apres, s'en despouillant et mettant sa couronne sur la teste de Philippe deuxiesme son fils, en la harangue qu'il fit pour ce sujet aux estats des Pays bas en l'année 1555, il loüoit Dieu de ce qu'il n'avoit rien perdu, mais plustost accreu son empire. Et mon dessein icy, Messieurs, est, en faisant revivre la memoire de leurs hauts faits d'armes, de reveiller aussi celle de la fidelité exemplaire des citoyens, et que plusieurs de vos ancestres temoignerent en ceste belle occasion pour le service du Roy, afin qu'elle serve d'aiguillon a la posterité, ainsi qu'elle a esté imitée par une infinité de braves, nez au milieu de vous, dont les uns sont morts et les autres vivent encor avec honneur, lesquels se sont signalez et ont acquis beaucoup de gloire ez dernieres guerres.

C'est donc à vous, messieurs, que ce present est deu legitimement, puisque vous estes encor aujourd'huy establis et preposez de la part de Sa Majesté a l'administration de la chose publique, et que vous estes occupez tous les jours a deffendre le dedans de la cité. Il se rencontre heureusement que dans ce noble emploi vous avez pour chef l'un des illustres descendans de la maison des Gournays (dont il y avoit desjà un maistre eschevin pendant ce siege fascheux et penible, qui, par sa sage conduitte et par son exemple, en rendoit aux habitants les travaux faciles et les fatigues legeres), lequel n'a pas moins de jalousie que celuy-la pour le service du Roy et pour la conservation des droits et de l'honneur de ceste ville, ainsi qu'il l'a fait paroistre en divers rencontres. Je m'asseure, messieurs, que vous agreerez bien que je m'acquitte des respects que je vous dois, en vous presentant cest ouvrage, puisqu'il ne vous fera pas beaucoup de peine a le soustenir, ne produisant rien de nouveau, ni par consequent qui soit sujet a contestation ou debat, mais une vérité qui s'est authorisee par plus d'un siècle; ainsi je ne vous en demande la protection qu'autant que vous le jugerez convenable, parcequ'il se doit deffendre de luy mesme. On dit que les Atheniens honoroient Silanion et Parrhasius, a cause qu'ils peignirent et moulerent des images de leur Thésée: je sais bien que je n'ai pas raison de pretendre si haut, mais j'ai sujet d'esperer que, puisque j'ai tasché de relever la peinture de tant de belles actions qni furent faites alors, on ne m'en sçaura pas du moins mauvais gré; que vous supporterez mon entreprise et me permettrez d'en prendre l'occasion de vous supplier, comme je fais très humblement, de me continuer l'honneur de vos bonnes graces, et de vous asseurer que je suis et seray toute ma vie avec respects et une entiere obeissance,

Messieurs,

Vostre tres humble et tres obeissant serviteur,

P. COLLIGNON,

Imprimeur du Roi, et juré de la ville.

Le siege de Mets, en

l'an M. D. LII.

NOLI ALTVM SAPERE

A PARIS,

Chez Charles Estienne, Imprimeur du Roy.

M. D. LIII.

Par priuilege dudict Seigneur.

Au Roy.

SIRE, les hommes vertueux qui trauaillent en vostre seruice, oultre les biensfaicts qu'ils peuuent esperer de vostre liberalité, attendent encores ceste recõpense, que le tesmoignage de leurs faicts soit rẽdu tel, qu'ils puissent estre estimez entre voz aultres subiects, & iouyr toute leur vie de l'hõneur qui leur demeure de vous auoir bien serui, laissants apres la mort leur nom perpetuel a la posterité. Dont il aduient que si de leur viuat on leur fait gouster le fruict & doulceur de ceste gloire, ils s'estiment nõ seulemẽt estre bien remunerez, & pour la pluspart satisfaicts de ce qu'ils ont merité, mais sont encores par la incitez a continuer vostre seruice en tout ce qui peut toucher le bien de voz affaires, mesmes ceulx qui sont de cueur semblable¹, & aussi les successeurs, esquels l'exemple en appartient comme par heritage, entrent plus franchemẽt aux perils que ceulx ci ont passé, soubs l'esperace d'acquerir vne semblable gloire que leurs maieurs ont rapporté. A ceste cause, Sire, i'ay proposé d'autant plus volontiers mettre par escript ce qu'est aduenu au dernier siege de Mets, & reduire de iour en autre ce que i'y ay peu veoir & apprendre soubs Monsieur de Biron, vn de voz capitaines, diligent enquereur & soigneux obseruateur de la vérité. En quoy si ie ne peux bien dire tout ce qu'il conuiendroit du grand chef vostre lieutenant, & tant d'aultres vaillants Princes, Seigneurs, gentils hommes & gens de guerre qui estoyent en la place, a tout le moins ie feray tout ce qu'est en moy, de leur rendre le tesmoignage d'honneur deu a leur vertu : & peut estre exci-

---

¹ leurs semblables,

teray la volonté a plusieurs aultres de suyure le chemin qu'ils ont tenu, n'espargnants leur vie en ces actes vertueux & louables, qui pour estre dediez a vostre seruice, rendent grand honneur en la vie, & laissent vne bien heureuse memoire a ceulx qui viennent apres.

Sire, ie supplie a Dieu, qu'il vous doint en toute prosperité & santé, tres longue vie. De Paris le xv de May, 1553.

Vostre tres humble & tres obeissant subiect
& seruiteur B. de Salignac.

Le fiege de Mets,[1] en l'an
M. D. LII.

APRES que le Roy fut de retour des quartiers d'Alemaigne qui sont deça le Rhin, ou il auoit marché auec vne grosse armee, es moys d'Apuril, May, & Iuing, mil cinq cens cinquante deux, pour restablir la liberté de la Germanie, et fauoriser le duc de Saxe Maurice, celuy de Meckelbourg, et autres princes de l'Empire ses alliez, qui estoyent en armes contre l'Empereur Charles cinquiesme : tant pour le regard de leurs franchises, que pour la deliurāce des duc de Saxe & Lansgraue de Hessen prisonniers : Et que le Roy, en retournant eut exécuté plusieurs entreprinses au duché de Luxēbourg, & pays de Haynault : Et ce faict, rompu son camp, & separé son armee pour prendre quelque loisir de se rafreschir : Nouuelles vindrēt, sur la fin de Iuillet, que l'Empereur s'estant recōcilié auec le duc Maurice, et ayant retiré a soy la plus part des forces qu'il auoit, faisoit encores en Alemaigne grand leuee de gēs de guerre, qu'on ne pouuoit bonnement iuger, s'il vouloit employer du costé de Hongrie (au secours du Roy des Romains son frere, qui estoit fort trauaillé des Turcs) ou bien, conuertir ses forces a faire descente en France. Tant y a, que le Roy, desirant en toutes sortes pouruoir a la seurté de ses frontieres, pour soubstenir les premiers efforts, que pourroit faire son ennemy, pēdant qu'il rassembleroit son armee, pensa de

[1] . PAR L'EMPEREVR CHARLES V. L'AN

plus pres au faict de la ville de Mets. Sur quoy conuient entendre, qu'au
voyage dessus mentionné, le Roy, a la grand requeste de l'Euesque,
consentement des habitants d'icelle, & accord des princes de l'Empire
estants lors en ligue auecques luy, l'auoit mise en sa protectiō : & y
auoit laissé pour gouuerneur, le Seigneur de Gounor, gentilhomme de
sa chambre, auec quelque nombre de gens de guerre : Et desia auoit on
cōmencé a la fortification, mesmement en l'endroit ou lon retrenchoit
la ville, en y faisant deux bouleuars, & tirant entre deux vne courtine,
depuis les molins de la basse Seille, iusques a la grand muraille qui
regarde la Mozelle, au deuant l'eglise des freres Baudez Cordeliers. Et
aussi continué la plate forme de la porte des Rats, dont ceulx de la ville
auoyent auparauāt faict vn proiect[1]. Mais tous ces ouurages n'estoyent
gueres aduancez, pour le peu de gens qu'on y employoit, a cause que lon
n'estimoit le danger estre si prochain que bien tost apres apparut.

Or, l'Empereur auoit par diuerses praticques moyenné & obtenu,
qu'aucuns des estats de l'Empire, & mesmement des villes franches, luy
fourniroyent vn bon nombre de gēs de guerre, pour employer au recouurement de Mets, qu'il disoit estre occupé par force. Et de faict, soubs
couleur de procurer le bien de l'Empire, on luy voyoit tourner ses des-
seings, pour rauoir ceste place : congnoissant de quelle importance elle
luy estoit, ayant esgard a son duché de Luxembourg, et pays bas. Et
iugeoit bien estre necessaire, qu'il fist derniere preuue de tout ce qui
estoit en sa puissance[2], pour la remettre entre ses mains. De quoy le
Roy estāt aduerty, & voulant lui en[3] oster le moyen, afin qu'il ne s'en
peust ayder, cōme il auoit au parauant tousiours faict, en toutes les
armees qu'auoit dressé contre le Royaulme : delibera de la garder, tant
pour estre chose conuenable a sa grandeur, de conseruer ceulx qu'il
auoit mis en sa protection : comme aussi fort requise au bien de ses
affaires, & au besoing qui se presentoit, d'arrester par ce moyen la puissance de son ennemy, qui estoit lors autant grande, que de prince qui
print oncques les armes contre la France. A tāt, pour y pouruoir de
personnage qui fust, non seulement pour le nom & dignité de sa maison
aiseement obey, mais aussi pour sa prudēce et bōne conduitte suffisant

[1] dessein.
[2] derniere preuve de sa puissance
[3] et luy en voulant

a soubstenir les efforts d'un Empereur si puissant : Le Roy feit election
de Mōseigneur le Duc de Guyse, Messire François de Lorraine, Pair &
grād Chambrelan [1] de France, pour [2] estre son Lieutenāt general, &
donner ordre a tout ce qui seroit requis pour la garde & défence de la
ville.

AOVST M. D. LII.

A ceste cause, Mōsieur de Guyse partit de la court, sur le commencement du moys d'Aoust, & passa pres de Thoul ville de sa charge, remise
en mesme temps, & par mesmes causes que Mets soubs la protection du
Roy : ou pour lors la peste estoit fort eschauffee : Mais nonobstant le
danger il entra dans la ville, pour visiter les reparations qu'on y auoit
commencees. Et trouua qu'a cause de la mortalité, & de la maladie du
Seigneur de Sclauolles gouuerneur de la ville, on y auoit bien peu
aduancé. Il y mit le meilleur ordre qu'en telle saison [3] estoit possible :
Et de là s'en vint a Mets, ayant en sa compagnie Monsieur le Marquis
d'Albeuf son ieune frere, Le Conte de la Rochefoucaud, le Seigneur de
Rendan freres, & le Seigneur de Biron gentilshommes [4] de la chambre
du Roy qui l'estoyent venu trouuer en chemin, et plusieurs autres de sa
maison. De quoy estans aduertiz, Monsieur le Duc de Nemours, les Seigneurs de Gounor, Vidame de Chartres, de Martigues & autres Seigneurs
& Capitaines, qui estoyēt dans la ville sortirent au deuant, auec les cōpagnies de gens de cheual et de gēs de pied, pour le recueillir en la sorte,
que sa grandeur & le lieu qu'il venoit tenir, le requeroyent.

Des le lendemain, dixhuictiesme du mois, il commença dispēser si
iustement le temps au faict ordinaire de sa charge, que tant d'yeux qui
ont touiours eu le regard sur luy iusques a la fin du siege, n'ont veu [5]
qu'il ait mis en espargne vne seule heure pour la donner a son plaisir
particulier. Comme a la verité le besoing si grand et si present requeroit
bien qu'on vsast de ceste extreme diligence : Car la ville ainsi [6] grāde
qu'elle est, comme de huict à neuf mille pas de tour, n'estoit forte en

[1] Chambellan
[2] y
[3] il
[4] gentil-homme
[5] creu
[6] aussi

endroit qu'elle eust, n'ayant vn seul pied de rampar en toute la muraille,
n'y espace pour y en faire, d'autant que le tout estoit entieremēt occupé
de maisonnages, d'eglises & autres grands bastiments, sans qu'il y eust
aucune plate forme en estat, fors celle qu'on appelle de saincte Marie,
ni aucun bouleuart, que celuy de la porte de Champaigne, qui est rond
et d'ancienne structure et peu cōmode pour s'en seruir : oultre ce, estoit
mal fossoyee en la plus part, & mal flāquee partout : & au demourant
aisee a battre en plusieurs lieux, & veue presque par tout le dedans, &
par courtine des montaignes voisines, ainsi qu'il se peult clairement
veoir par le plant cy apres proposé.

Quatre ou cinq iours apres la venue de Monsieur de Guyse arriua le
seigneur Pierre Strozzi cheualier de l'ordre, personnage de grande suffi-
sance, & que Monsieur de Guyse auoit demandé au Roy, congnoissant sa
vertu, experience et bon conseil es choses d'importance : auec lequel, &
les Seigneurs de Gounor, de Sainct Remy & Camille Marin, fort experts
& entēduz en faict de fortifications, il visita diligemment tous les endroicts
de la ville, & ayant recongneu les defaulx et foiblesses qu'auons dict,
cōmencerent a faire desseing de platesformes, rāpars, trāchees, flancs et
autres defenses, qu'ils y congneurent estre necessaires. Mais la difficulté
estoit de recouurer nombre suffisant de piōniers[1], pour fournir tous les
endroits, ou il falloit mettre la main, a cause que la saison de mestiues ou
nous estions, et les vendāges qui s'approchoyent, auoyent tiré aux champs
la plus part des hommes de trauail, estant seulemēt demourez quelques
pauures femmes & petits garçons a la ville. Neantmoins l'ordre y fut
donné si bon, que du premier iour les plus pressees & necessaires fortifications furent poursuyuies, comme le haulsement de la courtine, & deux
bouleuars du retranchement, dont cy dessus est faict mentiōn, afin d'estre
a couuert de la montaigne d'Ezirmōt, ou autrement de la belle croix, qui
voyoit iusques au pied par le dedans, ou lon craignoit que l'ennemy deust
faire son premier effort. Lon besōgna aussi en toute diligēce a la plate
forme de la porte a Metzelle, pour battre depuis la porte des Alemans,
iusques vers Sainct Pierre des chāps, & de mesmes a la plateforme de
la faulsebraye, derriere l'encoingneure de Saincte Glocine, que ceulx de
la ville auoyent au parauant commencee, pour battre vers Sainct Clement

[1] Mais la difficulté de recouurer nombre de pionniers

& Sainct Pierre, & seruir de flanc le long de la muraille, vers la porte Sainct Thibaud : pareillemēt a la plateforme des Rats pour defendre du costé de l'isle. A quoy furent departies toutes les centeines et nōbre de piōniers dōt on peut finer : & fut dōné charge aux gens de pied soldats, d'abbattre les plus empeschās edifices qui nuisoyēt a cōduire la besongne.

Il restoit encores, le quartier qui prend vis a vis du retranchement iusques a la porte des Alemans, lieu fort suspect, & lequel Monsieur de Guyse estimoit debuoir estre promptemēt ramparé, aduisant pour le mieulx. d'en fortifier la faulsebraye, assez ample et large pour mettre nombre de gens a la defendre, estant fauorisee d'un bon et grand fossé, sans donner cest aduantage a l'ennemy de la pouuoir gaigner. Mais pour ne deffournir les autres atteliers, & aussi pour dōner exemple, luy mesmes entreprint l'œuure auecques les Princes seigneurs & gentilshōmes, qu'il auoit en sa compagnie, portant quelques heures du iour la hotte : & monstrant estre bien conuenable a vn chef, de soustenir au besoing le trauail & la sueur en sa persōne, cōme la vigilāce en l'esprit.

Il voulut aussi scauoir quelles munitions de guerre pouuoyent estre en la ville, et trouua qu'il y auoit bien peu de grosse artillerie, et mesmes que la fonte d'icelle auoit esté conduicte par hōme non expert, ayant laissé la matiere mal alloyee, & sans obseruer les mesures : dont quelques pieces estoyent desia gastees : les pouldres quasi toutes vieilles de trente & quarante ans, en [1] moindre quantité qu'il ne suffisoit pour l'execution qui estoit conuenable [2] faire, aduenant quelque grand force : Et se feit bailler l'estat du tout par le Seigneur d'Ortobie, commissaire ordinaire de l'artillerie, lequel le Roy auoit laissé en la ville depuis le mois d'Apuril qu'il y passa. Et oultre cet estat, il trouua encores quelques milliers de Salpestre au Magazin : pour lequel employer, il mit ordre, que plusieurs moulins a pouldre fussent dressez.

Quant au faict des viures, pource qu'il n'y auoit en [3] la munitiō, que deux mil huict cēs a trois mil quartes de bled, & que d'en faire amaz, la chose estoit encores mal aisee, a cause que les laboureurs du pays n'auoyent de coustume battre leurs grains en esté, sinon a la mesure qu'ils en auoyent

[1] de
[2] de
[3] de

affaire[1] pour leur viure, semer, ou payer leur redeuances. Il luy fut besoing faire plusieurs & diuerses ordonnãces pour y pouruoir : Et du commēcement feit venir les quarteniers du pays & contree, ausquels il commanda assembler les Maires des villaiges pour leur enioinðre qu'ils eussent a faire battre diligemment les grains, & en amener a certain iour, chascun du lieu de son mandement, telle quantité a la ville qu'ils declairerent pouuoir faire, & a quoy ils furent lors quotisez, ordonnãt que ces grains seroyent mis en seure garde, au profict de ceulx a qui ils appartiendroyent : & ou besoing seroit d'en prendre pour la nourriture des gens de guerre, ce seroit a pris et payemēt raisonnable : Il s'en trouüa quelques vns, mais en petit nombre qui obeyrent au premier mandement. Et a iceulx mesmes, les ennemis de la garnison de Thiõuille & les Marãgeois, plus brigãds que gẽs de guerre, donnoyent empeschement, pillans les charroys & cheuaulx en chemin, & retenans les laboureurs prisonniers. Surquoy, autant ceulx qui auoyent bõne volunté d'obeir, comme ceulx qui ne l'auoyent, sceurent colorer quelques iours la cause qu'ils prenoyent de differer, mais noz cheuaulx legiers sortirent plusieurs fois aux champs, pour leur donner escorte, & asseurer les chemins : mesmes vn iour Monsieur de Nemours auec sa cõpagnie, ensemble les Seigneurs de Gounor, Vidame de Chartres, les Contes de Martigues, de la Rochefoucaud, les Seigneurs de Rendan, de Biron, et plusieurs autres Seigneurs et gentilshommes vers Enery aux enuirons de Thionuille. Et aduint que quelques soldats François partiz la nuict du chasteau de Rodemar, que lors nous tenions, s'en venoyent à Mets. Les ennemis en estant aduertiz, les suyuirent iusques au chasteau de Donchamp, ou ils furēt apperceuz par noz gens, estant la riuiere entre deux : Et nonobstant qu'elle fust bien grosse, le Seigneur Paule Baptiste Fregose[2], Lieutenãt de Monsieur de Nemours la passa quasi a nou, auec quinze ou vingt cheuaulx & les alla attaquer. Monsieur de Nemours & ses gens, voulans suyure, hazardoyẽt de passer en vn endroit bien profond : Mais le peril du trõpette dudict Seigneur Vidame, qui auoit premier voulu essayer le gué, & auoit esté forcé du courãt, & porté a vau l'eaue, leur fut aduertissement d'attendre celuy qui auoit guidé le Seigneur Paule pour leur mõstrer vn passage plus aisé : en quoy il coula quelque espace de temps,

---

[1] à faire
[2] Tregose,

A la fin, les ennemis les voyans passer, bien qu'ils fussent en plus grand nôbre qu'eulx, gaignerent le pont de Rozemont, ou ils auoyent des gēs de pied ; lesquels ils conduirent dans les boys prochains de la : ou les ayans iettez a sauueté,[1] prindrent la fuite a toute bride, iusques aux portes de Thionuille. Ceste saillie, & autres que noz cheuaulx legiers feirent souuent, furent cause que les ennemis ne coururēt tant le pays, n'y tindrent les chemins si subiects qu'ils auoyent accoustumé : de sorte, que la ville commença a se fournir de bleds. Ioinct, que Monsieur de Guyse trouua moyen en[2] faire porter eutre grāde quantité, a mesme cōdition d'aucunes Preuostez & quartiers de Lorraine, de Barrois, & de l'Abbaye de Goze, appartenant a Monsieur le Cardinal de Lorraine son frere, voisins de ladicte ville : Et furent commis gens a toutes les portes, pour tenir registre de la quantité qui entrercit chascun iour, & en rēdre compte aux Seigneurs de Piepape, et de Sainct Belin, ordonnez commissaires & superintendans a toutes les munitions, & prouisions de viures : lesquels rapportoyent le tout par extraict au lieutenant de Roy. Aussi se commença lon a fournir de foin, auoyne & paille, par le moyen que certains villages furent dediez particlieremēt aux cōpagnies des gens de cheual, qui pour lors y estoyēt, & qui depuis y vindrēt, pour en prendre leur prouisiō, en payant le taux qui en estoit faict a pris raisonnable : & quelque chose d'aduantage pour la voicture, s'ils prenoyēt les chariots : n'estant touteffois permis les occuper, que lēs iours de dimenche & lundy, a fin que le demeurant de la sepmaine fust reserué a semer les terres. Et que en nous iectāt hors d'une necessité presente, il fust encores pourueu a celle qui pourroit apres suruenir[3].

Douze enseignes de gēs de pied trouua Monsieur de Guyse dans Mets, lesquelles pour estre bandes nouuelles, il tascha adresser et aguerrir. Entre autres choses, il commāda, que les Squadres d'une chascune bāde, qui estoyent de la garde[4] pour la nuict, se rēdissent tous les soirs en armes, marchans en ordonnance, de leur quartier iusques a la place, qui estoit deuāt son logis, ou se rengoyent les vns pres des autres: de façon, que tous assemblez, auoyent forme d'un bataillon, qu'il faisoit

---

[1] les gens de cheval
[2] d'en
[3] pourroit suruenir.
[4] de garde

quelques fois marcher en auant, puis soubdain en arriere, monstrer
visaige de tous costez, baisser les piques comme pour combattre, ayant
faict ficher vn blanc a vne muraille, ou les harquebouziers se adiustoyēt.
Et apres leur auoir faict entēdre ce qu'il vouloit, par le capitaine Fauars
leur maistre de camp, & donné le mot du guet, les enuoyoit en mesme
ordonnance a ¹ leurs postes & gardes. A quoy ils s'estoyent si bien ac-
coustumez, que combien que leur chemin s'adressast a diuers endroits
de la place, et qu'aucunes trouppes se vinssent croiser dans les autres,
toutesfois ils ne se desmentoyent iamais de leur ranc & file. Au reste,
furent faictes plusieurs belles ordonnances, sur la forme de viure desdicts soldats, a ce qu'ils eussent a conuerser paisiblemēt auecques les
habitans de la ville, sans leur faire ou dire mal, ne prēdre aucune chose
qu'en payant, laissant les clefs des viures et marchandises a ceux a qui
elles appartenoyent, sans retenir leurs meubles, fors ceulx qui estoyent
necessaires pour leur vsage ordinaire, & de ne les cōtraindre en rien
oultre leur gré : qui fut chose si bien obseruee, que les vns viuans
auecques les autres de si bon accord, sembloyent estre citoyens d'une
mesme ville. Au surplus, pour euiter mutinations & brigues, furent
faictes de par luy, defenses aux soldats, de ne prēdre quereles les vns
auecques les autres ², ne mettre la main aux armes dans la ville, sur
peine d'auoir le poing couppé : En quoy il fut si bien obey, que iamais
ne fut veu nombre de gens de guerre demourer si longuement ensemble,
ou il y ait eu moins de quereles & debats. En ceste façon les choses de
Mets commencerent a se reduire en bon train & conduitte. Mais a fin
qu'il n'y eust riens a dire, quād le besoing viendroit, Monsieur de Guyse
enuoya le seigneur Pierre Strozzi vers le Roy, luy remonstrer par le
menu ce qui pouuoit entierement toucher l'estat, tant des victuailles,
artillerie, munitions de guerre, fortificatiōs, faulte de pionniers, que
du petit nombre de soldats qu'il y auoit pour defendre vne telle & si
grande ville : Aussi pour entendre comme ledict seigneur de Guyse
auoit a se gouuerner auec le Marquis Albert de Brandebourg, dont cy
apres sera plus amplement parlé : Lequel estoit desia arriué a Trieues
auecques vne armee, au cas qu'il s'accotast plus pres de Mets. La res-
pōce du Roy fut, qu'il pouruoyroit a toutes choses necessaires, aussi

¹ en
² les vns auec les autres, sur peine

tost qu'on pourroit congnoistre la verité que les entreprinses de l'Empereur s'addresseroÿēt a Mets. Et quant a la particularité du Marquis Albert, que Monsieur de Guyse vsast en son endroit, comme de personnage qu'il esperoit retirer a son seruice, sans toutesfois auoir trop grande fiance de luy: Et qu'il taschast l'esloigner de la ville, et le iecter sur le chemin que l'Empereur deuoit tenir venāt en ça, pour consumer [1] de tant plus les viures au deuant de l'armee qu'il meneroit.

SEPTEMBRE M. D. LII.

Au commencement de Septembre, les compagnies d'hommes d'armes de Messieurs de Guyse, de Lorraine, & Prince de la Rochesuryon, Trois de cheuaulx legiers, et Sept enseignes de gens de pied, furent enuoyees pour estre de la garde & seureté de Mets: lesquelles estant venues pres du pont a Mousson, Monsieur de Guyse aduisa les embesongner au faict de la recolte, ne voyant que aucun besoing le pressast encores de les mettre dedans, estimāt que ce seroit autāt de viures espargnez. Et pour ce que les habitans du plat pays se montroÿēt lents et tardifs a porter leurs grains, il despescha commission, le second iour de Septembre, aux seigneurs Dātragues lieutenāt de sa compagnie, au seigneur de la Brosse lieutenāt de la cōpagnie de Monsieur de Lorraine, & au seigneur de Biron lieutenant de celle de Monsieur le Prince de la Rochesuryon, de mener ceste trouppe es terres de la ville, & de l'Euesque de Mets, les plus esloignees, pour faire auec la force (si besoing estoit) que les commandemēts de la recolte fussent executez. En quoy ils procederēt si sagemēt, que du gré du peuple, a qui on permettoit en retenir quelque quātité, pour leur nourriture de certain temps, et pour semer, fut amené de ces quartiers, auant le vingtiesme de Septēbre, enuiron douze mille charges de grains, dans la ville.

Et pource que le temps ne nous permettoit assez [2] loisir, de pouuoir conduire en defence noz rampars & platesformes, auāt la venue des ennemis: & mesmement qu'estions incertains par quel endroit ils nous vouldroyent assaillir. Monsieur de Guyse embesongna les gentilshōmes de sa maison a faire vne prōpte prouision de plusieurs choses requises,

[1] conseruer d'autant
[2] de

pour iecter a vne breche soubdainement faicte, ou l'on n'auroit eu temps de ramparer. L'un de certain bon nōbre de Gabiōs, Vn autre assembler [1] deux cēs grosses Poultres de boys, Autres a trouuer deux mille grāds Tonneaux, & de Planches, & Tables ferrees en grand nōbre, Remplir quatre mille sacs de terre, & de sacs de laine autant qu'il s'en trouueroit, sans y omettre force [2] Pics, Hoyaulx, Pelles, Hottes, Moutōs pour abbattre murailles : Les autres a la charge des Pauezades, des Caualiers de bois pour l'harquebouzerie, des Parapects, Mātelets, Treteaux, Barrieres, Rateaux cheuilléz [3], et autres engins, de chascune espece diuerses sortes, pour s'en aider par teste et aux flancs, selon la diuersité des lieux et places ou l'affaire le requerroit. Au Seigneur de sainct Remy, se pouruoir de bonne heure de touts Artifices a feu, aussi au Seigneur de Crenay remonter grād nombre d'arquebuz a croq auec leur appareil & fourniment. Et fut la diligence telle, que toutes ces choses se trouuerēt prestes et assemblees [4] es lieux a ce ordōnez auāt que le besoing fust.

Noz soldats n'estoyent cependant paresseux a la demolitiō des bastimēts vers la porte saincte Barbe, portans par terre ce grand nōbre d'edifices demourez hors du retranchement, afin que si iceluy quartier venoit a estre prins, lequel toutesfois on ne deliberoit legierement abandonner, il ne s'y trouuast rien en estat qui peust faire faueur a l'ennemy. Et de mesmes poursuyuoyent les maisons, ioignants les murailles de la ville, [5] faisant vn espace tout du long pour y mettre [6] gents en bataille & y pouuoir faire rampars & tranchees. Pareillement au dehors de la ville ils abbatoyēt les Faulxbourgs, Iardins, Edifices de plaisir, & autres murailles qui eussent peu nuire, dont il y en auoit grand nōbre iusques dans les fossez, ainsi qu'on veoit en ces grandes & riches villes qui ont ioy longuemēt du biē d'une profonde paix. Et pourroit on s'esmerueiller de l'obeissance qu'en tel dōmage d'edifices ce peuple de Mets rēdoit. [7] car estāt là chose cōduitte par l'authorité de Mōsieur de Guyse, & par gracieuses remōstrāces, dont il vsoit, il ne s'en veit vn seul qui feist sem-

---

[1] assembla

[2] ferre

[3] rateaux, cheuilles

[4] auant que le besoin fust.

[5] y

[6] pour mettre

[7] rendoit? ,

blāt le trouuer dur, & la plus part mettoyent d'eulx mesmes la main a les abattre, comme concernant le bien public & la perpetuelle seureté de leur ville.

Encores pour ne laisser aucune cōmodité de couuert a l'ennemy, s'il vouloit venir loger pres de la ville, ils ruinoyent les bourgs de sainct Arnoul, de sainct Clement, de sainct Pierre des champs, de sainct Iulian, de sainct Martin, & autres tout a l'entour : chose qu'il ne fault estimer de petit trauail n'y peu hazardeuse, veu la presse du temps, qui ne donnoit le loisir d'y besongner en seureté : de sorte qu'ils y sont demourez ensepueliz et couuerts [1] soubz les ruines plus de deux cens pauures soldats, ou autres qui leur aidcyent. Vray est que quant aux grādes Eglises tant du dedās que du dehors, ne les voulant Monsieur de Guyse veoir mettre par terre, si la venue de l'ennemy & le sauluement de la ville n'en monstroyent vne grande necessité, les pilliers qui en soustenoyent les voultes & pans de mur, furent pour lors seulemēt couppez & estançōnez de boys, mesurans que l'espace d'un iour ou deux, nous en feroit tousiours venir a bout, quand le besoing nous y contraindroit, ainsi que depuis auāt cinq sepmaines fut mis a execution. Mais pource que celle de sainct Arnoul estoit de grāde estendue, & assise en si hault & proche lieu de la ville, que la voulte eust peu seruir aux ennemïs d'un dangereux caualier sur tout le quartier de la porte Chāpeneze, on s'aduāça de l'abattre, de crainte qu'ils feissent quelque grand effort, de s'en saisir auant qu'on y peust remedier. Et vsa Mōsieur de Guyse de pitoyable office vers l'abbé et religieux dudict sainct Arnoul, ensemble vers les autres gents d'Eglise & de religion de toutes les Abbayes, Couuens & Colleiges abbatuz, qu'il accommoda es autres Eglises, dont est demeuré grand nōbre en estat dans la ville, trouuant suffisant espace pour les y loger touts, avec leurs aornements & ioyaulx, sans aucun empeschement de pouuoir vaquer au seruice de Dieu, aussi bien qu'au parauant. Et feit transferer [2] en solennelle procession les corps & reliques de plusieurs saincts, qu'il accompaigna, & les autres princes & seigneurs auec luy, la torche au poing, teste nue, depuis l'Eglise & Abbaye sainct Arnoul, iusques en l'Eglise des freres prescheurs. Il ne fault omettre, qu'a mesme iour & procession furent transferrez les cer-

[1] couuers de plus de deux cens
[2] Transporter.

cueils, esquels gisoyent en l'Eglise & Abbaye sainct Arnoul, la Royne Hildegarde, femme de Charles premier de ce nom surnommé Charlemaigne, Roy de France & d'Austrasie (duquel royaulme d'Austrasie, la ville de Mets estoit la capitale) & depuis Empereur. Le Roy Loys, surnommé Debonnaire, filz des susdicts Charles & Hildegarde, aussi Roy des deux royaulmes, & Empereur: qui fut inhumé à Sainct Arnoul, l'an huict cens quarante & vn: Deux de ses seurs, Hildegarde & Aleide : & deux seurs du Roy Charlemaigne, Rotayde et Aleide. Droguo, qui fut Archeuesque de Mets, & frere dudict Roy Loys debonnaire, ne scay au vray si legitime ou bastard. Vitro, Duc de Lorraine pere de Saincte Glocine. Beatrix espouse d'un Herwic Duc de Mets. Amalard Archeuesque de Trieues, iadis Chācelier de Charlemaigne, & depuis canonizé pour sainct: Lesquels furent tous apportez en l'Eglise des freres prescheurs, & ilec enleuez auec telle solennité, & aussi honorablement que faire se peut, & que l'opportunité du temps le permettoit.

Le Marquis Albert de Brandebourg, duquel auōs dessus parlé, s'estoit faict chef d'une partie des meilleurs gens de guerre que les princes d'Alemaigne eussent en leur armee contre l'Empereur, ayant retiré de sa part[1] le Duc de Zimmeren, parent du conte Palatin, l'Ansgrau de Lytembourg, Le conte Ludouic d'Ottinguen, & Soixante deux enseignes d'Alemans, lesquelles il auoit reparties en quatre regimēs. Dont Iacob d'Ausbourg auparauant son lieutenāt estoit Colonel de vingtdeux. Le conte Daltēbourg de seize. Rifemberg de douze, et des douze autres Ioassen Fōdalbic, auec huict Squadrōs de cheuaulx, chascun de deux cens, ensemble trēte quatre pieces d'artillerie: Et estoit venu des haultes Alemaignes, en branschattāt & rançonnāt le pais, passer le Rhin a Spire, & courir toutes les terres d'Auxois, iusques a la ville de Trieues, de laquelle il s'estoit saisy & mis des gens de cheual dedans, auec le regiment de Fōdalbic pour la garder. Maintenāt s'estoit venu camper au lieu de Roranges sur la Mozelle, pres de Thionuille a trois lieues de Mets, d'ou enuoyoit souuent demander viures a Monsieur de Guyse pour la nourriture de son camp, faisant publier qu'il estoit la pour le seruice du Roy. Et de faict, le Roy tenoit aupres de luy l'Euesque de Bayonne, pour traicter la condition du payement qu'il luy fauldroit en se seruant de

[1] deça par

luy. Or n'osoit Monsieur de Guyse le refuser, afin qu'il n'en causast quelque mal contentement: aussi craignoit d'autre part desfournir sa ville. Parquoy aduisa sagement de ne tomber en l'vne, n'y en l'aultre necessité, enuoyant la premiere fois au Marquis tel nombre ¹ de pains & pieces de vin pour luy satisfaire, qui ne fut de grand foulle a la munition du Roy. Et depuis sur semblable demande, luy feit entendre, qu'il n'oseroit n'y vouldroit ² plus toucher a la munition : mais luy enuoyoit vne autre prouision de pain et de vin qu'il auoit faict venir pour la fourniture particuliere de sa maison, adioustāt encores nouueau present d'un Coursier, que le Seigneur de Louuieres son escuyer d'escuerie mena audict Marquis. A la fin ne voulant Monsieur de Guyse vser vers luy, sinon en la façon que le Roy luy auoit mandé, & voyant qu'il importunoit tousiours pour viures, enuoya le Seigneur Pierre Strozzy luy remonstrer, que la raison de la guerre (laquelle il entendoit bien) ne portoit que lon iectast viures d'une place de telle importance que Mets, mesmement a ceste heure, qu'on entēdoit l'Empereur s'approcher auec vne grosse armee, pour la venir assieger, auecques ce qu'elle n'estoit gueres bien fournie : & a peine en pourroit on tirer la nourriture de son camp trois iours, qu'ō ne l'espuysast beaucoup : mais qu'il pourroit prēdre son chemin vers les Sallins, pays tresfertil, & la entretenir pour vn temps son armee. Ce ³ propos sembla auoir esté bien receu de luy, mesmes demanda quelque personnage pour lui monstrer le pays. Mais le bon iugement du Seigneur Pierre auoit desia descouuert par les termes & propos qu'il auoit tenu, que ses fins tendoyent seulement a tirer de l'argent du Roy, & proiectoit deslors iouer ce beau tour, que depuis on a veu. Lēdemain fut despesché Gaspar de hus, Seigneur de Buy, gentilhōme natif de Mets, pour l'aller cōduire vers les Sallins. Mais en lieu de prendre ce chemin, il s'approcha vne lieue plus en ça, vers la ville, venāt camper a Aey, d'ou enuoya trois de ses gents vers Monsieur de Guyse, luy faire entendre, que d'aller vers les Sallins, ce seroit trop s'exposer a l'ennemy, en dāger que luy & ses gents fussent rompuz, & que son intention estoit de passer la Mozelle : parquoy prioit qu'on luy feist faire vn pont, & ce pendant le fournir de viures necessaires, en-

---

¹ envoyant tel nombre
² et ne voudroit
³ Le

semble mettre en liberté quelques vns des siens, qu'il disoit estre arres-
tez dans la ville. Mōsieur de Guyse enuoya recueillir· & festoyer ses
gents, par des gentilshommes de sa maison, ausquels ces ¹ Alemans feirent grande instance de prendre la lettre du Marquis leur maistre, qui
contenoit leur charge, pour la porter a Monsieur de Guyse: & qu'ils
viendroyent puis apres luy faire la reuerence et dire le surplus. Tātost
apres s'en retournerent sans se presenter: de laquelle façon Mōsieur de
Guyse assez esmerueillé, ne laissa pourtant a rendre responce, & ramen-
teuoir au Marquis touchant les viures, la raison que dessus. Et quant au
pont, qu'il n'auoit moyen d'en faire dresser promptement: mais qu'il
commanderoit que tous les bateaux de Mets & du pont a Mousson se
rendissent a l'endroit ou il vouldroit faire passer ses gents, pour en
tirer la commodité qu'il pourroit. Au reste qu'il n'auoit aucun des siens
prisonnier, ny ne vouldroit qu'ils eussent moins de liberté & bon traic-
tement dans la ville, que les François. Ceste response estoit suffisāte, &
satisfaisoit au tout: parquoy estima ledict Marquis, que ce luy seroit
honte de ne la prendre en payement: Et commença incontinēt penser a
quelque autre nouueaulté: c'est de faindre estre requis, que Monsieur de
Guyse & luy parlassent ensemble, & qu'il fust aduisé vn lieu hors
la ville pour s'assembler. L'excuse estoit presente a Monsieur de Guyse,
que ayant la garde de la place, ne seroit trouué bon qu'il en sortist:
offrant au Marquis, que s'il luy plaisoit venir dedans, il mettroit peine de
le bien recueillir & traicter. Le Marquis donna parole de venir le iour
ensuyuant, dont Monsieur de Guyse enuoya bonne trouppe de gentilshommes hors la ville, vers la venue de son camp au deuant de luy: &
trouuerent quelques Alemās qui vouloyent entrer, lesquels furent receuz.
Et apres que lon eut longuement attendu, le Marquis enuoya dire, qu'il
ne viēdroit iusques au lēdemain, auquel iour il approcha encores le matin son camp, iusques au village de Mercy, & autres d'enuiron, a vne
lieue de la ville. Estans des nostres sortiz comme le iour precedent,
rencontrerent autre trouppe d'Alemans, qui disoyent, le Marquis n'estre
gueres loing: & qu'ils s'estoyent mis deuant, pour acheter ce pendant
quelques besongnes en la ville. L'entree leur fut dōnee comme aux
premiers: et sur le midy, vn gētilhomme enuoyé de la part du Marquis,

¹ les

vint porter excuse, qu'il ne pouuoit encor venir de ce iour : requerant Monsieur de Guyse, qu'il luy pleust receuoir dās la ville, vn nombre de mortiers & quelques munitiōs de boulets, pour descharger d'autāt son charroy, qui commençoit marcher difficilement a cause que le temps s'estoit disposé a la pluye. Dequoy encores qu'il en fust quelque chose : (car a la verité, le pays est gras & boueux, pour si peu d'eaue qu'il y tumbe) si est il a croire, que cela tēdoit plus a imprimer quelque fidelité de luy, qu'au soulagemerɜ de son charroy : car en l'hyuer apres, il traina touiours lesdicts mortiers & boulets, sans nouuel attellage de cheuaulx. Monsieur de Guyse luy accorda sa demande, et mesmes qu'il pourroit laisser vn de ses gens dans la ville, pour auoir la garde de ce qu'il y mettroit. Ce soir, il ennoya lesdicts mortiers, qui arriuerent bien tard, & a heure que lon n'a accoustumé ouurir places de garde : toutesfois pour ne luy laisser aucune apparente occasion de se plaindre, Monsieur de Guyse, ayant iecté quelques cheuaulx dehors pour faire la descouuerte, a fin d'obuier aux entreprinses qui se pourroyent faire, & mis force soldats en armes a la porte, quelque nōbre d'arquebouziers aux barrieres, receut ce charroy a diuerses ouuertures de porte, & a diuerses fois, le visitant a la raison qu'ils entroyent, les vns apres les autres, a fin qu'il n'y eust chose dont peust venir inconuenient a la ville : & cela si dextrement, qu'il ne fut donné aucune cognoissance de souspeçon. Le tiers iour, on veit venir autre grosse trouppe d'Alemans, & nulles nouuelles que le Marquis arriuast : Dont Monsieur de Guyse considerant ceste façon, & le logis qu'il estoit venu prendre si pres de noz portes, se doubta qu'il pourroit auoir quelque dangereuse imagination. Parquoy ne permeit que ces Alemans venuz dernierement, entrassent : mais doulcemēt feit sortir ceulx qui estoyent dedans, en nombre de plus de quatre cēs, leur offrant faire porter de la marchandise a la porte, autāt qu'ils en vouldroyent acheter. Sur l'heure arriuerent gens de la part du Marquis, pour dire, que leur maistre ne pourroit estre bien a son aise, en lieu ou lon essayast faire ses gens prisonniers : & que a ceste occasion, il n'y estoit voulu venir. A quoy auoit tant peu d'apparēce, que l'on ne daigna luy en mander satisfaction : car aussi n'estoit veritable : cōme Monsieur de Guyse, s'en estant soigneusement enquis, des l'autre fois qu'il luy auoit mādé le semblable, l'auoit ainsi trouué. Toutes lesquelles choses rapportees au succez de celles qui aduindrent dans six sepmaines apres, feront iuger, que le Marquis auoit entreprins vne de trois choses, ou de tirer le plus de viures [1] qu'il pourroit, pour desfournir la ville: ou bien surprendre la personne de Monsieur de Guyse, & mettre en danger tout le demeurant: ou bien de gaigner auec le nombre de ses gẽs qui estoyent ainsi entrez, vne des portes par ou il peust mettre toutes ses forces dedãs, & en demourer le Seigneur: Mais Dieu ne permist qu'il en aduint ainsi.

Nous auions lors passé la mi Septembre, & commençoyent venir plus d'aduertissements de la venue de l'Empereur qu'au parauant. Lequel auec les bandes Espaignoles, Italiennes, & les autres forces qu'il auoit assẽblees a Ispurg, Munic, Augsbourg et Vlme, s'estoit acheminé iusques sur le Rhin: lequel sa personne auec quelque nombre de cheuaulx & certaines pieces d'artillerie, l'auoyent passé sur le pont a Strasbourg: le demeurãt de l'armee par batteaux: s'estãt encores venu ioindre a luy a Laudourf, maison du Conte Palatin pres de Spire, ou il faisoit quelque seiour deux regiments qui venoyent de Francfort & Ratisbonne: par le moyen dequoy son armee estoit encores engrossie, & s'approcha depuis au Deux ponts, qui est vn lieu a quinze lieues de Mets: d'ou Monsieur de Guyse eut aduertissement, qu'il faisoit aduancer quinze cens ou deux mil cheuaulx vers le pays Metsein, pour deffaire les nostres, qui y estoyent pour la recolte. Parquoy manda aux Seigneurs d'Antragues, de la Brosse & de Biron, s'approcher vers la ville auecques leur trouppe, faisans entendre par le pays, que lon eust a mettre plus grãde diligence que iamais de porter viures: & ceulx qui ne le pourroyent si tost faire, eussent a les ietter hors des granges, maisons & edifices, a fin que s'il estoit besoing en faire le gast, pour empescher que l'armee de l'ennemy ne s'en preualust, on les peust brusler sans endommager les bastimẽts & meubles, espargnant ce pauure peuple le plus qu'il seroit possible. Il leur fut aussi mandé, qu'ils rapportassent vn roole de tous les moulins des lieux & enuirons ou ils passoyent, pour les enuoyer rompre au deuant de l'Empereur: Les aduertissant encores, d'amener en venant vn grand nombre de charroy, pour s'en seruir à reserrer promptemẽt tout ce qui se trouueroit a deux ou trois lieues a l'entour. Ces choses executerent les susdicts, ainsi qu'il leur estoit mandé: & se retirerent

---

[1] ou de tirer plus de viures

auec leurs gens vers Monsieur de Guyse, qui les feit entrer dans la ville le vingt-deuxiesme iour de Septembre : & les enuoya loger chascun au quartier qui luy estoit departy : les bandes de gens de pied pres des murailles, a fin d'estre voisins des lieux ou ils auroyent a faire la garde, & les gensd'armes & cheuaulx legiers sur le milieu de la ville : Ordonnant a tous Capitaines, chefs de gens de guerre, gentilshommes & soldats, ne faire logis hors de leurs quartiers, sur peine d'en estre puniz.

Et scachãt que la noblesse Françoise est assez coustumiere de courir la part ou l'affaire suruient, et aduenant le siege, qu'un bon nombre s'en retireroit en ceste ville, ou s'ils n'auoyent a qui rendre particuliere obeissance, vouldroyent prendre logis ou bon leur sembleroit, & estre de toutes les factions qui s'entreprendroyent : dont on a veu souuent aduenir plus d'inconueniens que de bons effects. A ceste cause, feit commandement, que tous gentilshommes, & autres [1] qui viendroyent pour l eur plaisir, eussent a choisir vn des Capitaines de gens de cheual, ou de gens de pied, estans en la ville, pour se retirer deuers luy, & auoir logis dans son quartier, le suyure & accõpaigner a toutes les saillies, factions & entreprinses qui se feroyēt par luy, obeissant a l'execution d'icelles, tout ainsi que s'ils auoyēt receu soulde, & faict le sermēt au Roy soubs sa charge, & n'entreprendre rien d'aduantage, sur peine d'estre mis hors la ville. Et pource, que les ennemis eussent peu en moins de six iours, se faire maistres de la campaigne, & occuper les viures, ne tarda gueres a renuoyer la caualerie legiere faire le gast qu'auons dict cy dessus, & rompre les moulins, leur commandant aller commēçer au plus pres de l'ennemy, & au plus loing de la ville qu'il leur seroit possible : faisans en sorte qu'il demourast le moins de nourriture & de cõmodité de toutes choses deuant leur armee, que faire se pourroit.

Ce pendant, a fin que lon feist plus grande diligence de reserrer ce qui estoit encores dehors, fut de nouueau ordonné, que dans quatre iours on eust a mettre tous les viures & le bestiail des villages dans la ville, pour en fournir la munition, ou les vendre au marché, a tel pris que lon trouueroit, sur peine que, le terme passé, les gens de guerre & soldats en pourroyent aller prendre sans payer, la ou ils en trouueroyent.

---

[1] tous gentils-hommes, autres

Ce commandement feit venir en ces quatre iours, grande quantité de tous viures : Car la plus part du peuple & les habitans de la ville, qui auoyent encores leurs granges & maisons aux champs toutes pleines, obeirent dans le temps. Et ceulx qui ne le voulurent faire, sentirent bien tost la punition du mespris & refuz qu'ils faisoyent : par ce que les gens de guerre sortirent, comme il leur estoit permis, & allerent faire particulière prouision de tout ce qu'ils peurent trouuer : qui fut cause, que aucuns se repentans, venoyent offrir liberalement de porter tout ce qu'ils auoyent, & que la main fust reserree aux soldats : ce que Monsieur de Guyse feit voluntiers, regretant la foule du peuple, pourueu que la ville eust son fournissement. En ceste façon, ne vint gueres de dommage, que sur ceulx qui auoyent trop mauuaise volunté, & cela mesmes porta quelque espargne a la munition du Roy, tenant lieu de distribution aux soldats plus de six sepmaines durant le siege. Monsieur de Guyse auoit vsé de plusieurs autres moyens, sur le faict des prouisions de bleds, vins, bestiail, chairs sallees, poisson, beurre, huille, sel, froumages, riz, & tous autres viures de garde, qu'il auoit faict venir de Frāce, Lorraine, Barrois, & autres lieux, ou il s'en pouuoit recouurer, n'ayāt espargné ny son crédit, ny ses deniers : de sorte, que la ville fut mise en estat, pour ne souffrir faim d'un bon an.

Sur le vingtiesme de Septembre, Monsieur de Guyse enuoya la seconde fois le Seigneur Pierre Strozzi vers le Roy, l'aduertir qu'il estoit tēps d'enuoyer le secours qu'il auoit aduisé donner a Mets, veu que l'ennemi s'estoit tant approché, qu'il ne falloit plus doubter de sa venue. A quoy sa maiesté respondit, que de Sainct Mihel, ou Monsieur le Connestable alloit dresser vn commencemēt d'armee, y seroit pourueu auant que les ennemis peussent estre arriuez.

Quelques iours au parauant, le Marquis Albert de Brandebourg estoit retourné vers Trieues, pour retirer les gens de cheual, & le regiment de Fondalbic qu'il y auoit laissé, & autresfois reuenu au tour de Mets, ou il feit cinq ou six logis, entretenant tousiours l'Euesque de Bayonne de paroles generales, sur lesquelles on ne pouuoit faire aucun bon fondemēt : car il luy proposoit chascun iour demandes nouuelles, & si excessiuès, que ledict Euesque eust passé grandement sa charge, de les luy accorder. Il enuoya querir les mortiers qu'il auoit laissé dans la ville, lesquels Monsieur de Guyse luy permit reprēdre. Et enuiron ce temps, le Roy despescha encores le Seigneur de Lanssac, pour venir prendre quelque conclusion auecques luy, mais il trouua moyen de mettre tousiours la chose en longueur : Et ce pendant, s'approcha du pont a Mousson, venant loger tout ioignant les portes, auquel lieu Monsieur le Connestable enuoya de nouueau le Seigneur de la Chappelle de Biron, & a la fin Monsieur de Chastillon son nepueu, à present Admiral de France : lequel apres auoir quelque fois conclud vne chose, incontinent apres le Marquis l'enuoyoit conditionner de quelque autre, tant esloignee de raison, qu'il s'en retourna sans resolution. Ceste façon intraictable, de ne se laisser conduire a quelque party honneste de plusieurs qui luy estoyent offers, le rendit suspect a Monsieur le Connestable, qui commença peser de luy comme d'un ennemy : Et par le trouble qu'il dōna, veint ceſt incōuenient a la ville, que Mōsieur le Connestable ne nous peult secourir de tout ce qu'il eust bien voulu, mesmemēt d'artillerie : Car il ne l'eust peu faire cōduire auecques moindre force, que d'vne armee, pour la defiance qu'auions du Marquis & de son camp. Bien auoit faict approcher de bonne heure quatre enseignes de gens de pied au pont a Moussōn auant que le Marquis y passast, lesquelles furent deslors retirees dans la ville, & depuis enuoya deux cens pyonniers et un nombre de pouldres que le Seigneur Horace Farnez Duc de Castres admena, lors qu'au dixseptiesme du moys ensuyāt, il vint pour attendre le siege. Oultre lesquelles, Monsieur de Guyse, pour la crainte d'vn long siege, auoit mis peine en assembler, ou de ce qu'il en auoit tiré de ses places, ou par aultres moyens, dix milliers.

OCTOBRE, M. D. LII.

Pource que le mois d'Octobre estoit venu, et nous approchions de l'hyuer, quelques vns estimerent que l'Empereur n'entreprendroit si tard nous assieger, cuidans puis qu'il auoit conduit iusques ici sagement ses affaires, il ne vouldroit forcer a ceste heure la nature du temps, & tant contemner la riguer du ciel, que de hazarder vne si grande armee a la mercy des neiges, pluyes & gelees, qui sont bien vehementes en ce pays, & se contenteroit pour ceste annee de s'estre monstré en armes en Alemaigne, & d'auoir reduict a sa deuotion les princes de l'Empire, qui au commencement de l'esté estoyent entrez en guerre contre luy : mais qu'il pourroit entreprēdre de venir en quelque

quartier de la Champaigne ou en Lorraine & Barrois, pour y faire
hyuerner son armee, & temporiser iusques en la belle saison, que
l'execution de ses entreprinses viendroit estre plus aysee : mais il estoit
aussi a penser qu'vn si grand amas de gens de guerre, & la grand
despence de les souldoyer, auec les brauades et menasses, dont il auoit
vsé, & qu'il auoit faict publier par ses ambassadeurs & ministres, tāt
en Alemaigne qu'en Italie, de vouloir auant toutes choses pourueoir au
recouurement de ce qui touchoit a l'Empire, luy feroyent auancer ce
siege. A quoy de plus fort l'inciteroit la foiblesse, qu'il scauoit estre
encores en la ville, & la crainte que les affaires du Roy par trop temporiser se peussent tant affermir, qu'il ne fust plus heure de l'empescher.
Aussi qu'vn esprit picqué se promet souuent de surmonter les plus
grandes difficultez, mesmes qu'il auoit aultresfois bien heureusement
mené la guerre en hyuer. Parquoy faisant Monsieur de Guyse vn conseil
sur toutes ces choses, resolut de poursuiure sa premiere et sage deliberation, de continuer auecques la plus grande diligēce qu'il pourroit
la fortification commencee. Et y estoit si attentif, que souuent il faisoit
porter son disner aux rampars, de peur de mettre trop de tēps a l'aller
et venir [1] en son logis. Et si quelques fois il alloit dehors a cheual,
c'estoit pour recongnoistre le pais, visiter les aduenues et logis, que les
ennemis pourroyent faire a l'entour de la ville, & prēdre garde aux
lieux, par ou il nous pourroyēt nuire, et aussi a ceulx qui seroyēt
aduātageux tāt pour noz saillies, & mettre des imboscades, que par ou
nous ferions noz retraictes.

Les vendanges estoyent lors acheuees, lesquelles auoyent esté faictes
sans aucun empeschement, & y auoit grande fertilité de vin par tout le
pays, dont apres qu'on en eut retiré vne grande quantité dans la ville,
beaucoup de gents de trauail vindrent, qui furent employez a la besongne, par le moyen desquels, les platesformes commencerēt d'approcher a la haulteur suffisante pour s'en pouuoir seruir. Et feit lors
Monsieur de Guyse asseurer & habiller les voultes de plusieurs Eglises
en platesformes, armees de balles de laine, qui seroyent caualier aux
mōtaignes pour y mettre de l'artillerie, & battre au loing, a l'aduenue
des ennemis. Et pourautāt que lon disoit estre chose bien aisee de

---

[1] a aller et venir

nous priuer de celle partie de la Mozelle, qui passe dans la ville, rompât la chaussee qui la soustiët. Au moyen de quoy toute l'eaue retourneroit en son ancien canal, du pont des Mores hors des murailles, & demoure- royent deux grandes ouuertures, seruāts de breche aux ennemis soubs les deux ponts des barres, par ou ladicte riuiere entre & sort dans la ville, furent commēcees des pallificades dans l'eaue, reculees de vingt cinq ou trente pas desdicts ponts, vers le dedans de la ville pour n'estre exposees a la batterie, auec bon rampar des deux costez du canal, depuis lesdictes pallificades iusques aux ponts, seruant de flanc l'un a l'autre. Et aussi pour le mesme dāger que perdant l'eaue, fussions priuez des moulins qui estoyent dessus, Monsieur de Guyse en feit faire vn bien grand nombre d'autres a bras & a cheuaulx pour mouldre les bleds & battre les pouldres.

En ces entrefaictes on entendit que l'armee de l'Empereur auoit passé les Deux ponts, & s'approchoit vers la Mozelle, s'engrossissant tousiours du nombre de gents qui fuyuoyent d'Alemaigne, & d'autres qui venoyent des pays bas, dont ne voulant Monsieur de Guyse leur laisser en proye vne enseigne de gēts de pied du Capitaine la Prade, qui estoit dans Rodemar, a fin qu'ils ne se peussent auantager d'auoir a leur arriuee, fait quelque prinse sur le Roy, mist en deliberation & cōseil de les retirer, ensemble l'artillerie qu'ils pouuoyent avoir. Et furēt les capi- taines de c'est aduis, que du premier iour on enuoyast querir les gents de pied, cōgnoissants que la place n'estoit pour attendre vne moyenne force, non qu'une si grosse armee, qu'on disoit estre celle de l'Empereur: mais ils trouuoyent si malaysé, que quasi iugeoyēt impossible d'en pouuoir retirer l'artillerie, a cause qu'il y auoit six grādes lieues de mauuais chemin de Rodemar a Mets, qui en valloyent douze françoyses, beaucoup de passages difficiles tant de montaignes, que de grands boys entre deux, & le temps qui s'estoit mis a la pluye. D'autre costé les forces de l'ennemy voisines, et mesmes vingt enseignes de leurs gents de pied desia logees a Luxēbourg & Thionuille, entre lesquels Rodemar faisoit le milieu, estant chose contraincte de passer a l'aller, & au retour a la portee du canon de Thionuille, dont pour y user seuremēt, ne fauldroit moindre escorte, que de tout le nombre de gents qu'il y auoit dans nostre ville, lesquels, pource qu'il conuiendroit mettre beaucoup de temps a trainer l'artillerie, ne seroyent encores peu hazardez en telle entreprinse, mais qu'on la rōpist, & portast sur sommiers ce qu'on pourroit des munitions de guerre qui s'y trouueroyēt. Suyuāt cecy, Mōsieur de Guyse enuoya le lendemain quatriesme d'Octobre, le Capitaine Lanque auec ses harquebouziers a cheual, aduertir le Capitaine la Prade de tenir luy, ses gēts, & son affaire prests, & qu'il enuoyeroit encor plus grand escorte, pour les conduire seurement a Mets. Dōt pour cest effect il despescha deux iours apres le Seigneur Paule Baptiste & la moitie de la cōpaignie de Monsieur de Nemours, lesquels passerent sans estre apperceuz de ceulx de Thiōnuille, a la faueur d'une escarmouche que Monsieur de Nemours, & le conte de la Rochefoucault auec le reste de leurs compaignies allerent attaquer deuant la ville, sur lesquels sortirent quelques gents de cheual, qui furent incontinent rembarrez dans les portes. Et allerent encores les nostres donner dans vn nōmbre d'harquebouziers sortiz auec les gents de cheual, lesquels auoyent gaigné vn fossé, cuydans de la tirer mieulx a seureté : mais ils furent enfoncez & rōpuz, ou le seigneur d'Auradé gentilhomme de la maison de Monsieur de Nemours receut vne harquebuzade dans le genoil, de laquelle a trois ou quatre iours dela il mourut. Les capitaines Baptiste, Lanque & la Prade executerent le huictiesme du moys ce qu'ils auoyent en charge de la ruine du chasteau, & rompement de pieces, conduisants par vne nuict les gēts de guerre a sauueté, auec vn nombre de pouldres & harquebouzes a croq, qu'ils auoyent faict charger, iusques au pont de Rozemont a demie lieue de Thionuille, ou le seigneur de Biron auec la compagnie de Monsieur le prince de la Rochesuryon, & sept enseignees de gents de pied, soubs le capitaine Fauars, maistre de camp se trouuerēt a l'aube du iour pour les recueillir. Et pource que quelque maladie assez contagieuse auoit couru entre ces soldats de Rodemar, a fin d'euiter inconuenient dans la ville, Monsieur de Guyse les enuoya loger au pont des moulins, ou apres leur auoir faict faire monstre, leur commanda se retirer au camp, vers Monsieur de Chastillon leur coronel. Et en ce temps il choisit parmy ses autres bandes, trente soldats des plus estimez, pour sa garde, dont en y auoit six des laquaiz du Roy, qu'il a durant le siege souuent employez a diuerses entreprinses, esquelles ils se sont tousiours portez fort vaillāment. Aussi en sōt demeurez les treze ou quatorze morts ou impotents de leurs membres.

Trois ou quatre iours apres, Monsieur le prince de la Rochesuryon, venant de sa maison, arriua en poste pour le desir de se trouuer en vn siege tel, qu'on preuoyoit estre cestuy cy : la venue duquel fut tres aggreable a Monsieur de Guyse & a touts les gents de guerre. Il voulut du premier iour prendre charge de quelque besongne, & commençea vn rampar a l'endroit d'vne poterne pres l'Eglise Sainct Thibauld, qui fut cōtinué a main gauche, iusques a l'ētree de la riuiere de la Seille, & de l'autre costé iusques aux Augustins, cōme de mesmes feit le Seigneur Pierre Strozzy au rampar & tranchee d'entre la porte des Alemans, & la plateforme de la porte a Metzelle. A ladicte plateforme les Conte de la Roche Foucaud & Seigneur de Rendan : & les Seigneurs de Gounor & de la Brosse a la courtine, & deux bouleuars du retranchemēt : Le Seigneur d'Antragues au rauelin & portal des Alemans : Le Seigneur de Biron a la plateforme des Rats : Le Seigneur de Parroy a celle de l'encōgneure de Saincte Glocine, & certains aultres Seigneurs venuz au parauant, qui estoyent superintendans a tous les atteliers, faisoyent valoir la diligence des pyonniers, & des gens de trauail, n'espargnāts celle mesme des gens de guerre de pied ou de cheual, lesquels y employoyent quatre & six heures chascun iour, dont leur gaillardise ayda beaucoup a l'aduancement de la besongne : ioinct que noz ennemis estoyēt lents, & nous donncyent loisir de nous fortifier, seiournants plus d'vn demy moys au logis qu'ils auoyent prins au deux ponts, & aux enuirōs : mais cela procedoit, comme il est vray semblable, de ce que l'Empereur vouloit pouruoir, auant passer oultre, aux munitions de guerre & viures, qui seroyent necessaires durāt le siege, a l'entretenemēt d'vne si grande armee, cōme deslors il pratiqua, que de Strasbourg luy seroit fourny durant deux mois deux cens mille pains par iour, & des aultres villes assises sur le Rhin & la Mozelle, selon qu'ils le pourroyent faire. Il attendoit aussi que sa grosse artillerie fust arriuee a Thionuille, laquelle il faisoit descendre par le Rhin iusques a Confluence, & puis remonter par la Mozelle. D'aultre costé, le Duc d'Olsten frere du Roy de Dannemarc, & les Seigneurs Daiguemont, de Brabançon, & du Bossu, luy deuoyent amener vn autre nombre de gens de guerre, qui estoyent bas Alemans, tant de pied que de cheual, lesquels ne pouuoyent si tost arriuer. Mais sentant qu'ils s'approchoyēt, & qu'au demeurāt tout l'appareil de son armee estoit prest, il s'achemina vers Serebruch.

A tant Mōsieur de Guyse desirāt auoir particuliere congnoissance de l'estat de cette armee, cōmanda au Seigneur de Rendan s'en aller auec sa compaignie si auāt qu'il la peust recongnoistre, lequel chemina iusques par dela Vaudreuanges, sans auoir nouuelles des ennemis. Et passant vn peu plus oultre contremont la riuiere de Sarre, trouua que leur camp venoit loger ce soir a Forpach, vn peu par deça Serebruch, a sept lieues de Mets. Surquoy Monsieur de Guyse feit certain iugement, qu'ils se venoyent adresser à Mets. Et bien qu'il veist noz enseignes de gens de pied si mal complettes, qu'elles n'auoyent lors plus de quatre mil cinq a six cens hommes en tout, que la cauallerie n'auoit faict monstre sinon de quatre cens quarante quatre cheuaulx. Aussi les trois compagnies de la gēdarmerie, comptez pour neuf vingts hommes d'armes, plusieurs y auoyent esté trouuez absens pour estre malades, ou allez se refraischir du voyage d'Alemaigne : & grand difficulté qu'il en peust estre desormais secouru de plus grand nombre, n'y d'aulcune aultre chose, neantmoins se resolut auec telle trouppe, qu'il cognoissoit estre pourueue de gens de bien, attendre les ennemis, sans demander autre chose au Roy que sa bonne grace, laquelle il esperoit meriter, exposant sa vie a la defēce & garde de ceste siene place, cōme a la verité c'estoit seruice aultant releué, qu'on eust peu faire a la venue de si grād force, & ou chascun de bon & sain iugement peut ayseemēt cognoistre, de quel importance en estoit la conseruatiō ou la perte. Donques sentant les ennemis si pres, comme a esté dict, de peur que s'ils auoyent intelligence, ou moyens aulcuns de surprendre la ville, ils en voulussent a leur arriuee essayer l'execution, il feit renforcer la garde des murailles, ordonnant que les Capitaines, les Seigneurs, Gētils hommes, & gents d'ordonnance feissent ordinairement tout le long de la nuict la ronde, & luymesmes le plus souuēt estoit a visiter les corps de garde & sentinelles. Aussi ordonna vn guet a cheual hors la ville, qui se feroit de iour vn peu par dessus le bourg de Sainct Iulian, vers la mōtaigne & venue des ennemis, afin que d'heure a aultre il fust aduerty de tout ce qui pourroit suruenir de leur costé.

Bien tost apres il enuoya le Seigneur Paule Baptiste sur les champs, pour auoir encores plus seures nouuelles du chemin qu'ils tiendroyent. Lequel auecques trente, ou trente cinq cheuaulx, chemina vn iour & la nuict, & vn peu de l'aultre matinee vers Serebruch, & trouua que leur camp estoit encor a Forpach : toutesfois il en deslogeoit ce mesme matin, pour venir a Sainct Auau, en s'approchant deux lieues de nous. Ledict Seigneur Paule estāt couuert d'vn peu de bois & du brouillart qui faisoit lors, demoura quelque tēps a veoir passer ce camp : a la fin voyant trois ou quatre de leurs soldats debendez, les feit prēdre, sans que le camp en eust aucun'alarme, & auec cest aduis et langue s'en retourna en la ville. Ainsi nous continua l'aduertissement que l'Empereur approchoit, dont moins que iamais perdismes heure ny temps a faire tout ce qui estoit possible, pour la fortification & defense de la ville.

La nuict du deuxiesme iour apres, le Conte de la Rochefoucaud sortit, pour aller de rechef veoir les ennemis. Et estant pres de Boulac, a quatre lieues de Mets, se teint en imboscade, enuoyant le Capitaine la Faye son lieutenant, auec six salades descouurir plus auant, lequel alla donner iusques dans les faulxbourgs de Boulac, ou y auoit quelques harque-bouziers en garde, qui furent chargez & contraincts gaigner le fort, donnants l'alarme a huict ou neuf cens cheuaux qui estoyent logez la, pour escorte des viures. Ledict la Faye se retira vers la trouppe, & le Conte auecques le tout, vers la ville, trouuant en chemin grande quan-tité de bled & vin pour les ennemis, qu'il gasta & desfonça. Et ne tarda gueres apres, que Monsieur de Guyse, pour estre tousiours biē aduerty de ce que les ennemis feroyēt, rēuoya Paule Baptiste sur le chemin de leur camp, lequel estant aussi parti de nuict, arriua ainsi que le iour commēçoit a poindre, a vn village, qui est entre le petit Mets & les Estāgs, au milieu d'un bois, ou il trouua de vingt cinq a trēte soldats Espagnols, lesquels eurent l'alarme de luy, & tirerent force harquebouzades, se iectans dans le bois, qui estoit a l'entree du village, par lequel ledict Baptiste vouloit faire son chemin, qu'il faignit lors prendre par autre part : mais pour mieux pouuoir porter quelque certaineté des enne-mis, & les approcher a couuert, il y rentra par aultre endroit : Et arri-uant iusques pres du camp, qu'il trouua logé par deça Boulac, print neuf ou dix soldats Italiens, qui alloyent busquer par les villages, & s'en reueint. De ce logis l'Empereur partit pour se retirer a Thion-uille, a cause de quelque indisposition de sa personne : Et a deux iours de la, Paule Baptiste retourna autrefois de nuict sur les champs vers Theoncourt, & Creāges, pour aller se mettre derriere les ennemis : mais il fut mal guidé, & ne peut sortir l'execution de ce qui auoit esté entreprins. Toutesfois s'accostant plus pres du camp, trouua vingt cinq ou trente Marangeois pres d'un bois, qui dōnoyent la chasse a quinze ou vingt soldats Italiens des ennemis. Ledict Paule print les vns & les aultres. Et passant encores plus auant, trouua que le camp estoit deslogé de Boulac, & s'en venoit vers les Estangs. Il approcha a vn demy quart de lieue de plusieurs esquadrons de gens de pied & de cheual, qu'il suyuit vn temps. Et voyant quelques Espaignols, & aultres soldats s'escarter de la grosse trouppe, les print prisonniers, & les conduict a Mets.

Ce soir logea la caualerie de l'ennemy audict lieu des estangs qui est a trois lieues de Mets, & tout le reste de l'armee a demie lieue par dela, ou ils se tindrent encores lendemain [1], a cause du mauuais temps qui les empeschoit mener l'artillerie: mais ce ne fut sans que Monsieur de Guyse leur enuoyast sur le iour & sur la nuict donner l'alarme, par quelques petites trouppes de nostre caualerie, de sorte que toute la leur fut contraincte se tenir longuement en bataille. Et les eust on encore trauaillez plus souuent, & par plus grand nombre des nostres, n'eust esté que la retraicte estoit mal aysee, et qu'on n'eust sceu faire si petite perte, qu'elle n'eust esté trop grande, pour le besoing qui s'apprestoit. La nuict ils enuoyerent des harquebouziers a deux ou trois cens pas de la ville, aupres d'vn pōt de pierre, du costé de la grande riuiere, pour visiter, ainsi qu'on pense, le lieu et l'assiette de leur camp, lesquels furent descouuerts de la muraille. Et les fust on allé veoir de plus pres sans l'incommodité de la nuict.

Deux iours apres, qui fut le dix neufiesme d'Octobre, le Duc d'Albe, Capitaine general de l'armee de l'Empereur, & le Marquis de Marignā, Coronel des gēts de pied Italiēs, par lesquels deux la plus part des affaires se conduisoyent, delibererent venir recognoistre la ville, & le logis qui seroit plus propre pour l'assieger; estimāts puis que la principale charge de l'entreprinse leur touchoit, qu'aussi deuoyent ils veoir a l'oeil tout ce qui pourroit [2] faciliter, ou empescher l'execution. Ils s'approcherent a vn petit quart de lieue, auec quatorze mille hommes de pied, quatre mille cheuaulx, & six pieces d'artillerie de cāpaigne, qui furēt descouuers sur les neuf heures du matin, par la guette du clochier, & le Seigneur

---

[1] le lendemain,

[2] tout ce qui se pourroit

de la Brosse (qui estoit ce iour de guet hors la ville, auec la cōpagnie de Monsieur de Lorraine) en dōna certain aduertissemēt a Monsieur de Guyse. Et ayāt retiré ses sentinelles, commença s'approcher au pas vers vn pont de pierre du bourg Sainct Iulian, ou il trouua de noz harquebouziers, qui estoyent sortiz pour le soustenir, lesquels y attendirent la descente des ennemis, & le garderent assez longuemēt. Mais se voyāts charger d'une grand force par teste & par flanc (car a trente pas du pont, n'y auoit eaue qui y peust faire empeschement) commencerent se retirer, & par le moyen du ¹ bon ordre & commandemēt du Seigneur de la Brosse, qui leur faisoit souuent monstrer visage, & prendre de pas en pas les lieux aduantageux, pour tirer a couuert, ils gaignerent la faueur de noz murailles, sans qu'il s'en perdist pas vn. De l'autre costé, sur la porte des Alemans, descēdoyent enuiron deux mille harquebouziers Espagnols ou Italiens, ayants laissé la grosse trouppe a huict ou neuf cens pas plus hault, vers les bordes de valieres, & leur gents de cheual vn peu a gauche en bataille. Monsieur de Guyse, feit sortir le Seigneur de Rendan, auec vingt cinq cheuaulx seulement, pour les aller recognoistre, sans permettre qu'il en sortit d'auātage, a cause que cest endroit vers la mōtaigne, couverte de vignes, n'estoit cōmode a combatre pour la cauelerie. Et ayāt ordonné quinze harquebouziers de chascune enseigne de gents de pied se tenir prests, auec vn chef des principaulx de chascune d'icelles, il en bailla deux cens au Capitaine Fauars, maistre de camp pour l'aller soustenir, & encores le Seigneur Pierre Strozzy, pour commāder aux vns & aux autres, & cōduire l'escarmouche. Ledict Seigneur de Rendan n'alla gueres auāt, sans rencontrer ceste force d'harquebouziers, qui venoit au grād pas, en bon ordre & contenance de soldats, pour s'attaquer aux nostres, & tira sur sa trouppe. Toutesfois il les nombra iusques aux derniers, puis se retirant au pas, vers la premiere ruine de dessus la porte des Alemans, appelee de Brimba, trouua le Seigneur Pierre, qui le feit passer & touts les cheuaulx plus bas vers la ville, s'apprestant auec ses harquebouziers ² faire teste aux ennemis, lesquels il arresta vn temps a coups d'harquebouze : mais d'autant qu'il les voyoit renforcer tousiours, & que par les costez com-

---

¹ d'un
² pour

mencoÿent d'enuironner le lieü, il retira peu a peu ses gĕts vers l'autre
ruine. plus basse & prochaine de la ville, appelee de Saincte Elizabet:
& la tenant ferme, garda que les ennemis ne passassent oultre, bien
qu'ils en feissent leur effort, & continuassent harquebouzer plus de deux
heures les vns contre les autres. Encores estoyent autres cent ou six
vingts harquebouziers, du reste de ceulx que Monsieur de Guyse auoit
ordonné, sortiz au deuant d'autre grosse trouppe d'ennemis venuz aux
vignes sur la porte Mezelle, qui furĕt soustenuz, & les nostres trouuez
aussi roiddes & asseurez, qu'aux autres endroits. Ainsi s'attaqua l'escarmouche en plusieurs lieux entre les deux riuieres, & veoyoit on touts
les coustaux & montaignes, pleins de feu & fumee de l'escopeterie. Ce
pendãt le Duc d'Albe, & le Marquis de Marignan, qui estoit descendu
de sa lictiere, ou il alloit, a cause de quelque mal de iambe, & remõté
sur vne hacquenee, vindrent a la belle croix, d'ou ils peurent mieulx,
que de nul autre lieu, veoir le circuit & contenu de la ville, recognoistre
les commoditez de loger aupres, & les endroits par ou elle se pourroit
mieulx battre. Quelques Espagnols passerĕt le bourg sainct Iulian vers
la riuiere, comme voulans sonder deux guaiz, qu'il y auoit pour passer
en l'isle, dans laquelle fut iecté vne partie de la compagnie de Mõsieur
le prince de la Rochesuryon, & quelques harquebouziers du Capitaine
S. Houan, pour les empescher. L'escarmouche dura depuis les vnze
heures iusques a vespres, que les ennemis voyants ne pouuoir faire
demarcher les nostres des lieux, qu'ils s'estoyent resoluz de garder, tant
s'en fault qu'ils les peussent forcer, pour approcher la ville de plus pres,
commĕcerent les premiers se retirer vers leur grosse trouppe, & puis
touts ensĕble a leur camp, laissans l'auãtage aux nostres, ausquels ne
fut dõné peu de louãge par Monsieur de Guyse, d'auoir maintenu si
long combat, sans estre rafraischiz ne renforcez: la ou les ennemis
l'auoyent esté par trois fois, & tousiours de gros nõbre, & gents choisiz,
cõme ceulx qui estoyent venuz preparez de ceste entreprinse, en laquelle
la situation du lieu les auoit encor fauorisez, de pouuoir venir iusques
pres de nous, couuerts par fossez & raueins. Il fut tiré des deux costez
plus de dix milles harquebuzades, & y perdismes du nostre ¹, le Seigneur
de Marigny de Picardie, & cinq soldats, qui furĕt tuez sur le champ.
Les Seigneurs de Mompha, Lieutenãt de la compagnie du Seigneur de

¹ des nostres,

Rendan, de Silly, le Capitaine sainct Aulbin, le Capitaine Soley, & son enseigne la Vaure, & l'enseigne du Capitaine Gordan, auec dix ou douze autres soldats furent blessez, dont Silly, Mompha, & la Vaure moururent dans peu de iours. Le Seigneur de Mey Robert homme d'armes de la compagnie de Monsieur de Guyse fut prins. De leur costé, ne receurent moindre dommage, que de huict ou neuf vingts hommes, entre lesquels en y auoit de ceulx qu'ils appellent Seignalez, ainsi que nous auons sceu depuis : Le soir mesmes Monsieur de Guyse estant allé au lieu de l'escarmouche, trouua des paisans qui l'asseurerent auoir veu vn nombre de charrettees de morts & blessez, que les ennemis ramenoyent, oultre quelques vns qu'il veit demeurez sur la place. Nostre artillerie des voultes des églises, & des platesformes auoit fort tiré, mesmes des [1] la plateforme des Rats, quelques coups de canon & de longue couleurine dans les ruines de sainct Iulian, a cause que des [1] Espagnols s'y estoyent retirez, qui n'y feirent pourtant long seiour. Des ce premier rencontre, les ennemis tindrent noz soldats en bonne reputation, ne leur ayants veu, pour aucun danger, reculer ou aduäcer le pas, qu'en gēts de guerre & bien asseurez. Qui fut vn aduantage, lequel Monsieur de Guyse cognoissoit estre requis, qu'un chef, au cōmencement d'une guerre, taschast le plus qu'il luy seroit possible de gaigner.

Le seigneur Don Loys Dauilla, general de la caualerie Espaignole escripuit lendemain vne lettre par son trompette a Monsieur de Guyse, pour rauoir vn Esclaue, qui s'estoit venu rendre a nous, & qui, a ce qu'il manda, auoit desrobé vn cheual d'Espagne, & la bourse de son maistre. Monsieur de Guyse feit responce, que l'Esclaue s'estoit retiré plus auāt dans les pays du Roy, comme estoit la verité : & quāt bien il seroit encor en la ville, la franchise qu'il y auoit acquise, selon l'ancienne & bonne coustume de France, qui donne liberté aux personnes, ne permettroit qu'on le peust rendre, bien luy renuoyoit le cheual, qu'il avoit racheté de celuy a qui l'Esclaue l'auoit baillé. Bon nōbre de leurs soldats, se vindrent depuis rendre a Monsieur de Guyse pour le seruice du Roy, mesmement Italiens, tant a cause des defaulx qui estoyent en leur camp, que pour la defiance qu'ils disoyent, les ennemis auoir d'eulx & de leur nation, ausquels fut baillé passage & moyen de se retirer en France, apres toutesfois qu'on eust tiré d'eulx, ce qu'ils pouuoyent scauoir du fait des ennemis.

[1] de

Entre autres choses, que le Marquis de Marignan, estant a la belle croix pour recognoistre la ville, auoit dict qu'il veoit[1] vn lieu pour faire vne belle & grande breche, et ou leur artillerie nous pourroit garder de ráparer & de la defendre, qui fut cause, que Monsieur de Guyse alla luymesme la hault sur la montaigne, & recogneut que ce n'estoit autre chose que ce dedans du mur, d'entre la plate forme des Rats et la tour des charriers, qu'il auoit auparauant assez remarqué, lequel & le pied mesmes, estoit veu de la montaigne, n'ayant rien encores esté touché a la tranchee, auparauant ordōnee par le dedans, auec vn rampar & deux flancs: n'y au trauerses, qu'on auoit aduisé releuer pour le couurir, a cause que Mōsieur de Guyse auoit mesuré, par le temps que les ennemis seroyent cōtraincts mettre a gaigner l'isle, faire les approches, & puis la breche, qu'il auroit le loisir d'y pouruoir. Et ce pēdant les autres besongnes, qui sembloyent plus pressees, ne seroyent retardees, ainsi que par fois en diuisant, il disoit entre ses plus priuez, qu'il veoit[2] plusieurs choses ayants besoing de quelque remede, lesquelles il passoit sans en faire semblant, a fin de ne donner cognoissance a touts, des foiblesses qu'il trouuoit dans la ville, & n'estre importuné d'y faire ramparer, pour mettre les autres, ou vne partie en arriere. Il commanda toutesfois deslors, la tranchee & fortification naguere dictes, on fut besongné tant diligemment par noz Soldats, auec la cōduicte du Vidame de Chartres, qu'en peu de temps l'ēdroit fut mis en estat, pour estre defendu.

Les ennemis passerent trois iours sans se mōstrer en campaigne. La-quelle chose meut Monsieur de Guyse, d'enuoyer le Cōte de la Roche-foucaud veoir ce qu'ils faisoyent. Lequel trouua leur camp assis vn peu par dela Saincte Barbe, a vne lieue & demie de Mets. Et apres auoir re-cogneu ce qu'il peut de leur estat, & de leur logis, s'en retourna en brus-lant les villages des enuirōs, ou leur caualerie eust peu trouuer du couuert. Et la nuict apres, le Seigneur Paule Baptiste sortit auecques quelque nombre de cheuaulx pour les aller esueiller, lequel arriua grād matin tout aupres du camp, & donna iusques dans le corps de garde de gens de pied Italiens, d'ou vint l'alarme si chaulde, que tous leurs gens de pied & de cheual se mirent en bataille. De ce temporisement des ennemis, nous reuenoit tousiours quelque loisir & moyen de nous fortifier : bien

[1] voioit
[2] voioit

que la grandeur de la ville & tant de lieux foibles qu'elle auoit, nous
missent en doubte, ausquels on debuoit premierement entendre : a toutes
aduentures l'on aduisa de commēcer en plusieurs, a fin que, si possible
estoit, l'ētreprinse des ennemis se trouuast tousiours preuenue de quelque chose. Mais il ne tarda seulement que iusques au vingtiesme du
mois, enuirō les cinq heures du matin, qu'un grād nōbre de tabourins
se ouyt battre pour [1] les chāps, par ou iugeasmes que leur cāp approchoit. Et sur les sept heures, que le grand brouillart de la matinee fut
tōbé, nostre cāpagnilh [2] cōmēcea descouurir les esquadres des gēs de
pied & de cheual de leur aduantgarde : & peu apres, on les veit apparoistre [3] sur le hault du Mōt appelé de Chastillon, et vne grosse trouppe
de leur gens de cheual passa vers les bordes de Bonny, sur la porte des
Alemans, se tenir en bataille iusques que leur camp seroit logé. Et autre
nombre vint courir iusques a nostre guet, pres du pont de pierre du
bourg Sainct Iulian, qu'ils trouuerent fourni de caualerie & d'harquebouziers, aussi bien et seurement accommodez pour les receuoir, auec
la faueur de nostre artillerie, qu'en la derniere escarmouche : mais ils
s'en retournerent incontinent, sans se vouloir attaquer. Ils cāperēt sur
ce mont [4] Chastillon, et feirent des trāchees pour la garde de leurs
pieces, qu'ils mirent a la veue de la ville : mais si loing que la nostre
n'y pouuoit battre, & planterent dessus vnze enseignes de gens de pied :
Estendants leur logis iusques a Grimont par le derriere. Et du costé
gauche iusques a la riuiere, puis de l'autre costé iusques au pres du
bourg Sainct Iulian, qui fut cause de remuer depuis nostre guet qui se
faisoit la, & l'asseoir vn peu par dessus les ruines de Brimba : & les
sentinelles posees vers la belle croix, si pres des ennemis, qu'ils se pouuoyent ouir parler : Ne leur laissants gaigner pais sur nous, que pied a
pied, & le plus tard qu'on pourroit. Ce soir enuiron minuict arriuerent
les deux freres de Mōsieur de Vendosme, Messieurs d'Anguien & Prince
de Cōdé. Pareillement Messieurs de Montmorency & de Danuille filz de
Mōsieur le Connestable. Ils estoyēt accompaignez de soixante ou quatre
vingts Gētils hommes, lesquels autrement ie ne nōmeray en particulier, ny

[1] par
[2] compaignie
[3] parestre
[4] de

aussi plusieurs aultres qui auparauant & depuis arriuerent, de peur que l'omission de quelcun le rendist a bonne occasion mal content. Suffira de dire que ceux qui sont venuz pour leur plaisir, n'ont peu de louange de s'estre liberalement offers a vn tel danger, comme celuy de ce siege se representoit, mesmes que ou depuis il a esté question de combatre, ils se sont fort vaillamment portez, & ou de rāparer, ils ne s'y sont aucunement espargnez.

Estans les choses en ces termes, Mōsieur de Guyse, voulut purger la ville des personnes superflues pour l'espargnement des viures, & ordonna a la gendarmerie renuoyer leur train & baguage en leur garnisons accoustumees, sans retenir que deux vallets & deux cheuaulx de seruice pour homme d'armes, & vn vallet & vn cheual pour archier, [1] rengeant la caualerie legiere selon l'ordre des archiers. Et aux gēs de pied de dix en dix vn goiat, & six cheuaulx seulement en chascune bande : Il feit aussi remōstrer aux habitans de la ville, qu'il leur seroit mal aysé de soustenir l'effroy, peine, ennuy & aultres dangers qu'un lōg siege a accoustumé d'apporter, & que le peu d'experience de telles choses, les rendroit plus tost incommodes, que vtiles au seruice de la ville. A cause de quoy seroit besoing que la plus part se retirassent en quelque ville de France, ou ils ne seroyent moins bien reçeuz, qu'en leurs propres maisons, ou bien au Duché de Lorraine, & aultres pais alliez du Roy, laissant seulement en la ville les gens de guerre qu'il auoit pleu au Roy y [2] enuoyer pour la garder, & portassent auec eulx, si bon leur sembloit, leur or, argent, vaisselle, bagues, ioyaulx, linge, & autres meubles, sinon ceulx que eulx mesmes cognoistroyent, les gents de guerre logez chez eulx, ne s'en pouuoir passer. Et quant aux viures & autres biens, qu'ils ne vouldroyent remuer, ils les missent en quelque lieu seur, & en baillassent vn inuentaire aux seigneurs de Piepapé, & de sainct Belin, cōmissaires des viures, qui donneroyent ordre de bien cōseruer le tout, & qu'il ne se trouueroit rien deperi a leur retour. Ceste remonstrance faicte, beaucoup de gentilshommes, escheuins, bourgeois, chanoines, prestres, religieux, & autres personnes se retirerēt es lieux, ou ils estimoyēt se pouuoir mieulx accōmoder : mais encores en demouroit il trop grād nōbre. Dont Monsieur de Guyse en feit faire vne descriptiō de touts,

[1] La suite de la phrase a été omise dans l'édition de 1665.

[2] d'y

& enroler a part enuiron douze ceas hommes de trauail, comprins charpētiers, massons, & ouuriers de fer, pour mettre tāt aux rampars, fortifications, que au seruice de l'artillerie. Soixante ou quatre vingts chanoines, prestres, ou religieux, pour continuer es Eglises le seruice de
Dieu. Et aussi des armuriers, mareschaulx, boulengiers, cordonniers,
chaussetiers & autres artisans, certain nōbre limité de chascun mestier,
duquel lon ne se pouuoit passer, en faisant election des plus gents de
bien & des plus experts, & mieulx garnis d'estoffes, pour subuenir aux
necessitez des gens de guerre. Et par expres les barbiers, chirurgiēs, esquels il feit aduancer de l'argent, pour se fournir de drogues & vnguents
requis a la cure des blessures. Le surplus qui n'auoyent billet de ceste
retenue, eurent commandemēt de vuider la ville dās [1] lendemain. Encores pour l'ordre de ceulx qui demeuroyent, defendit a toutes personnes
de ne sonner aucune cloche pour quelque occasiō que ce fust, sinon la
grande du Beufroy aux alarmes, feu, ou retraicte du soir, & deux hor-
loges, a cause de la grandeur de la ville, ou lon ne se pouuoit passer de
moins, dont encor en commit la charge a des soldats fideles. Et que les
citoyens a peine de mort, n'eussent a sortir hors de leurs maisons quant
l'alarme seroit par la ville : & si c'estoit de nuict, qu'ils eussent a iecter
de la lumiere a leurs fenestres ou portes. D'auantage pour plus grande
seureté, qu'un nombre de soldats seroit en garde iour & nuict, par les
places & carrefours de la ville. Et le preuost des mareschaulx, auec trente
ou quarante hallebardiers se promeneroit ordinairement par tout, a fin
qu'a toute heure & de touts costez, se trouuassent gents prests, pour
appaiser les désordres qui pourroyent suruenir, & se saisir de ceulx
qui entreprendroyent les faire. Oultre ce pour euiter inconuenient de
peste, ou autre mortalité, qui pourroit estre causee par mauuais air,
fut commandé au mesme preuost, prendre quelques pyonniers, cheuaulx
& tombereaux, a fin de purger souuent la ville, iecter les charongnes &
autres immondices dehors, & faire tousiours tenir nettes les rues, pour-
uoyant, quant aux soldats, qui pourroyent tomber malades de blessures,
ou a cause des gardes de nuict, & couruees qu'il leur fauldroit faire a la
pluye & au froid, qu'ils seroyent retirez en vn hospital, & illec pensez,
seruiz & traictez de tout ce qui leur feroit [2] besoing. Pareillement les

[1] le
[2] sera

pyonniers en vn aultre hospital, s'ils venoyent estre blessez ou malades trauaillant aux rampars, ou en aultres seruices pour la defence de la ville.

Et lors Monsieur de Guyse feit le departemēt des murailles par quartiers aux princes & Capitaines pour les defendre, quād l'affaire viendroit. Premierement a Messieurs d'Anguien & Prince de Condé, depuis la porte Sainct Thibaud iusques a la riuiere de la Seille. A Mōsieur le Prince de la Rochesuryō tout le bas pont des Barres iusques a la tour des Charriers. A Monsieur de Nemours depuis les Grilles du Grauier iusques a la tranchee du Seigneur Pierre Strozzy. A Messieurs le grand Prieur Marquis d'Albeuf, & ledict Seigneur Pierre, depuis ladicte trāchee iusques aux moulins de la Seille. A messieurs de Mōtmorācy, de Danuille & de Gounor tout le retrāchemēt & quartier demouré hors d'iceluy. Au Duc Horace entre les portes Chāpeneze, & de Sainct Thibault. Au Vidame de Chartres depuis la Tour de Charriers iusques a Pontiffroy. Au Conte de la Roche Foucault, la plateforme de la porte a Mezelle. Puis les compagniés de Messieurs de Guyse, de Lorraine, & du Seigneur de Rendan, ordonnees a la place du change, pour s'y rendre aux alarmes a pied, la picque au poing. Et par tout des gens de pied, selon que le besoing y seroit plus grand, leur ayant esté distribué en chasque bāde, vn nombre de corselets & morrions, qui auoyent esté trouuez aux Chasteaux des portes, & aultres lieux de la ville. Et oultre, fut commandé aux Mareschaulx des logis, auec certain nōbre de gentilshommes de chascune compaignie, se promener a cheual par les quartiers, aussi tost que l'affaire suruiendroit, pour prēdre garde a toutes choses, & remedier aux soubdains inconueniens qui pourroyent aduenir.

Les ennemis tindrent ce logis du Mont Chastillon iusques au dernier du mois, & cependant le Duc d'Olsten, les Seigneurs d'Ayguemont, de Brabançon, & du Bossu arriuerent auec la caualerie & gens de pied qu'ils amenoyent des pais bas. Et vne nuict quelque nombre de leurs harquebouziers furent enuoyez dans l'isle, recognoistre le quartier d'entre les deux riuieres de la Moselle & de la Seille, ou lon auoit craint, qu'ils dressassent vne de leurs batteries. Il faisoit si grande pluye, que les nostres ne les pouuoyent veoir : mais les entendants au bruit & au marcher, leur tirerent force harquebouzades, & ne leur donnerent le loisir & moyen de recognoistre tous les endroicts qu'ils eussent bien voulu : ¹ Lendemain nonobstant le mauuais temps, nous commēceasmes encores vne grande tranchee, & vn bon rāpar derriere, au ioignant de l'aultre qui a esté nagueres dict, depuis le recoing de la tour des charriers, iusques a l'encongneure de Pontiffroy, a fin de mettre tout le quartier de ceste Isle en defence, au quel, a la verité, n'y auoit rien, que la seule muraille, sans aucun flanc, ny fossé qui vallust gueres mieux, que de n'en auoir point. La nuict d'apres vint aduertissemēt, que lon auoit veu vn nombre de pionniers besongner a vne tranchee au bort de la montaigne de d'Ezirmont. Et qu'il y auoit vn peu plus en derriere huict pieces d'artillerie attelees, en quoy nous iugeasmes, qu'on les vouloít loger a la belle croix, pour tirer dans la ville : ce que nous feit efforcer a l'aduancement des tranchees & aultres couuertes qui se faisoyent pour n'estre veuz de la montaigne.

Durant que les ennemis seiournoyēt sur l'haulture de Mets, nostre caualerie les alla souuent veoir, mesmes vn iour Paule Baptiste, auecques vn bon nombre, courut iusques a leurs tentes, & ramena cēt cheuaulx de leur artillerie qu'il print, & n'en laissa gueres moins de tuez sur le lieu. Vne aultre fois le Vidame de Chartres sortit sur le chemin des fourageurs, pour veoir s'ils alloyent aux viures sans escorte, ou fut tué, prins, ou blessé bon nombre d'hommes & cheuaulx. Les ennemis le cuydans surprendre & enfermer, vindrent gaigner l'entredeux de la ville & de luy : Mais ayāt esté bien pensé de sa retraicte, trouua le pont de Magny sur la Seille refaict, qui auparauant auoit esté rompu, afin que les ennemis ný passassent : Et se retirant par la, eut loisir d'amener deux chariots attelez de bōs cheuaulx, chargez de gerbee. Ainsi chascun iour se faisoit du dommage aux ennemis, prenans soldats, marchans, cheuaulx, mullets, & gastant les viures que lon leur amenoit. Quelques gens de cheual des leurs descendoyent au pied du mont Chastillon, le long de la riuiere, a la faueur des gens de pied logez pres du bourg Sainct Iulian. Mais c'estoit sans arrester a cause que nostre artillerie y battoit, & mesmes y tua quelque personnage de qualité, auec ce que Monsieur de Guyse mettoit tous les iours vne compagnie de cheuaulx legiers & quelques soldats en l'isle, pour tousiours garder que l'entree et les guais ne fussent recogneuz. Et ceux la leur tiroyent d'un bort de la

¹ Le

riuiere a l'aultre, pour n'estre gueres large. A ceste cause les ennemis mirent deux pieces sur vn coing de mōtaigne, & tirerent souuent a noz gens, mais nonobstant, elle ne fut abandonnee, ny eux entreprindent la gaigner.

Le penultime du mois se presenterent douze ou quinze cens cheuaulx & vn gros bataillon de gens de pied bien armez du costé de la porte [1] Mezelle, lesquels feirent contenance d'estre la, plus pour escorte du Duc d'Albe, & des Mareschaulx du camp, qui possible estoyent venus recognoistre ce quartier de pais & les cōmoditez d'y loger, que pour venir a l'escarmouche, & ne la voulurēt attaquer auec la compagnie de Monsieur de Nemours, que le Seigneur Paule Baptiste auoit menee ce matin en garde, tout au pres du lieu ou ils estoyent : comme aussi ne feirent ils auec le Conte de la Rochefoucaud, qui vint auec la sienne, & auec trente aultres Gentilshōmes, et quelque nombre d'arquebouziers, releuer le Seigneur Paule apres midy.

[2] Lendemain au poinct du iour, les bādes Espagnolles, Italiēnes, et quelques regiments de Lansquenets cōmencerent a marcher vers la ville, pour venir gaigner le logis de la belle croix, & leurs gēs de cheual plus auāt a main droitte sur la porte Mezelle, hors toutesfois la portee du canō, auquel lieu ils se tindrēt en bataille iusques a tāt que les gēs de pied fussent assiz : qui ne le peurēt estre biē tost, a cause que les soldats de la garde de Mōsieur de Guyse, auec trēte aultres leur allerēt cōmencer l'escarmouche, qu'ils maintindrēt lōguement & de grād asseurance, puis feirēt leur retraicte si seure, qu'il n'en y eut que l'un deux blessé. Ce logis des ennemis occupa tout le quartier depuis la belle croix, iusques a la riuiere de la Seille a main droitte. Parquoy fut besoing remuer encores nostre guet de cheual, a Sainct Arnoul & vers le pōt de Magny entre les deux Riuieres. La nuict leurs [3] piōniers, qu'ils auoyent en nōbre d'enuiron cinq mille, qu'on auoit admené des pais bas & deux mille de Boheme, Autriche & Tirol auec l'artillerie, feirēt une trāchee sur le bort de la mōtaigne, a main gauche de la belle croix, tirāt vers le bourg Sainct Iulian, ensemble des trauerses, pour y pouuoir estre mieulx a

[1] a
[2] Le lendĕmain
[3] les

couuert de nostre artillerie qui estoit sur les eglises, laquelle tiroit souuent pour les empescher : mais non encores tant que Monsieur de Guyse eust voulu, a cause que quatre pieces de sept, dont lon auoit cōmēcé a tirer, s'estoyent esuētees, & n'osoyt on plus les charger qu'a demi, mesmes quelque fois nous en seruions autant pour leur faire peur du bruit, que les endōmager de l'effect, toutesfois ils ne furēt espargnez des menues pieces & faulcōneaux es endroits qu'on les peust descouurir. [1] Lēdemain ils meirēt cinq enseignes de gēts de pied a ceste trāchee, pour la garde de quelques pieces qu'ils y auoyēt logees la nuict, desquelles ce iour & celui d'apres, ils cōmēcerent tirer dās la ville : mais nostre diligence auoit desia cōduict si hault noz trauerses & autres couuertures, qu'on si pouuoit assez seuremēt tenir. Vn de noz harquebouziers a cheual, monta iusques a la tranchee, tirer de grāde asseurance aux ennemis, puis se retira tout au pas sans se haster, mesmes pource que la descente estoit roide, print le loisir de mettre pied a terre, & mener son cheual a main. Et sur les vnze heures du soir estants vingt ou vingt cinq de noz soldats sortiz, pour aller recognoistre leur tranchee, vserent de telle diligence, qu'ils cuiderēt surprēdre les sentinelles du camp. Puis montans pour harquebouzer & donner coup d'espee a ceulx de la garde, gaignirent [2] vne de leurs enseignes, s'ils eussent esté encores autant. A la fin faisans leur retraicte vers la ville, furent suyuis d'un nombre d'Espagnols & Italiens, qui descendirent assez pres de la porte saincte Barbe, crians Escalle Escalle. Ce qui donna bien peu d'effroy a la ville, n'estāt gueres subiecte au danger de l'eschelle. Toutesfois la sentinelle du clochier, a cause du bruit, feit l'alarme : dequoy Monsieur de Guyse marry, commāda que dela en auāt, la cloche n'eust a sonner, sinō pour la retraicte du soir, & que l'alarme se dōneroit par des Tabourins aux quartiers qu'elle suruiēdroit.

NOVEMBRE M. D. LII.

On s'esmerueilla, pourquoy le Duc d'Albe & Marquis de Marignan, voulurent laisser ce logis de la belle croix, auquel ils auoyent mis peine de s'accommoder, & desia faict des tranchees, estant le lieu fort a propos

___

[1] Le lendemain
[2] gaignoient

pour eulx, s'ils eussent voulu donner l'assault du costé de l'isle, ou par
le quartier demouré hors du retranchement, d'ou nous auions assez
doubté. Mais il est possible, qu'en considerāt mieulx le dedans de la
ville, ils cogneurent que la fortification de ce costé, estoit en meilleur
estat qu'ils n'auoyent cuidé, & que la plateforme des rats estoit para-
cheue, pour battre dans l'isle, & rendre malaisees les approches. Aussi
que la tranchee depuis celle plateforme, iusques au recoing de la tour
des charriers, estoit desia faicte, auec son rampar & trauerses, qui est
tout l'espace (entre les deux eaues de la Mozelle) qu'ils pouuoyent descouurir de la montaigne : d'auantage la courtine de terre & deux bouleuars du retrāchement, estoyēt en si bonne defence, que quāt ils auroyent
beaucoup trauaillé a gaigner ce qui estoit de par dela, ils seroyent encores a recōmencer. Ou bien que nostre artillerie & faulcōneaux des
platesformes & lieux haults, leur portassent grāde nuissance. Quoy que
soit, le second iour de Nouembre, ils deslogerent secretement sans
sonner tabourins, & osterent de bonne heure leur artillerie, faisans encores paroistre les enseignes sur la trāchee, lesquelles a la fin peu a peu,
& comme si le vent les eust abbatues, les retirerēt, mais non si finemēt,
que Mōsieur de Guyse ne s'en apperceust, ayant desia enuoyé quinze ou
vingt soldats, pour en recognoistre la facon de plus pres, qui furent suyuis d'aucuns autres : & arriuerent de si bonne heure, qu'ils surprindrent
de leurs gens dans les loges & trāchees, dont ils en tuerent aucuns, en
amenerent prisonniers d'autres, & trouuerēt dequoy faire butin d'armes,
de cheuaulx, d'habillemēts et viures. Le Seigneur Pierre Strozzy fut enuoyé iusques la, auec deux cēs harquebouziers, qui veit la verité du deslogement, & que vne grosse trouppe d'Alemās estoit plus auāt en la plaine,
marchant en bataille, sur laquelle il enuoya la moitie des siens desban-
dez, mesmement ceulx qu'il estima plus disposts, lesquels s'approcherent
a cinquāte ou soixāte pas, couuerts de quelques hayes, & tirerēt souuēt
dans eulx, les pressans si fort, qu'ils les cōtraignirēt trois ou quatre fois
tourner le front du bataillō, pour leur courir sus : mais les nostres se
retiroyent au pas, vers le seigneur Pierre, ayāts tousiours l'oeil sur les
ennemis, lesquels ne se remettoyēt si tost en leur ordre pour marcher,
quē ceulx cy retournoyēt leur faire nouuelle recharge, & en ceste façon,
conduirent ces Alemās presque d'un logis a l'autre, soubs la faueur &
rafraichissemēt que le Seigneur Pierre leur faisoit, gaignant tousiours

derriere eulx l'auantage des lieux pour les soustenir. Beaucoup d'autres soldats, & aussi des gens de cheual, s'estoyēt desrobbez pour aller a l'escarmouche, & en plusieurs lieux estoyent venuz aux mains auec les ennemis, mesmes auec aucuns qui auoyēt ia passé le pont de Magny, vers lequel quartier, la moitie de la compagnie de Monsieur de Nemours estoit en garde, & le Duc Horace suyuy de quelques autres gentilshommes, y auoit accouru, qui cōbatit et dōna coup d'espee. Mōsieur de Guyse, voyāt qu'un grand nombre des siens estoit dehors, & que la chaleur du combat les auoit attirez bien loing, voulut asseurer la retraicte des vns & des autres. A ceste cause il sortit huict ou neuf cens pas hors la ville, auec six cens cheuaulx, ou assembla encores le plus de corselets qu'il peut pres de luy, allant sa personne retirer ceulx qui auoyent marché iusques la, ou les harquebouziers estoyent, & les vint mettre touts en bataille, au pres des gens de cheual : puis pour ramener le tout en lieu de plus grāde seureté, commanda maintenant a vn tiers de gens de cheual, marcher tout bellement trente pas vers la porte Mezelle, puis a l'autre tiers s'aller ioindre aux premiers : & de mesmes aux gens de pied, pendant que le reste monstroit visage. Ce que fut faict par quelques diuerses fois, de sorte que faisant tousiours vne grande teste vers l'ennemy, il les eust menez pres de la retraicte, auāt qu'on cogneust qu'il les voulust retirer. Puis laissant la gēdarmerie a gauche, de la porte ' Mezelle soubs la conduicte de Mōsieur le Prince de la Rochesuryon, & la caualerie soubs la conduicte de Monsieur de Nemours a droitte, pres de la montaigne, retourna au lieu de l'escarmouche, & quasi aussi tost vingt ou vingtcinq cheuaulx des nostres, qui alloyent gaigner le hault, pour veoir la contenance des ennemis, furent chargez d'un gros nombre de caualerie : dont se retirans vers la nostre, Monsieur de Nemours leur feit faueur, de s'aduancer vingt ou trēte pas, cōme pour aller charger les ennemis, lesquels s'arresterēt & s'en retournerent sans suyure plus auāt. Cependant Monsieur de Guyse donna ordre au rafraichissement & renforcemēt de noz harquebouziers, aduisant ceulx qu'il y enuoyoit, prendre leur aduantage : & faisoit quelque fois changer de place aux vns, retiroit les autres, quand il estoit besoing : puis tournoit visiter la gēdarmerie, & ores la caualerie, leur ordonnāt ce qu'ils auoyent a faire : ce que fut

' a

cōtinué iusques a la retraicte du soleil, que noz gens feirent la leur,
n'ayans receu dommage que de cinq ou six soldats : & le Capitaine Mau-
geron et Bueil y furent blessez.

Les ennemis camperent celle nuict au pont de Magny, & demoura le
Seigneur de Brabançon auec trois regimēts de haults Alemans, vn de bas,
& trois mille cheuaulx, au lieu de Grimōt, en la colline derriere le mont
Chastillon, ou il a tousiours demeuré durant le temps du siege : que depuis on a tousiours appelé le camp de la Royne Marie. Ceste nuict nous
arriuerent encores vingt cinq ou trente gentilshommes venans de Verdun, qui furent les tres-bien receuz, mais de là en auant on ne peut
entrer dans la ville, qu'a bien grande difficulté. Le matin, tout le camp
passa la riuiere de Seille, sur le pont de Magny : & estant le Seigneur de
Rendan auec sa cōpagnie sorty pour la garde vers ce quartier, ne peut
mieulx faire que de se retirer, voyant en quelle force les ennemis venoyent,
lesquels auoyent mis deuant cinq ou six cēs harquebouziers desbādez,
auec mille autres qui les suyuoyent, & bon nōbre de gens de cheual a
leur costé, marchants tousiours sans s'amuser a l'escarmouche, que noz
gēs leur vouloyent attaquer, et puis vingtcinq ou trente enseignes d'Alemans en bataille, pour en cest ordre gaigner les abbayes de Sainct Clemēt,
[1] de Sainct Arnoul, & autres lieux cōmodes a loger. Les nostres ne s'y
osans arrester, de peur d'y estre inuestiz, [2] se vindrēt renger pres des
ruines de Sainct Pierre, dans lesquelles s'allerent iecter enuiron quatre
vingts de nos harquebouziers pour y faire teste, et mesmes pour passer
plus auāt en la campagne escarmoucher vne trouppe de leur gens de
pied, qui couloyent le long des iardins, comme pour venir encores
gaigner ce lieu de Sainct Pierre, mais ils ne s'approcherent gueres, bien
que les nostres les allassent cercher, seulemēt furent tirees quelques harquebouzades des vns aux autres. De ce lieu de Sainct Pierre noz soldats
feirēt depuis si bōne garde, plus de dix iours durāt, que les ennemis ne
s'en peurent preualoir, iusques a ce que leurs tranchees venoyent desia
coupper le chemin de la ville, que lon les retira : Et depuis vne partie
des Italiēs, qui estoyent a Sainct Andrieu, y vint loger.

L'armee campa a Sainct Clemēt, quelque nombre d'Espagnols a Sainct

---

[1] et
[2] ils

Arnoul, certaines b̄adés de bas Alemās au pont de Magny, Don Loys d'Auilla auec la caualerie Espagnolle a la maladerie, Le mareschal de la Morauie auec les cheuaulx Bohemois a Blery, le demeurant a Olery, a Saint Priech, a la grange aux dames, a la grange aux merciers, & autres lieux a l'enuiron.

Iusques alors, les autres quartiers de la ville nous auoyent donné tant d'affaire, que en cestuy cy de la porte Sainct Thibaud, iusques a la porte Chāpeneze, n'y auoit esté faict autre chose que la plateforme de l'encoingneure Saincte Glocine. Mais ce iour, lon commença vn rampar au tenant de l'eglise des Augustins, de vingt & quatre pieds de large, iusques au recoing de la chapelle des prez, ou le Duc Horace print charge d'y faire besongner, & y feit si b̄one diligēce, qu'en sept ou huict iours, le terrain fut haulsé a trois pieds du parapect de la muraille : ceste haulteur y estoit necessaire, pource que cest endroit quād il eust esté battu, estoit si bas, que de plusieurs lieux les ennemis eussent esté a caualer de la breche. Et pource que le fossé n'y valloit rien, lon meit incontinent gens a le croiser par le milieu, en forme de tranchee, de huict ou dix pieds de large, pour puis apres le remplir des esgouts de la ville. Ceste chose fut commise au seigneur Dautraigues, qui en feit tel debuoir, qu'il ne passa iour sans y descendre, pour y employer le trauail des pionniers. En mesme iour, commença lon ' remplir la teste du bou-leuart de la porte Chāpeneze, de terre grasse & argileuse, fort propre a rāparer, que lon descouurit aux fossez, laquelle encores on mouilloit, a cause que le temps estoit lors chault et venteux, qui la seichoit incon-tinent : lon enuoyoit querir de la facine hors la ville, par dela les pōts, pour espargner, tāt que lō pourroît, celle qui se pouuoit trouuer dās les iardins & clos de la ville, & aux isles plus voisines.

Les ennemis commencerent du premier iour remuer terre, a main droicte du chemin de la ville a sainct Arnoul, & y firent vn caualier, qu'ils eurent gabionné & dressé dans quatre iours, pour sept ou huict pieces, qu'ils n'y logerent pas si tost. Et seulemēt de deux, qu'ils auoyent mis au coing de l'abbaye de Sainct Arnoul, tirerent vers la petite terrasse des Augustins, ou nous auions deux menues pieces, qui leur dōnoyent de l'ennuy. Ce iour, a quelque occasion, les ennemis enuoyerent vn

---

¹ commença l'on a

trompette vers Monsieur de Guyse, bien aduisé de tomber en propos
pour compter du siege de Hedin, & comme les François l'auoyent rendu
au Seigneur du Rhu, chef pour l'Empereur en l'armee qui estoit deuant.
Et aussi la prinse de M. le Duc Daumalle, par le Marquis Albert de Brandebourg. Ie pense bien que ce n'estoit pour nous en cuider faire plaisir.

En ces entrefaictes fut descouuerte l'entreprinse du bastard de Fon-
tanges & de Clauieres soldats de la compagnie du capitaine Bahuz, qui
auoyent quelque praticque auecques l'Empereur, laquelle du cōmencement, ils auoyent faict semblāt mener auecques le sceu de Mōsieur de
Guyse : par le moyen dequoy, on esperoit s'en preualoir, mais il fut
trouué, qu'ils auoyent incliné du costé de l'ennemy, & faict d'autres
menees qu'ils celoyent a Mōsieur de Guyse bien dommageables au
seruice du Roy, mesmes soubs couleur de faire entrer vn simple soldat
dans la ville, y auoyent mis vn ingenieur de l'Empereur, ils furent retenuz prisonniers. Et peu apres, ledict Clauieres mourut de maladie, de
qui la teste fut mise sur la porte de Champagne. Et le bastard ayant
confessé la verité du faict, [1] executé a la fin du siege. Vn espion surprins
alentour des rampars, qui estoit entré pour faire rapport aux ennemis
des lieux ou il ne verroit rien de fortifié, fut sur l'heure mesme defaict
en la grande place.

Apres que les ennemis se furēt logez dans Sainct Arnoul, vn iour
quelques harquebouziers & autres soldats des leurs, furent veuz vis a vis
de la porte S. Thibault, ausquels le Seigneur de Rendan fut commādé
aller faire vne charge, auec trēte cheuaulx de sa cōpagnie, & fut permis
aux Contes de Martigues & de la Rochefoucaud, aux Seigneurs de Clermont
de Suze, & deux Ruffecs estre du nombre. Quād ils se furēt apprestez,
Monsieur de Guyse les retint encores dās le bouleuart de la porte Champeneze, par laquelle ils debuoyent sortir, pour laisser tousiours asseurer
& approcher les ennemis, iusques a ce qu'il veit l'heure a propos. Et
lors leur feit ouurir la porte, les aduertissant de charger a main gauche,
par ce que le lieu estoit plain & plus commode pour gens de cheual, ce
que tout a un coup ils feirent, si bien, qu'ils surprindrēt ces harquebouziers, qui estoyent dans le chemin, les rompirent, & en feirent demeurer quelques vns sur la place. Le Cōte de la Rochefoucaud s'adressa

[1] il fut

a vn, lequel monstrant asseurance de soldat, l'attendoit auecques la harquebouze, & le blessa en la main, mais aussi il ne faillit pas d'estre porté mort par terre. Le demeurāt qui peurent gaigner de vistesse l'abbaye, se sauuerent. Cependant, le Capitaine Caubios ayant seul faict vne charge dās les vignes, sur autres harquebouziers qui estoyent a main droicte, fut abbattu mort d'un coup de harquebouze qu'il receut en la teste, & fut la perte que les nostres receurent a ceste saillie.

Or voulut Monsieur de Guyse, a cause que les ennemis s'estoyent tournez vers cest endroit des portes Champeneze & Saint Thibault, s'en approcher, & deslogea de la maison de sire Iehan Droin, qui est en la grād place, pour venir a Saincte Glocine, a fin d'estre a toute heure sur le lieu, ou l'affaire & le plus grand danger se preparoyent. Des lors il ordonna, que pour garder les ennemis de venir iusques a l'auant porte Champaneze, au costé du Bouleuart, vn des arceaux du pont de pierre (car n'y en auoit de leuis) seroit abbatu, couppant le pillier qui le soustenoit, comme le semblable auoit esté faict a celui de la porte aux Alemās, sans laisser de sept portes qu'il y auoit en la ville, que les trois du pont des mores, pontiffroy, & a Mezelle pour s'en seruir, les quatre autres terrassees & condamnees.

Le deuxiesme iour apres, qui estoit le cinquiesme du moys, il enuoya le Seigneur Paule Baptiste auec quārante ou cinquante sallades, entre le grād camp, & celuy de la Royne Marie, essayer de faire quelque chose de bon sur l'ennemy. Et estant arriué au lieu ou luy sembla deuoir mettre son imboscade, enuoya le seigneur de Nauailles auecque les coureurs descouurir plus auāt, s'il y auoit [1] rien en campagne : Et luy cepēdant, assist des sentinelles sur les costez, a fin de n'estre surprins. Noz coureurs rencontrerent les ennemis bien forts, qui leur donnerent la charge : & eulx se voulās retirer, les sentinelles vont en cest instant descouurir a main droicte, & a main gauche sept ou huict cens cheuaulx, qui venoyent a toute bride pour leur coupper chemin, & les empescher de se reioindre a leur trouppe. Dōt se voyās enfermez, se resolurēt tourner visage sur ceulx qui les suiuoyent, comme ils feirent, & les repoulserent assez loing : soubdain refeirēt la charge sur la grosse trouppe de pistoliers, qui desia estoyent entre eulx & ledict Paule : &

[1] s'il n'y auoit

passerent par force tout a trauers, executans ceulx qui se trouuerent en chemin. Le Viconte de Riberac y cuida demeurer prisonnier, mais il fut recouuert. Ce pēdant ledict Paule Baptiste, auec tout le reste, auoit accouru a leur secours, & les ayant recouuerts, se retira le pas, auec la perte seulement d'un des siens, qui fut blessé, & lequel depuis mourut.

Apres que les ennemis eurēt faict ce caualier, que nous auons dict a droicte du chemin de Sainct Arnoul, ils en commencerent vn autre pour six pieces a main gauche, et vne tranchee ' au pied d'iceluy, tirant vers la porte Sainct Thibault, par ou feismes iugement que leur effort se pourroit addresser entre celle porte & la porte de Chāpagne: au ioignant de laquelle, pour ceste occasion fut entreprins vn nouueau rampar, iusques a la plate forme de l'encoigneure Saincte Glocine: & aduisé que le Parapect de ladicte plateforme, laquelle auroit beaucoup à souffrir, seroit renforcé d'un quatriesme rāg de gabions, auec encores douze pieds de ceste terre grasse & argilleuse des fossez, de crainte que quelque grād batterie nous en chassast : & nous vouliōs sauuer, s'il estoit possible, deux canonnieres qui estoyent par costé, afin de seruir de flanc au long de la muraille vers la porte Sainct Thibault. Encores n'ayans assez d'asseurance en cela, il fut ordonné de faire vne nouuelle plateforme en celle encoigneure mesmes, derriere l'autre, par dedans la muraille, pour a toutes aduentures nous en seruir, si estions contraincts quitter celle de deuant. Oultre cecy, il restoit. plus de soixante & dix toises de muraille foible, & mal pourueue de fossé, entre les deux portes, depuis l'eglise Sainct Gengoulf, au bout de ladicte encoigneure, iusques a la chappelle des prez, ou Monsieur de Montmorēcy eut charge de faire trauailler les gēs de pied, ausquels departit la besongne par bandes : & y donnerent si soubdain aduancemēt les vns a l'enuy des autres, par la solicitation qu'il leur en faisoit, que leur trauail de deux iours, porta incontinēt monstre d'une sepmaine. Aussi en l'encoigneure ou ce rampar venoit ioindre celuy du Duc Horace, furent ouuertes deux canonnieres haultes et deux basses, pour flanquer les deux courtines. Et aux deux costez de la porte Champeneze, dans la faulsebraye, furēt commencez deux massifs de terre, pour seruir, tāt d'espaule a garder que l'entree du portail ne fut veue du canon, comme

---

' pour six pieces a main gauche, une tranchée

aussi, de [1] deux flancs, pour battre le lōg des faulsesbrayes : dans lesquelles on feit d'aduantage vne trāchee par le milieu, de huict pieds de large, a loger des harquebouziers pour les defendre.

Lon pouuoit desia cognoistre, a quel train se reduisoyent les choses de ce siege : de quoy Monsieur de Guyse, voulant donner aduis au Roy par le Seigneur Thomas Delueche, lequel pour autres occasions il auoit auparauāt enuoyé deux fois vers luy, aduisa de le despescher ceste troisieme fois, le huictiesme de Nouembre, auecques bien amples instructions de tout ce qui touchoit le dedans de la ville, & de ce qu'auoit esté iusques lors apprins du dehors : faisant entēdre, cōme l'armee de l'Empereur s'estoit arrestee deuant Metz, & desia obligee y continuer le siege. Dont le Roy pourroit employer ses forces au recouuremēt de Hedin, ou en tel autre endroit, que son seruice le pourroit mieulx requerir : sans se incommoder de rien, pour la haste de nous venir donner secours, encores de dix mois : ayant dedās la munition, dequoy nourrir les gens de guerre iusques a la fin d'Aoust ensuyuant : cognoissant au reste tant de cueur & vertu en ce nombre de gēs de bien, qu'il auoit aupres de luy & tant d'affection en son seruice, qu'il esperoit auec la grace de Dieu si bien garder la place, qu'elle ne seroit emportée par force, dequoy le Roy eut tresgrand contentement : Mesmement que de la part de Monsieur de Guyse, d'ou se deuoit attēdre la requeste d'auoir secours, venoit le cōseil, de l'employer a quelque autre entreprinse pour le bien de ses affaires. Et des lors le Roy despescha Monsieur l'Admiral auecques une partie de ses forces, vers Monsieur de Vendosme en Picardie, pour reprendre le chasteau de Hedin, comme l'entreprinse en estoit desia faicte, dont s'en ensuyuit l'effect que depuis on a veu.

Ce iour s'estoit passé, & se passa encores [2] lēdemain, que les ennemis ne mirent aucune piece sur leurs caualiers, bien continuoyent leurs tranchees vers Sainct Thibault. Et souuent noz soldats sortirent pour escarmoucher ceulx qui estoyent dedans en garde, & recognoistre ce qui s'y faisoit. Aussi de noz murailles on tiroit sans cesse toutes les nuicts auec harquebouzes a croq & a main, la ou se pouuoit entendre qu'ils besongnoyent : mesmemēt le neufiesme du mois, sur les huict heures du

[1] des

[2] le

soir, que, pour la doulceur du temps, on les oyoit fort clairemēt remuer terre, & approcher leurs tranchees vers la ville. Et a demie heure de là, les ennemis nous saluerent de cinquante six coups de leur artillerie dans la ville, [1] & aux parapects des murailles, pour endommager les nostres, qui leur tiroyent : toutesfois il n'y eut personne attaint. Peu apres le Capitaine Cornay & Sarlabou furent enuoyez auec quarante soldats, veoir s'ils conduisoyent quelques pieces a leurs caualiers : mais les tranchees se trouuerent si renforcees & pleines de gens, qu'ils se contenterent pour ce coup de leur donner seulement l'alarme, & les faire descouurir, pour leur tirer de la muraille. Celle nuict & la nuict d'apres, les ennemis logerent quatre canons, ou doubles canons sur le caualier de main gauche. Et le dixiesme du mois, sur les sept heures du matin, commencerent battre le chasteau de la porte Champeneze, qu'ils percerent assez bas, pres du portail, a l'endroit ou il n'estoit le plus fort. [2] Lendemain feste de Sainct Martin, sur le commencement du iour, continuerent en mesme endroit, & ayants abbatu l'un des deux tourrions, qui estoit au dessus du chasteau, & laissé l'autre prest a tōber, cōmencerent battre la tour carree prochaine de ceste porte, tirant vers l'encoigneure Saincte Glocine, & Monsieur de Guyse, l'allant visiter par le dehors en la faulsebraye, fut en grand danger d'estre emporté d'un coup de canon, & se trouua tout couuert d'esclats, mais la prouidence de Dieu le nous preserua. Ils continuerent iusques a la nuict, qu'ils veirent auoir fort ouuerte ceste tour aux deux estages par le dehors, & par mesme moyen battirēt aux defences de l'Eglise des Augustins, & a la plateforme de l'Eglise Sainct Thibault.

Les deux iours d'apres, ils tirerēt en batterie quatre cens soixante seize coups au bouleuart de la porte Champeneze, qu'ils endommagerent beaucoup, & y feirent iour & breche par dessus le cordon, nonobstant qu'il eüst l'espesseur de dixhuict pieds : mais on y portoit tousiours beaucoup de terre des fossez, & n'y auoit prince ou capitaine qui s'y espargnast. Le Seigneur de la Palice y fut frappé d'un esclat par la teste, dont depuis ne profita, & mourut.

De nostre plateforme Saincte Marie on tiroit a leur caualier & a leurs

[1] Toute la première partie de cette phrase a été omise dans l'édition de Collignon.
[2] Le lendemain

pieces, & en furēt desmōtees deux par nostre double canon : mais bien tost l'une des clauettes d'iceluy commença sortir dehors, parquoy fallut de là en auant l'espargner. Aussi vne des deux grandes couleurines que nous auions, s'esclata par le bout, enuiron vn pied et demi : non point qu'on luy eust baillé trop grande charge, mais pour estre de matiere si aigre, que ne pouuoit endurer le demy de ce qu'il lui falloit : Monsieur de Guyse la feit scier, & s'en seruit en [1] depuis assez biē. Il delibera lors faire refondre quelques pieces, pour en faire de meilleures neufues : a l'occasion dequoy, assembla quelques canonniers & autres qui auoyent veu autrefois conduire des fontes, & leur commit du commencement faire [2] vne couleurine & vne bastarde, pour (auecques cet essay) s'asseurer de leur experience, & de ce qu'ils scauoyent faire, a fin que si lon s'en trouuoit bien, il leur baillast apres plus de besongne.

Vn peu auparauant ces choses, le Marquis Albert auoit mis fin a ses simulations, & apertement monstré la mauuaise volunté qu'il auoit au seruice du Roy : Car par vn matin, il auoit auec tous les siens changé l'escharpe blāche en rouge, & depuis ramené son camp aupres de la ville : Dont le treziesme du moys, vint auecques toutes ses trouppes deuant le pont des Mores, pour se camper sur le mont de l'Abbaye Sainct Martin, au pied duquel, ses gens de pied se tindrent quelque temps en bataille, & sa caualerie plus auant en la plaine, entre ce pont & le Pontiffroy, auecques des pieces de campagne, qui battoyent souuent & menu aux issues, & le long de l'un & de l'autre. Le Capitaine Gordan eut commandement de s'aduancer, auecques quarante harquebouziers de sa compagnie iusques a la croix par dela le pōt des Mores, pour escarmoucher deux ou trois cens Alemans, qui estoyent pres de là, contre lesquels il se mainteint bonne piece, sans leur laisser gaigner aucun aduantage. Cepēdant Monsieur de Guyse commāda au Capitaine Cautelou de s'y en aller auec autant de ceulx de sa bande. Lequel estant sorty, le Capitaine Gordan retira les siens, a vne petite tranchee ou Raualin [3] sur le bort du pont, tant pour les rafraischir, que pour soustenir ceulx cy au besoing : lesquels quand les ennemis veirent [4] bien aduancez, ils feirent passer la croix a soixante

[1] et on s'en servit

[2] (L'édition de Collignon omet à partir des mots : *de meilleures*, jusqu'à ceux-ci : *une couleuvrine*, etc., de cette manière la suite de la phrase manque de sens.)

[3] Rauelin

[4] firent (par erreur sans doute.)

cheuaulx pistoliers des leurs, qui se vindrent mesler dãs eulx, mais les nostres ne perdans asseurance, tirerent chascun son coup, mesmes le Seigneur de Sonbarnon, qui estoit a pied auecques la harquebouze, abbatit mort vn des premiers, & n'y eut gueres coup des autres, qui ne fut bien employé, puis chãgeants leurs harquebouzes en l'autre main, prindrent les espees, se ioignans aupres de Cautelou, lequel d'une halebarde tua le cheual de celuy qui estoit le plus aduancé : & se retirants au pas iusques au bout du pont, le demeurant des nostres les soustindrent a coups de harquebouze, & contraignirent les ennemis de repasser la croix, qui ne fut sans laisser brisees en chemin, de morts & de blessez de leur trouppe, sans ce que les nostres receussent aucun dommage : sinon ainsi qu'ils estoyent sur le põt, leur artillerie tua vn de noz harquebouziers, & avoit tué vn homme d'Eglise, qui regardoit l'escarmouche par-dessus les murailles.

Ainsi qu'il se faisoit tard & leurs gens de cheual veirent le camp desia assiz, ils commencerent faire marcher leurs pieces vers sainct Martin, & eulx suiuoyent au pas, ayants laissé deux sentinelles a cheual, aupres du Põtiffroy : mais soubdain le Seigneur Paule Baptiste auec quarante cheuaulx, sortit sur eulx : Et noz coureurs, en baillant la chasse a ces sentinelles, feirent remettre leur camp en bataille, & leurs gens de cheual tourner : lesquels se tenans serrez, ne se desbanderent iamais pour venir charger les nostres, qui tenoyent l'escarmouche large, comme Monsieur de Guyse leur auoit commandé, iusques a ce que le Seigneur Paule, ayant veu vn nombre de fourrageurs, qui venoyent a leur camp deuers Thionuille, auoit enuoyé sur eulx dix ou douze autres des siens, qui les executerent, & mirent le feu a des charrettes de fourrage, dont les ennemis pour leur donner secours, y coururent a toute bride, mais la promptitude des nostres les y feit arriuer tard. Ce faict, le Seigneur Paule s'approchant vers la ville, pour estre desia nuict, & se retira sans auoir rien perdu. Ce troisiesme camp du Marquis nous osta la liberté de la cãpagne, qui nous restoit par dela la Moselle tirant vers France, nous priuant par mesme moyen, de la cõmodité d'auoir nouuelles du Roy, ne luy pouuoir faire entẽdre des nostres.

Or estoit aduenu depuis le temps que les ennemis estoyent approchez de la ville, que le Marquis de Marignan, scachant le trompette de Monsieur de Nemours estre en leur camp, pour y auoir ramené quelque prisonnier Espagnol, l'enuoya querir, & luy demanda du portement du Duc

Horace, de qui il auoit espousé la tante, & qu'il desiroit fort parler a
luy, en lieu seur : ou s'il ne vouloit venir en personne, le prioit qu'il
enuoyast quelqu'un des siēs parler a luy. Ce propos fut entendu de Monsieur de Guyse, & du Duc Horace, esquels sembla n'estre le temps de
parler a l'ennemy : car desia y auoit quelques pieces sur la tranchee de
la belle croix, pour battre dans la ville. Depuis, iceluy mesme trompette
fut retenu en vne escarmouche, blessé d'un coup d'espee, & mené es
mains du general de la caualerie de l'Empereur, qui luy feit bon traictemēt : Et monstrāt estre marry contre ceulx qui l'auoyent blessé, sans
obseruer le deuoir de la guerre, l'enuoya au Marquis de Marignan, qui
estoit pour lors logé a l'Abbaye Sainct Arnould : lequel incōtinēt mit
ordre d'estre seul en sa chambre auec le trompette, & luy demanda là
responce que luy auoit faict le Duc Horace sur le propos de l'autre fois,
dont entēdant qu'il n'auoit eu charge de luy en porter aucune, le
renuoya sans l'enquerir lors plus auant : Mais dans vne heure apres,
prenant nouuel aduis, le feit autrefois venir vers luy, & en paroles braues
commence a dire, qu'il scauoit bien, que la ville n'estoit si forte, qu'elle
ne se peust prendre aiseemēt. Et considerant de nostre costé, la perte
de tant de Princes, Seigneurs, Capitaines, & autres gentilshommes &
gens de bien qu'il y auoit dedans : lesquels les Espagnōls & Italiēs ne
pourroyent sauuer des mains des Alemans & Bohemois, qui leur portoyent haine presque aussi grande qu'aux François. Aussi que le Roy
estoit desnué d'argent, & sans moyen de nous donner secours. Et que
de leur costé, l'Empereur estoit vieux, maladif, & luy (parlant ledict
Marquis de soymesmes) goutteux, auec volunté de se retirer maintenant
sur le dernier de son aage a repos en sa maison, desireroit grandement,
que quelques bons termes d'accord se peussent mettre en auant entre
ces deux princes : A cause dequoy, il prioit de nouueau le Duc Horace,
trouuer moyen qu'ils se peussent assembler : ou au moins, qu'il feist
venir quelqu'un de ses fideles seruiteurs, capable pour conferer de telles
choses auecques luy, & qu'il pourroit encores dresser vn expediēt d'accōmoder le faict de Parme, chose qui touchoit l'estat du Duc Octauie
Farnez frere du Duc Horace. Ce discours peut faire pēser, que les chefs
du cāp de l'Empereur veoyent [1] desia l'entreprinse de Mets forte, ou bien

---

[1] voyoient

s'attendoyent faire valoir les nouuelles de telle assemblee, si elle se fut
faicte, vers les estrãgiers, pour le moins, vers les Princes & villes de
l'Empire, afin de les y eschauffer d'auātage. Aussi que par le moyen de
quelque esperance, ils ostassent a leurs soldats vne partie de l'ennuy &
malayse qu'ils auoyent a souffrir : comme desia au camp de la Royne
Marie se semoit, que nous auions demandé a parlementer. Surquoy fut
aduisé, pour la premiere fois, que le trõpette retourneroit en leur camp,
& que le Marquis le feroit pour mesme occasion venir vers luy, qu'il
seroit instruit de respõdre en ceste sorte, C'est que n'auoit osé porter vn
tel propos au Duc Horace, sans le faire premierement entendre a Monsieur de Guyse, lequel oyant mettre en compte & en rang de pitié ceulx
de la ville comme perduz, luy auoit dict, qu'il ne souuenoit point au
Marquis, qu'il fust dedãs, n'y tant de gens de bien en sa compagnie :
estans tous, depuis les Princes iusques aux simples soldats, en estat de
ne souffrir aulcun mal, comme ceux qui n'auoyent faulte de viures, d'artillerie, munitions de guerre, d'argent, ny d'un bon & grand maistre,
qui les auoit pourueuz de toutes choses, pour faire receuoir hôte a ceux
qui les vouldroyent assaillir. Et puis qu'il confessoit que son maistre
estoit vieux & caduc, le d'eust auoir conseillé se contenter de ses fortunes
passees, sans se venir a ceste heure heurter a noz murailles, ou il verroit
plus tost le bout de sa vie, qu'il n'arriueroit au bout de son entreprinse.
Que le peu d'amitié que les Alemans & Bohemois portoyent aux Espagnols
& Italiens, ne touchoit en riens les François, estant vn chascun de nous
mis hors la [1] puissance des vns & des aultres, auec ce que les Alemans
n'auoyent occasion porter haine a nous, qui estions entrez en guerre
pour leur liberté : mais eux qui les auoyent pillé, & mené la guerre en
leur pais, pour les opprimer & reduire en seruitude, auoyēt a y pēser :
& ne se tenir pour biē [2] asseurez, estãts entre leur mains.

Les termes de ceste responce cõuenoyent fort biē a ceux que le
Marquis auoit tenuz, par le moyen desquels Monsieur de Guyse rompoit
la broche a tels parlemens : toutesfois il en aduertit le Roy, asseurant
bien, que si les ennemis le pressoyēt apres cecy, qu'il respondroit n'auoir
charge, que de bien garder la place. Le trompette fut despesché soubz
pretexte de porter vne responce au prince de Piedmont, sur ce qu'il

[1] de la
[2] bien estre

auoit mandé a Monsieur de Nemours luy apprester a disner, & que le
dimanche apres [1], le viendroit manger en son logis, comme s'ils s'as-
seuroyent de prendre ce matin la ville. Mais les ennemis pour quelque
consideration, que n'auons descouuerte, ne voulurent laisser passer le
trompette a leur corps de garde, qui fut cause qu'il s'en retourna.

Ils trauailloyent ce pendant iour & nuict a estendre leurs trāchees &
les rēforcer, pour y pouuoir loger vn gros corps de garde, comme ordinairement ils les fournissoyēt de seize enseignes pour le moins. Et
encores craignans les saillies des nostres, y firent des defences en façon
de petits bastions, pour battre tout du long, enquoy ils meirent beaucoup de tēps, lequel cepēdāt nous employōs a rāparer dās la ville, mesmemēt au Bouleuart de la porte Chāpeneze, ou la batterie s'estoit con-
tinuee de six ou sept cēs coups de canō ou double canō, depuis le
treziesme du mois iusques au dixseptiesme a dix heures, qu'ils y eurent
faict quarāte pas de breche, par ou le terrain de derriere leur apparut,
qui leur feit de la en auant cesser la furie d'y tirer, & seulement em-
ployerent en cinq iours ensuyuās iusques au vingtroiziesme du mois,
enuirō cinq cēs coups de canon de loing a loing aux defences. L'un
desdicts iours sur vne apresdisnee, furent veuz plus de trois cens
hommes des ennemis, s'amuser a cueillir des herbes & naucaux aux
iardins, qui sont au long de la riuiere de la Seille, n'ayās armes que
leurs espees. Monsieur de Guyse feit sortir les Capitaines la Faye & Touchepres, lieutenāt & enseigne du Conte de la Rochefoucaud, auec trente
cheuaulx, & le Capitaine Lanque, auec vingtcinq harquebouziers par la
porte Mezelle, pour les aller charger : lesquels ayans passé le pont que
Monsieur le Cōnestable auoit faict faire de ce costé sur la Seille, les
coureurs s'aduencerent charger les ennemis, & leur baillerent la chasse
iusques a l'Abbaye Sainct Clement, ou estoit la teste de leur camp, qui
eut l'alarme, & sortirent plus de douze cens harquebouziers ou corcelets,
sans ordre, ny personne qui leur commandast, crians apres les nostres,
& se laissans attirer iusques au Capitaine la Faye, auquel cependant,
messieurs le Marquis d'Albeuf & de Montmorency, qui s'estoyent desrobez
de Monsieur de Guyse, & douze ou quinze gentilshommes de leur suitte,
[2] s'estoyent venuz ioindre : toute la trouppe feit semblāt se retirer auec

[1] d'apres
[2] qui

les coureurs, puis tout a coup tourna, & chargeãts viuemẽt ce grãd
nombre d'ennemis qui les suyuoyẽt en desordre, les contraignirent
prendre la fuite, & les chasserẽt iusques au bort d'un fossé plein d'eaue,
qui de fortune se trouua en chemin, lequel garda les nostres de passer
de la, pour suyure l'execution iusques dans les tentes : car autre chose ne
s'estoit presentee, qui les en eust peu garder. Ce pendant les moins disposts furent mal traittez. Plus de deux mille Espagnols & Alemãs, se iet-
terent incontinẽt en campagne, deuant lesquels les nostres se retirerent
au pas, a la faueur du Capitaine Fauars maistre de camp, qui estoit
(auec les harquebouziers de la garde de Monsieur de Guyse, & de sa
bande) dans les ruines de sainct Pierre, & aussi des harquebouzes a
crocq, dont la muraille estoit bien fournie, qui arresterẽt les ennemis :
& cependant les nostres rentrerẽt dans la ville, auec la perte seulemẽt
d'un soldat, & du Capitaine Cornay, lieutenant dudict Fauars, qui fut
blessé, & apres mourut. Au lieu duquel son frere fut depuis son lieutenant.

Et pource qu'on s'attendoit bien, que les Espagnols de la garde des
trãchees, aumoins bõne partie, courroyent a l'alarme, Monsieur de Guyse
auoit mis le Seigneur Pierre Strozzy dãs le fossé de la porte Chãpeneze,
auec quarãte corcelets, cent cinquante harquebouziers, des bandes de
Cantelou, Pierre lõgue Choqueuze[1], & vingt cheuaulx de la compagnie du
Seigneur de Rendan, pour donner sur la garde des Italiens du bout de la
trãchee, vers la grande riuiere, lors qu'il verroit les ennemis plus eschauf-
fez de l'autre costé. Ce qui fut biẽ obserué : & tout premier, il enuoya
cinquãte harquebouziers, lesquels allerẽt d'asseurance recognoistre la
mine de ces Italiens, qui la feirent bonne, & ramenerent les notres
iusques au bort du fossé, d'ou descocha incontinent le reste de noz gens
de pied, ensemble vingt aultres gentilshõmes sortis pour leur plaisir, auec
l'espee & la rõdelle : & peu apres suiuit le Seigneur de Rendan auec ses
cheuaulx, ayant toutesfois donné quelque espace a ceux cy de s'aduancer.
Les ennemis entreprindrent faire teste quelque tẽps a leurs corps de
garde, mais ils furent enfoncez, & sans que les nostres en sauuassent
qu'un prisonnier, executerent le demeurant tãt qu'ils peurent, iusques
a les tuer de leurs dagues. Et ayans faict ce qu'auoyent entreprins, de-

[1] Chouqueuze

meurerent encor pres d'un quart d'heure sur le lieu, nonobstāt que les ennemis sengrossissent tousiours de ceux qui venoyent de l'aultre escar-mouche, puis se retirās au pas, sonnāt le tabourin, & tirāt tousiours sur ceulx qui les suiuoyent, rapporterent dans la ville vn grād butin d'armes, qu'ils auoyent gaigné aux tranchees, sans auoir perdu que trois soldats: dōt le ieune Harbouuille en estoit l'un. Ouarty y fut blessé, & le cheual du Seigneur de Rēdan receut deux harquebouzades & vn coup de halebarde.

Monsieur de Guyse s'estoit ce iour mesme souuenu, en quelle façon & effort les ennemis estoyēt venuz, lors qu'ils auoyent couppé chemin, & mis au milieu d'eulx les coureurs du Seigneur Paule Baptiste, & auoit ordonné que la compagnie de Monsieur de Lorraine, celle de Monsieur de Nemours, & cinquante harquebouziers du Capitaine Sainct André, sor-tiroyent entre les deux camps, soubz la cōduitte des Seigneurs de la Brosse, & Paule Baptiste, les vns par la porte Mezelle, & les aultres par l'isle, afin que les ennemis n'en peussent recognoistre le nombre, lesquels s'estant tous rēduz en vn fond pres [1] la belle croix : ensemble Messieurs le Prince de Condé, Duc de Nemours, Duc Horace, grād Prieur de France, de Danuille, & plus de cent aultres gentilshommes, que Monsieur de Guyse ne voulut empescher sortir, cognoissant le lieu, ou il les auoit cōmandé se mettre, [2] assez estroit pour n'estre combatuz que d'un costé. Nauailles partit d'auec eux auec quarāte cheuaulx, & alla battre le chemin bien auāt. Le Marquis d'Arembergue Brabançon, les ayāt descouuerts, feit in-continent monter grand nombre des siens a cheual, & menant encores des gens de pied, cōmanda quarante pistoliers s'aduancer pour se mes-ler auecques les nostres, afin qu'il peust venir a temps pour les desfaire. Nauailles lors en faignant auoir crainte, print la cargue si longue, que les ennemis cuidans n'y auoir imboscade, le suiuirent vers nostre trouppe, ou il feit teste : Et nonobstant les gros nombre de cheuaulx & gens de pied qui suiuoyēt. Noz Princes & Gentilshommes allerent dōner dedās, & se meslerent si bien, qu'apres les lances rompues, ils donnerent coups d'espee. A la fin les ennemis se retirans de leur costé, & les nostres aussi le petit pas vers la ville, auec dix ou douze prisonniers, laisserent le Capitaine Sainct André, & ses harquebouziers sur la queue, qui gar-derent bien que les ennemis n'entreprinsent de suiure plus auant. Mōsieur

[1] pres de
[2] estoit

de Guyse estāt a la porte pour les recueillir, auec ce bon visage qu'il monstroit tousiours a ceulx qui reuenoyent de la guerre, eut grand plaisir, & donna louange a chascun, selon le rapport de ce qu'ils auoyent bien faict. Ce iour mesmes le Marquis Albert, auoit mis ses gēs aux champs, deuāt les ponts de la grande riuiere, & faict separer toutes les enseignes, se mettant chascune en rang, qui nous feit iuger n'estre pour autre chose que pour faire la monstre. Et lendemain sur les trois heures apres midy, Saincte Geme lieutenant du Seigneur de Gounor, sortit par [1] Pontiffroy auec quarante cheuaulx, & alla donner (durant vne grande pluye qu'il faisoit) iusques dās le camp du Marquis, ou ayāt faict de l'execution, courut vers sainct Heloy, sur des fourageurs, qu'il despescha, & print quelques cheuaulx de bagage, dequoy l'alarme fut si grande en leur camp, que se mettans touts en armes, a [2] enseignes desployees suyuirent noz gens iusques pres du pont, non sans perte de quinze ou vingt des leurs, sans qu'vn seul des nostres y demeurāst, seulement Saincte Geme fut blessé, mais depuis il est guary, & quelques cheuaulx rapporterent des troncons de picque en la teste. Monsieur de Guyse, considera que le cas aduenant, qu'il y eust breche raisonnable du costé de la batterie, & que ceulx du camp vinssent a l'assault, le Marquis pourroit essayer faire quelque brauade du costé de son camp, a fin de nous trauailler & embesongner de plusieurs endroits, & par tant ordonna, que les portes des ponts seroyēt fortifiees, ou n'y auoit aucun pont leuis, comme en nulle des autres portes de la ville. Monsieur le Prince de la Rochesuryon voulut auoir la charge de ceulx cy, & les feit bien terrasser, laissant seulemēt le passage de la Poterne, pour vn homme a cheual, a fin de ne priuer nousmesmes de la commodité de noz saillies, & haulsa vn petit rampar aux rauelins, pour y pouuoir estre a couuert de l'artillerie du Marquis, qu'il tenoit ordinairement braquee pour y battre.

Trois iours apres, qui fut le dixneufiesme du mois, Monsieur de Guyse commanda au Seigneur de Biron prendre trente cheuaulx de la compagnie de mōdict Seigneur le Prince, & au Seigneur de la Faye trente autres de celle, dont il estoit lieutenant, pour aller, l'un donner vne alarme par le pont des Mores au camp du Marquis : & l'autre par [3] Pontiffroy

[1] le
[2] & au lieu de a
[3] le

sur les forrageurs & escorte qu'ils auoyent. Et que se retirans, ils prins-
sent garde comme ils seroyent suyuiz, & quels passages il y auoit, afin
qu'une autrefois (venant mieulx a propos) lon y peust faire vne belle
entreprinse. Le Seigneur de Biron sortit le premier par le pont des Mores,
s'estans les Seigneurs de Duras, Dachon, de Mortamar, de Sainct Sulpice,
& Nātoillet meslez dans sa trouppe, ensemble le frere du Capitaine Lanque, auec quatre ou cinq harquebouziers de sa compagnie. Huict cheuaulx des ennemis, qui estoyent en sentinelle derriere la croix du bout
du pont, voulurent a toute bride gaigner le camp, ausquels le guydon
de la compagnie de Monsieur le Prince, qui menoit les coureurs, bailla
la chasse iusques aux têtes d'un de leurs Regimēs, qui logeoit en la plaine,
au pied du mont sainct Martin, & sortans sur luy cinquante cheuaulx,
qui faisoyēt la garde entre les saules du chemin de sainct Heloy, il
attendit les plus auancez, & rompit sa lance, portant par terre vn, qui
fut tué sur la place. Bon nombre de pistoliers vindrent encores du camp
a la foule, se ioindre a ceulx cy, & tous ensemble suyure noz coureurs,
lesquels le Seigneur de Biron receut, & faisant teste, repoulsa les ennemis plus de soixante pas, ou la plus part des nostres rompirent leurs
lāces [1], armes que Mōsieur de Guyse estima, du lieu d'ou il regardoit
l'escarmouche, estre biē fort craintes [2] de ces pistoliers : Il en demeura
encores vn autre des leurs mort : Et se retirant le Seigneur de Biron au
pas, monstrāt chasque fois visage [3], delibera soustenir les ennemis,
qu'il veoyoit retourner auec leurs pistolets, & les chargea si a propos,
qu'il leur feit monstrer le dos, & print vn nommé Hans Moufel, homme
de qualité, prisonnier. Encores a la fin que noz gēs s'approchoyent du
pont, les autres se trouuans renforcez du nombre de ceulx qui estoyent
venuz a la file, qui estoyent enuiron six vingts, entreprindrent les enfoncer : mais les nostres estans bien serrez, refeirent la troisiesme charge, &
les contraignirent gaigner au pied si loing, qu'ils eurent puis apres loisir faire leur retraicte au pas, sans empeschement ny perte d'un seul
homme, estant tout le dommage tombé sur cinq ou six cheuaulx. L'artillerie du Marquis auoit tousiours tiré, mais a cause que les pieces

[1] &
[2] a craindre
[3] monstrant visage,

estoyent sur le hault, & ne pouuoyent plonger iustement dans noz gens, ne les peut endommager.

Ainsi que Monsieur de Guyse receuoit d'un bon visage ceulx cy sur l'entree du pont, louant leur cōduitte & valeur, le Capitaine la Faye arriua auec sa trouppe, ayant longuement attendu a ¹ Pontiffroy, par ou il deuoit sortir, & ne pouuant finer des clefs, estoit venu cercher yssue par cest autre pont. Faisans doncques ceulx qui entroyent l'argue, ces autres sortirent recommencer le combat, enuoyans sept ou huict coureurs tous premiers, lesquels trouuerent la charge bien pres : car ce gros nombre de pistoliers reuint de grand furie sur eulx, dont la Faye pour soustenir & retirer les siens, donna dedans, & voulut la fortune, que les nostres, apres auoir dōné coup de lance & d'espee, se peussent touts desmesler pour regaigner le pont, a la faueur d'un nombre de noz soldats harque-bouziers, qui auoyent accouru celle part. Le Capitaine Fayolles, enseigne de la cōpagnie du Seigneur de Rēdan, & un harquebouzier a cheual y furent blessez, & depuis en moururent.

Du costé des tranchees, les ennemis n'auoyent cessé de les conduire tousiours plus auant, vers la porte sainct Thibaud, & en auoyent commencé depuis deux iours vne nouuelle, plus pres de la muraille au pied de la potance, qui est deuant l'encogneure Saincte Glocine, & mené quasi au ioignant du Rauelin de la porte Sainct Thibaud, comme pour y loger des harquebouziers, par ou se confirma l'opinion de ceulx qui auoyēt iugé qu'ils nous battroyēt de ce costé, & fut mis lors le feu aux estācōs des eglises de Sainct Thibaud & des Augustins, qui ioignoyēt la muraille, au dessoubz la porte Sainct Thibaud, lesquelles nous eussent beaucoup empesché, & auons sceu que les ennemis eurent grand desplaisir, quant ils les veirent ruiner.

Et pource qu'aucuns de nos rampars auoyent esté leuez a plomb, malaisé que du pied on peust defendre le dessus, a cause de leur haul-teur, sur laquelle eust encores esté plus dangereux se tenir, il fut aduisé, qu'on y adiousteroit vn terrain en taluz, qui les renforceroit, & seruiroit de mōtee aux gens de guerre, iusques a pouuoir combattre main a main, & le demeurant leur feroit parapect pour se couurir. Mōsieur de Guyse vn matin feit sortir sainct Estephe lieutenant du Capitaine Abos auec

¹ au

quinze ou vingt harquebouziers, pour aller recognoistre celle nouuelle tranchee, & n'y fut trouué personne en garde, a cause (comme on peut pēser) que estant encores estroite, on ny pouuoit loger grand nombre de soldats pour la defendre.

En telle façon qu'a esté dict, s'estoyent passees les choses de ce siege du costé des ennemis, & du nostre iusques au vingtiesme de Nouembre, que l'Empereur arriua en son camp, lequel estant venu depuis Thionuille en lictière, monta a l'approcher sur vn cheual Turc blanc, & visita son armee, laquelle se mit toute en bataille, reserué les seize enseignes de la garde des tranchees, & furent faictes trois salues de tous les harquebouziers tant de pied que de cheual. Ensemble de l'artillerie, ce que nous denonça assez sa venue, & ayant soustenu vn quart d'heure la peine d'estre a cheual, vint descēdre au logis du Duc d'Albe, en vn petit coing eschappé du feu dans l'Abbaye Sainct Clement, attēdant que le Chasteau de la Orgne, appartenant au Seigneur de Thalauges, près de Magny, fust accoustré, ou il logea durant le siege.

En ceste sorte, le plus grand Empereur qui fut iamais esleu en Alemaigne, & auquel sa sagesse & la fortune auoyent iusques a cest heure maintenu le nom de victorieux, se trouua deuant Mets, auec quatorze Regimens de sept vingts & trois enseignes de Lansquenets, compté celles du Marquis Albert, & auoyēt esté leuees a la façon et nombre de gens accoustumé d'Alemaigne, dont ne fault estimer, que [1] ne fussent bien complettes, venans fraischement de leur pais. D'auantage vingt & sept enseignes d'Espagnols, Seize d'Italiēs, & Neuf a Dix mille cheuaulx, adiouxtāt encores ceulx de son camp iusques a Douze mille, oultre sa court & la suite de beaucoup de grands Princes d'Alemaigne, d'Espagne & d'Italie, qui estoyēt venuz auecques luy. Cent quatorze pieces d'artillerie, Sept mille pionniers, Tresgrāde munition de pouldres et boulets, & vne [2] plus abondante prouision & commcdité de viures, qu'on ait iamais veu en armee d'hyuer. Nous estimasmes [3] lors estre vray ce que Don Garcilasso da vegua, & Don Alonço Pimentel Gentilshommes Espagnols, deuisants auecques le Seigneur de Biron en vne Isle par dessus le pont de Mores, auoyēt dict, que les forces de cest armee estoyent plus grādes de

[1] qu'ils
[2] boulets, une
[3] Nous auons estimé

quinze mil hommes, qu'autre que l'Empereur eut iamais assemblé par
deça. Il est a croire, que son arrivee porta nouueau cōseil d'entreprēdre
la ville par aultre endroit, que celuy auquel ils auoyēt desia bien aduancé
leurs tranchees. Car [1] lendemain menerent des pieces au caualier de [2]
main droicte du chemin de Sainct Arnoul, duquel ne s'estoyent encores
seruiz : & commēcerent remuer terre de ce costé, au champ appelé de
Papane, tirant a la grand riuiere, ayans possible eu aduertissement, par
quelques vns de la ville qui estoyent en leur camp, qu'il ny auoit rien de
ramparé entre la porte Champeneze & la plateforme Saincte Marie,
comme lon ne s'y estoit encores preparé, que d'un commencemēt d'abattre
maisons au long de la muraille. Et fault attribuer a la grand diligence
qu'auoit esté mise de fortifier les lieux plus foibles, ce desaduantage aux
ennemis, d'auoir esté contraincts venir par celuy que nous estimions le
plus fort. A quoy, les pourroit bien auoir encores inuité la commodité
du logis, & l'assiette du lieu, assez hault & a propos pour y battre en
caualier, & l'aysance du fossé, sans eaue & sans grand empeschemēt d'y
pouuoir descendre pour venir a l'assault. Comment qu'il soit, leur plus
grāde entreprinse tourna de celle part. Dequoy Monsieur de Guyse eut [3]
lēdemain aduertissement, venant de leur camp : & feit aussi tourner
nostre plus grand trauail a fortifier celuy endroit, ou ce qu'estoit desia
abbatu d'edifices, nous feit grand bien, attendu le grand nombre qu'il y
en auoit, lequel falloit tout mettre par terre, prendre le pied du rampar
bien bas, & luy donner beaucoup de largeur, afin qu'il peust soustenir la
haulteur & l'espesseur ou il le [4] falloit conduire, pour arrester le coup
de canon, lors que (la muraille ostee) les ennemis le viendroyent battre,
qui n'estoit sans grande difficulté, a l'occasion de plusieurs caues, lesquelles se retrouuoyent par la ou le rampar deuoit passer, par ou fusmes
contraincts estançonner les planchiers, afin qu'ils ne defaillissent soubz
la pesanteur de la terre. Les plus grands, iusques aux moindres, mirent
la main a l'œuure iour & nuict si diligemmēt, qu'il fut bien tost cogneu,
que nostre trauail preuiēdroit celuy des ennemis : lesquels toutesfois
nous monstrerent le deuxiesme iour apres sur le matin, vn grand nombre

[1] le
[2] la
[3] le
[4] il falloit

de gabions plantez a soixante ou quatre vingts pas de nostre fosse, en ce
champ de Pepane, ou ils auoyent desia mis sept ou huict pieces d'artille-
lerie, desquelles, auec celles des deux premiers caualiers, tirerent en
batterie le vingtroisiesme du mois, enuiron trois cens coups au pan de
mur, & trois tours des Wassieux Ligniers & de sainct Mihel, entre la
porte Champeneze & la plateforme Saincte Marie.

Sur les vespres, pource que les ennemis faisoyent semblant de besongner tousiours aux trāchees deuers la porte sainct Thibaud, pour nous
tenir en la crainte d'une seconde batterie, comme ils nous auoyent souuent menassez. Monsieur de Guyse enuoya sainct Estephe & Des champs,
lieutenans des Capitaines Albos & Cantelou, auec soixante soldats pour
veoir ce qu'ils y faisoyent, ou d'arriuee, les nostres [1] gaignerent plus de
cent cinquante pas de tranchee, tuans ceulx qu'ils y peurent surprendre,
& les garderent plus de demie heure par force, iusques a ce que, se
faisant tard, & arriuant gros nombre d'ennemis fraiz pour la garde de
nuict, les nostres se retirerēt, sans qu'il y eut perte que d'un soldat. La
nuict les ennemis continuerent planter autre nombre de gabions, &
dresser vn autre caualier dans la vigne appelee des Wassieux, plus pres
de la riuiere, pour battre la grosse tour de la faulsebraye, appelee la
tour d'Enfer: Nous faisans veoir le matin en deux endroits de la grande
gabionade, des canonnieres pour loger trentesix pieces en l'un, &
quinze en l'autre, & y en auoyent desia amené vingtcinq, desquelles
tirerent ce iour & [2] lendemain iusques a la nuict, quatorze cens quarante
huict coups contre le pan du mur qu'auons dict, d'entre la porte Champeneze & la plateforme Saincte Marie, & contre les trois tours qui y
sont, dont les deux des Ligniers & de Sainct Mihel, feirent le sault, & la
tierce des Wassieux plus pres de la porte, fut bien endommagee:
ensemble les gabions de la plateforme Saincte Marie presque tous em-
portez, qui estoyent du vieulx ouurage, faict par les habitans de la ville,
rempliz de quelque terre de iardins, si menue & legiere, que ne pouuoit
soustenir le coup non plus que cendres : de façon que quelque fois, le
boulet en percoit trois, & y furent tuez derriere tout plein de noz harquebouziers & autres. De la en auant, les ennemis ne furent gueres

[1] L'édition de Collignon substitue le mot ennemis. C'est vraisemblablement une erreur
commise par le compositeur et maintenue invclontairement par le correcteur des épreuves.
[2] le

greuez de nostre artillerie, n'ayās autre lieu en ce quartier pour les eñ
pouuoir battre, que celle plateforme.

De ce commencement de batterie, ne se trouuoit encores le pan du
mur gueres miné, a cause qu'il estoit bon, & n'auoit on continué tirer
en vn endroit arresté : mais suyuy du long, comme pour le taster, &
mesurer ce qu'ils entēdoyēt faire de breche, qu'estoit enuiron trois cens
pas : & auoyent aussi tiré quelques coups a la tour d'Enfer.

Ce iour feit Monsieur de Guyse nouueau departement, de garde entre
les gens de guerre, baillant au Capitaine Gleuay, particuliéremēt le
Bouleuart de la porte Champeneze : Au Capitaine Haucourt la tour
d'Enfer: Et au Capitaine Verdun la grand place : Les autres vingt bandes,
departies de deux en deux, a chascun quartier des murs & defences de
la ville, diuisees en dix, dont l'une garderoit vn iour les murailles, &
l'autre les breches, & puis changeroyent [1] lendemain, afin de faire part
a chascun de l'honneur des breches, ausquelles deux Capitaines en
chief, pour le moins, s'y tiendroient tousiours, auecques les Squadres
& Caporals, qui seroyent de la garde [2], faisans commandement aux harquebouziers de se tenir bien pourueuz de pouldre & boulets. Et pource
qu'on ne craignoit plus tant le costé de l'isle, fut aduisé, que la compagnie de Monsieur le Prince de la Rochesuryon se rēdroit aux alarmes,
auec celle de Monsieur de Lorraine, deuant le logis de Monsieur de
Guyse, en la court Saincte Glocine, & les autres aux lieux desia ordōnez,
en armes, auecques la picque, pour estre prests de secourir, la ou il leur
seroit commandé. D'aduantage, que deux capitaines de gens de pied
feroyent ordinairement toutes les nuicts la ronde entiere de la ville,
passant par tous les quartiers, & en tous les corps de garde, pour venir
incontinent faire le rapport a Monsieur de Guyse de tout ce qu'ils auroyēt
veu & ouy, quelle heure que ce fust, & en quel estat qu'ils le peussent
trouuer: & donneroyēt ordre qu'il n'y eust ieu, ou autre amusement
entre les soldats de la garde, afin de ne perdre l'occasion de tirer, ou
offencer l'ennemy, s'il s'approchoit de noz murailles & fossez.

Cepēdant ne se passoit iour, que quelques trouppes de noz gens de
cheual n'allassent donner l'alarme aux ennemis, & battre les chemins

---

[1] le
[2] de garde

entre les deux camps, ou se faisoit degast de viures, butin de prisonniers, de cheuaulx, & de bagages, mesmes les coffres & charroy de l'Euesque d'Arras, Garde des seaux de l'Empereur y auoÿēt esté prins : mais pour ce que d'abordee [1] on tua les cheuaulx qui les trainoyent, ne peurent estre conduicts en la ville. Et quant aux prisonniers, on tenoit cest ordre, de ne mettre dedans, les valets & garçons de fourrage, de qui on n'esperoit tirer aucune rançon, afin qu'ils ne consumassent les viures, ains seulement les gens d'apparēce qui monstroyent estre pour se racheter : lesquels encores on [2] bouschoit en entrant dans la ville, afin qu'ils ne peussent noter aucune chose de nostre faict & fortification.

Le vingt & sixiesme [3] du mois auant [4] iour, leur grāde gabyonnade se trouua fournie de vingt & cinq, [5] ou vingt & six pieces d'artillerie; le caualier d'aupres de la riuiere de quatre, les deux autres premiers de cinq ou six. Et sur demie heure de iour quelques vns des nostres veirent arriuer aux trāchees vn personnage, lequel a cause de la suitte & du nombre d'harquebouziers & hallebardiers de garde qui auoyent passé deuant, & qui suiuoyent, fut estimé estre l'Empereur. depuis nous auons sceu qu'il y auoit esté. Incontinent apres toutes les pieces commencerent battre aux endroits mesmes qu'aucns dict, continuans de telle furie & diligeñce, qu'auant la nuict furent comptez treize cens quarante trois coups de canon, & feirent iour en trois lieux de la muraille, par ou vn nōbre de noz harquebouziers s'attiltrerent de tirer entre deux volees, vn autre nombre cependant estoit dans le fossé, voyans passer les canonnades sur la teste, qui seruoyent tant pour escorte des pyonniers qui descēdoyent cercher terre a ramparer, que pour garder que l'on n'y [6] vint rien recognoistre, & demeurerent ainsi tout le iour entre la batterie & la muraille, si pres des trāchees des ennemis, qu'ils se battoyent auec eulx a coup de pierres : Et souuent Monsieur de Guyse & les autres princes & seigneurs se trouuoyent aussi dans le fossé, pour veoir l'effect de la batterie : n'estants cependant les vns ny les autres paresseux de haulser

[1] d'abord
[2] leur
[3] vingt sixième
[4] le
[5] vingt cinq
[6] lon y

le rāpar, bien que les boulets & esclats tombassent souuent entre nous, ou plusieurs gentilshommes furent blessez: Aussi fut le Seigneur de Bugnenon tirāt de sa harquebouze par vn des creneaux de la muraille, & luy fallut trepaner la teste. Vn chascun se rēdoit si subiet a la besongne, que tous ont esté veuz porter beaucoup de peine, quand le besoing l'a requis, & tousiours [1] s'y employoit vne bōne partie de la nuict: dont sur les dix heures du soir, estant Monsieur de Guyse auec les Princes & beaucoup de gentilshommes, a porter terre aux endroits des breches, vne volee de dix ou douze canōs que les ennemis auoyēt affusté de iour, y tira, laquelle se passa auec la perte d'un gentilhōme de la maison de Monsieur de Nemours appelé Boisherpin, lequel fut emporté. De leur costé les ennemis trauaillerēt celle nuict a vne autre trāchee, si approchee de nous, que sortir d'icelle, estoit entrer [2] dans nostre fossé, ou ils logerent depuis gros nombre d'harquebouziers, qui pouuoyēt tirer iusques a ce pont par ou lon y descēdoit, dont nous fut ostee la commodité de ceste bonne terre a ramparer, que iusques a lors les pyonniers auoyent accoustumé d'y prendre.

Le lendemain matin le iour n'estoit gueres bien clair, quand vne pareille batterie recommença, & encores [3] de trentesix coups plus grande que celle de treze cēs quarāte trois du iour precedant: En'quoy, le Seigneur Jehan Manrique, maistre de l'artillerie de l'Empereur, ensemble ceulx qui executoyent les pieces, feirent grand deuoir, & leur donnasmes la louange d'estre fort bons & iustes canonniers. La promptitude de noz harquebouziers gaigna tousiours l'entredeux des volees, a tirer par les breches: lesquelles auant la nuict furent beaucoup eslargies, & la tour d'Enfer fort battue, a l'estage du milieu. Monsieur de Guyse alloit d'heure a autre recognoistre le dōmage que noz murailles & tours recepuoyent, & se mettre en lieu d'ou il peut mesurer le tout de son oeil, sans se fier au rapport qu'on luy en pouuoit faire, s'exposant beaucoup de fois a plus grand hazard, que l'importance d'une si grāde perte, qu'eust esté de sa personne en ce lieu, & en temps de tel affaire, n'eust bonnement requis. Il pouruoyoit auecques le Seigneur Pierre Strozzy (qui n'auoit peu d'aduis, ny faulte de moyens en telles choses) &

[1] on
[2] qu'au sortir d'icelle ils ont entré
[3] recommença, encores

auec les Seigneurs de Gounor, de Sainct Remy & Camille Marin a sauuer
noz defences, en faire de ¹ nouuelles, & ordonner nouueaux rāpars la ou il
estoit besoing. En quoy on ne scauroit estimer qui aidoit plus a Monsieur
de Guyse, ou l'experience & pratique qu'il pouuoit auoir eu auparauant
de telles choses, ou bien son naturel disposé a la conduitte & maniement
du faict & appartenāces de la guerre. Et croy que les deux ensemble
le rendoyēt si entēdu, qu'en la plus grāde partie des deliberations qui
s'en faisoyent, son opinion se trouuoit digne d'estre executee.

Le iour apres vingt & huictiesme ² du mois, continuants les ennemis
leur batterie, ouurirent la tour d'Enfer de dixhuict ou vingt pieds de
large, deuināts l'endroit d'une cheminee, qu'estoit le plus foible du mur,
ou bien quelqu'un de la ville qui scauoit le cōtenu du dedans, le leur
auoit enseigné. Sur le midy tout ce pan du mur d'entre les tours des
Wassieux & Ligniers, pour auoir esté fort battu, & couppé assez bas,
commença pencher en dehors, & se departir de la terre qui l'appuyoit.
Deux heures apres continuants les ennemis y tirer, tōba tout d'un coup
dans la faulsebraye, mais vne partie soubs soy, rendant la montee ma-
laisee pour venir a l'assault.

Les ennemis voyants renuerser la muraille iecterent vn cry, & feirent
demonstration d'une grande ioye, comme s'ils estoyent arriuez a bout
d'une partie de leur entreprinse. Mais quād la poussiere ³ abbatue, leur
laissa veoir le rampar desia ⁴ huict pieds par dessus la breche, encor que
bien raze & large, ils eurent a rabattre beaucoup du compte qu'ils auoyent
faict, sans estēdre plus auant ceste grande rizee qui ne s'entendit plus.

Vn de noz soldats appelé Mōtilly, feit la brauade de descendre incontinent par la breche, cōme pour donner cognoissance aux ennemis, qu'il
ne nous soulcioit gueres qu'on y peust aiseement monter. Noz gens de
guerre de pied & de cheual planterent leurs enseignes, guidons & cor-
nettes sur le rampar : & tous les matins au remuement de la garde, on
ne failloit les y mettre. Gros nombre de noz harquebouziers, que Mōsieur
de Guyse auoit faict aposter, ayans attendu que la muraille fust ostee,
comme s'il leur eust faict empeschement, tirerent incontinent, & tous-

---

¹ des
² vingt huictiesme
³ fut
⁴ de

iours iusques a la nuict dans les tranchees & caualiers des ennemis, qui
fut cause que depuis leurs harquebouziers de la trāchee du bort du fossé,
s'aduiserent[1] faire des petites canonnieres dans le terrein, pour tirer a
couuert, & de poinct en blanc au long de la breche, afin de garder que
les nostres ne s'osassent presenter au dessus : toutesfois les gēs d'armes
ayās l'armet en teste & leurs sayes de liuree vestuz, ne laissoyent a monter beaucoup de fois, au plus hault, pour y vuider la hotte, sans craindre
le danger : tellemēt que les pyonniers mesmes & femmes qui seruoyent
au rampar, s'accoustumerēt peu a peu a les y suyure. Le reste du iour
les ennemis essayerēt ce rampar qu'ils veoyent, a coups de canon : mais
combien qu'il fust fraischement faict, toutesfois se trouua en plusieurs
endroits assez fort pour arrester le boulet.

La nuict feit cesser[2] la batterie, qui auoit depuis le matin esté de
neuf cens a mille coups de canon. Et nous a plus grande diligence que
iamais esleuasmes & renforçasmes le rampar, pouruoyans, quant a la
tour d'Enfer, de iecter de la terre deuāt l'ouuerture, & y faire vn rampar espais iusques a la moitié du second estage, reseruans l'autre moitié,
qui estoit deuers nous, pour sauuer des canonnieres a battre le long de
la faulsebraye deuant la breche, & nous y loger dedans pour la defendre.

Les deux iours d'apres, leur batterie se conduisit plus lentement qu'auparauant : car ils ne tirerent que six cens trēte coups, tant au long du
rampar de la breche, pour nous garder d'y porter terre, que a la tour
d'Enfer, laquelle apres auoir esté rāparee en l'estage du milieu, ou ils
auoyent faict la breche, la percerēt en l'estage de dessus, enuiron sept ou
huict pieds de large, par ou ils entrerent en esperance de nous en chasser,
& venir maistres du secōd qui leur estoit assez ouuert, puis qu'ils ne
pouuoyēt de là en auant estre offencez par ce grand oeil de la clef de la
voulte, qui veoit sur la breche : mais il y fut pourueu, comme en l'autre
estage, d'un rampar faict de fumier, de quelque peu de terre, & de balles
de laine, le plus legier qu'on pouuoit, pour ne charger trop la voulte.
Ce soir sur le tard, Monsieur de Guyse eut quelque aduertissement, que
les ennemis entreprenoyēt de venir la nuict gaigner la tour d'Enfer, ayās
faict grande prouision de facines aux trāchees pour y faire la montee.

[1] de
[2] on cessa

Dont [1] commanda au Seigneur de Biron y aller, auec vingt gentilshommes de la compagnie de Monsieur le Prince de la Rochesuryon, pour rēforcer la garde iusques a minuict : & au Seigneur d'Antragues auec autres vingt de sa compagnie le venir releuer. Ce que fut par apres continué toutes les nuicts par la gend'armerie & caualerie par rāg de chascune cōpagnie. Les Princes & Seigneurs voulurent estre de la partie, & Messieurs de Nemours, de Montmorēcy, de Martigues, de Danuille, & autres, commencerent les premiers de veiller, au logis du Conte de la Rochefoucaud voisin de là, pour s'y trouuer au besoing. Monsieur de Guyse trauailla ce pēdant a faire remuer des pieces d'artillerie de la plateforme Saincte Marie, au bouleuart & allee de la porte Chāpeneze qui estoit desia rāparee, & y auoit canōnieres pour battre en flāc a ladicte tour.

Le Conte d'Aiguemont partit du camp auec deux mille cheuaulx, & quelques enseignes de gens de pied pour aller au Pont a Mousson, ou il entra, & passant oultre, se vint presenter deuant la ville de Thoul, qu'il somma se rendre : A quoy le Seigneur d'Esclauolles gouuerneur d'icelle feit responce, que quand l'Empereur auroit prins Mets, et seroit venu faire autant d'effors contre sa ville, il aduiseroit lors a la responce qu'il deburoit faire.

DECEMBRE M. D. LII.

Au commencement de Decembre les ennemis menerent vne autre tranchee par trauers, depuis la grāde qu'ils auoyent faicte, tirāt a la riuiere, iusques au deuāt de leur grāde plateforme deuers nostre fossé, & quelques autres auecques grand aduis & mesure, les doublant & triplant pour la defence les vnes des autres. Et continuerent le premier iour du mois tirer au long des rampars, & a la tour d'Enfer enuiron cent ou six vingts coups de canon.

Lapresdisnee Monsieur de Guyse commanda au Seigneur de la Brosse, prendre cent cheuaulx de la compagnie de Monsieur de Lorraine, au Seigneur de Sainct Luc son Guidon, quarāte de la sienne. Et au Capitaine Lanque ses harquebouziers a cheual, pour aller dōner sur les fourrageurs, & viures qui venoyēt deuers Thiōuille, & du port d'Olizy au camp du Marquis, & que s'il sortoit quelque nombre de gens en desordre, ils feissent ce qu'ils pourroyent iuger & cognoistre a l'oeil estre raisonnable,

[1] il

9

sans rien hazarder : ils furent suyuiz de plusieurs autres, qui se trouuerēt prets au sortir. Et d'abordee vne partie de noz coureurs chargea sur
les fourrageurs, qui estoyēt en grād nombre, lesquels, ensemble leurs
cheuaulx, furēt tuez ou prins, & leurs charretees de viures menees depuis
en la ville. Les autres allerent donner dans le camp & a l'abbreuoir, ou ils
tuerent force gens &[1] cheuaulx. Vn nombre de leurs gens de pied du regiment logé en la plaine, sortirent pour les repoulser, & les suyuirent iusques a vn fossé, enuiron cent pas par deça le camp, ou l'un d'eulx, plus
aduācé que les autres, demanda en langage François le coup de pique, &
s'adressant au Capitaine Lanque, qui le venoit charger, luy tua son cheual. ledict Lanque se voyant a pied[2] se ioignit a l'Alemant, & auec vn
espieu qu'il portoit, l'abbatit mort a terre. ce faict noz coureurs se trouuans rassemblez & ioincts, entreprindrēt faire vne charge sur ces premiers venuz, qu'ils repoulserent, & les eussent chassez bien loing, mais
quinze ou dixhuict enseignes de leurs gens de pied estoyēt desia aux
champs, & s'auancoyent vers eulx. Parquoy commencerent se retirer, &
incontinent sept ou huict cens de leurs harquebouziers & picquiers se
desbanderent de dessoubs les enseignes, pour courir apres comme a vne
huee, sans tenir ordre, ensemble cēt ou six vingt cheuaulx auec pistolets
ou lances, & prindrent le Seigneur de Chastelet, Guydon de la compagnie
de Monsieur de Lorraine, lequel fut quelque temps en leurs mains, en
grand dāger de sa vie : Quoy voyant le Seigneur de la Brosse, & que le
desordre presentoit vne fort belle occasion de leur faire vne bien bonne
charge, ordōna au Capitaine sainct Luc de se iecter a main droitte sur
les gēs de cheual, & que luy a gauche dōneroit dās les gēs de pied : ce
que fut executé si a propos, que les gens de cheual, & les gens de pied
furent repoulsez les vns dans les autres, & tous ensemble menez a coups
de lance & d'espee iusques a la teste de leurs enseignes, lesquelles s'arresterēt tout court. En ce lieu mesme, le Marquis Albert, qui estoit venu
a l'escarmouche, faillit pour la vistesse de son cheual, a receuoir vn coup
de lāce du baron de Tourcy, & le Seigneur de Brabançon, qui estoit venu
le matin disner auec le Marquis, y fut blessé. Il en demeura des autres
plus de quatre vingts estenduz sur la neige, & huict ou dix prisonniers,

[1] de
[2] & s'adressant au Capitaine Lanque se voyant a pied, se ioignit

dont il y en auoit quatre de cheual. Les nostres se retirās vers le pont, trouuerent le Capitaine Fauars, auecques cent soldats harquebouziers & corselets, enuoyez pour les soustenir. Ceste escarmouche fut a la veue des trois camps, & ceulx qui estoyent aux tranchees, tirerent quelques coups de deux pieces par dela la riuiere, au lōg de la prairie, pour fauoriser les leurs, & tuerēt deulx soldats des nostres en reuenant sur le pont, tous les autres rentrerent dans la ville, fors vn homme d'armes, & un archier de la compagnie de Mōsieur de Lorraine qui demeurerēt prisonniers : & les Seigneurs de Rocofeuil, de Fogeon, de Treues, & vn autre hōme d'armes furent blessez, qui dans peu de iours apres moururent. Le Seigneur de Clermont eut vne harquebouzade a la main, & le Seigneur de Suze vn coup de picque entre la teste & le morrion, qui ne print que la peau. Beaucoup de cheuaulx furent blessez, mesmes celuy du Seigneur de la Brosse d'un coup de picque, & en moururent dix ou douze. Il ne tint qu'a Monsieur de Guyse, que les Princes n'auoyent esté de l'entreprinse, car il la leur cela, iusques a ce que ceulx cy se trouuerent dehors, & puis les clefs furent perdues : n'ayant eu peu de peine, toutes les fois qu'il a conuenu sortir, de retenir ceulx qui se venoyent presenter, & s'efforcoyent de passer la porte. De l'autre costé, entre les deux camps, auoit esté enuoyé a mesme heure Nauailles, auecque vingt & cinq [1] cheuaulx, qui feit beaucoup de dommage aux fourrageurs, & gasta force viures, faisant tousiours boucherie sur les passages.

Les trois iours ensuiuans, les ennemis poursuiuirēt leur baterie enuirō cent ou six vingts coups par iour, contre le rampar de la breche, & la tour d'Enfer : a laquelle ils auoyent faict plus de dixhuict pas de breche. Mais nous renforceasmes tousiours le rāpar en l'un & l'autre estage, pour sauuer celle moitié qu'a esté dict. Ils estendirēt leurs trāchees, & le bout du caualier de main droicte, encores plus vers la riuiere, cōme pour battre les tours des boulengiers & charpētiers, derriere celle d'Enfer, & le pan du mur qu'est [2] entredeux, ou n'auions encore ramparé : mais incontinent y fut mis nombre de gens de guerre, & de pionniers, pour y releuer vn rampar de vingt & quatre [3] pieds de large, auec vne

[1] vingt cinq
[2] qui est
[3] vingt quatre

tranchee de trente [1] par le deuant, reculez de quarante pieds de la muraille. ce que fut poursuiuy de bien grāde diligēce. Et pour ne laisser
conduire aux ennemis leur entreprinse, sans les empescher de ce qu'on
pourroit, Monsieur de Guyse iecta de nuict le Capitaine Candau, lieutenant de sa garde, & le sergeant du Capitaine Glenay auec douze harquebouziers dans le fossé, par vne secrette yssue qu'il auoit faict faire dās
le bouleuart de la porte Champeneze, lesquels allerent iusques aux
tranchees. les vns coururent a vn bout, harquebouzer les ennemis, qui
commencerent couler tout du long, dont Candau qui se trouua sur le
milieu & le reste des nostres, leur dōnerent force coups d'espee en passant : & ayants demeuré bonne piece dehors, se retirerent sans auoir
rien perdu. Lēdemain sur le midi, le Capitaine Thomas de la compagnie
de Mōsieur de Guyse, auec trente de ses compagnons sortit entre les
deux camps, & de fortune rencontra le Seigneur de Brabançon, qui retournoit du logis de l'Empereur au camp qu'il auoit en charge, accom-
pagné de vingt & cinq Gentilzhommes assez mal armez. Noz gens le
chargerent, de sorte que, sans ce qu'il gaigna de vistesse quelques maisons, assez pres de son camp, & se iecta dedans, il estoit prins : mais
n'osant le Seigneur Thomas, ny les siens mettre pied a terre, a cause que
l'alarme solicitoit les ennemis de courir a la recousse de leur general,
& y venoyent de tous costez, se retirerent auec vn butin de deux tonneaux pleins de bottes, marchandise bien requise & necessaire a la ville.
Le iour apres cinquiesme du mois, le Capitaine Simon de Lec de la compagnie de Monsieur de Nemours retourna, auec vingt cheuaulx au mesme
chemin, & n'eut gueres demeuré en son imboscade, qu'il veit passer
enuiron quatre vingts cheuaulx Alemans venants du camp de l'Empereur,
& s'en retournoyēt a celuy de la Royne Marie. Noz gens les surprindrent,
& dōnans dessus, feirent sonner bien chauldement, a l'estendart, & dedans, a deux trompettes de Monsieur de Nemours, qu'ils auoyent de fortune amené. Dequoy les ennemis estonnez, prindrent la fuite, mais il en
demeura quatre prisonniers : & retournans les nostres a la ville, feirēt
encores butin de quatre mulets chargez de viures. Ce iour nous per-
dimes deux hommes de bon seruice, Camille Marin, au bout d'vn rampar
qui seruoit d'espaule, ioignant la tour d'Enfer : auquel lieu apres que

[1] pieds

Mōsieur de Guyse eut essayé recognoistre, par entre deux balles de lainé le remuemēt de terre que les ennermis faisoyent en estendātleur trāchee, & haulsant le caualier de main droitte vers la riuiere, il y voulut regarder, pour cognoistre ou s'adressoit leur entreprinse, & pouuoir mieulx entendre les moyens d'y remedier, mettant la teste au lieu d'ou Monsieur de Guyse venoit de retirer la sienne, soubdain il y reçeut vn coup de harquebouze, qui luy espandit la ceruelle : Et le lieutenant du Capitaine Glenay, qui estoit en garde au bouleuart, fut frappé d'vne autre harquebouzade, & dans vne heure apres mourut. La nuict les ennemis remuerent vne partie des pieces qu'ils auoyent mis en batterie, comme si elles estoyent esuētees, & en feirent venir d'aultres, & tirerent lendemain au recoing de la riuiere, pour y faire vne nouuelle breche : & dix ou douze coups par heure, au lōg des autres desia faictes, pour nous garder de rāparer, toutesfois on y trauailloit tousiours. Ce soir la compagnie de Monsieur le Prince de la Rochesuryon retourna estre de garde a la tour d'Enfer, & Monsieur le Prince mesmes en voulut estre, qui sur quelque heure de la nuict descendit au plus bas estage, & luy sembla entendre vn bruit de pioches, comme si les ennemis faisoyent quelque mine. Monsieur de Guyse y vint ' lendemain, qui en eut aussi sentimēt, et adiousta foy aux aduertissemens qui luy auoyent esté donnez de ceste chose. Le Seigneur de Sainct Remy poursuyuit diligemment de leur aller audeuant auec les contremines qu'il auoit desia commēcees, tant en celle tour en deux lieux qu'au bouleuart en autres deux, & autant le long de la faulsebraye deuant la breche. Lendemain Monsieur de Guyse feit aualler par vne corde au coing derriere la tour d'Enfer, le Lieutenant & un soldat de sa garde, pour recognoistre par le dehors, en quel endroit elle estoit plus endommagee, & si les ennemis y faisoyent aucune sappe, aussi pour sonder a coups de marteau, si la mine respondoit encor au pied de la muraille, ou entre les deux murs, lesquels rapporterent n'auoir rien apperceu de nouueau, & le tout estre au mesme estat, qu'auoit auparauant esté recogneu : & pour lors ne peusmes auoir plus grāde certaineté de leur entreprinse soubs terre, fors que le hault d'un pauillon fut veu au bout d'une de leurs trāchees, qui auoit esté tēdu celle nuict, & tout au tour on le ramparoit de terre argilleuse, ressēblāt celle que nous tirions

' le

des contremines, par lequel indice fut estimé, que la estoit la bouche de
leur mine, comme depuis il se trouua. Sur les deux heures apres midy,
dix ou douze cheuaulx de la compagnie du Seigneur de Gounor sortirēt
vers le camp du Marquis Albert, pour veoir si lon auroit fait en la plaine
aucun fossé ou tranchee, & prendre garde quelle contenance les ennemis
tiendroyent a les charger, afin que s'ils auoyēt auisé nouueau moyen de
nous nuire aux saillies, l'exemple de ceste heure nous en fust aduertissement pour vne autrefois que plus grāde force sortiroit : les aduisant
qu'ils eussent a feindre de n'oser soustenir aucune de leurs charges,
afin de les r'asseurer, & leur dōner volunté de venir par apres, aussi peu
retenuz aux escarmouches, qu'ils souloyent auparauant, qu'on leur eust
donné ces attaintes qu'auōs dict dessus. Mais pour faire que noz gens
n'eussent a s'opiniastrer au combat, Monsieur de Guyse leur feit laisser
au sortir de la porte, les lances, les accoustremens de teste, & brassals :
Ils allerent iusques au camp, & y eut alarme : mais apres auoir couru
la cāpagne, laquelle ne monstra que ce qu'on auoit accoustumé veoir, se
retirerēt, a la faueur d'un nombre de noz soldats de pied harquebouziers, lesquels garderēt les ennemis qui couroyēt apres eulx, de suyure
plus auant.

Le iour ensuyuant, septiesme du moys, de grand matin, on ouit
sonner beaucoup de tabourins au camp de l'Empereur, & sur les huict
heures, deux grosses trouppes de leurs gens de pied, s'approcherent au
bort des tranchees, derriere ces murailles, qui s'estendent vers Sainct
Arnoul, par dessus lesquelles on veoyoit apparoistre leur grand nombre
de picques. Et bien que Monsieur de Guyse n'estimast y auoir grand
danger, estant encores la faulsebraye deuāt la breche toute saine &
entiere, il feit toutesfois, sans donner alarme, rendre tous les gens de
guerre aux lieux qui leur estoyent ordōnez, tant aux breches, flancs,
places de secours, que au long des murailles, ou se trouua bien petit
nōbre de gens pour vne ville de si grāde garde, mais tous appareillez
de bien faire, & monstrans celle bonne volunté & deliberation, qu'il
falloit pour vaillamment repousser l'ennemy. Les princes de Bourbon,
les deux de Guyse, celuy de Nemours, le Duc Horace, Messieurs de
Montmorency, Vidame de Chartres, de Martigues, & les autres Seigneurs
& gens de bonne maison, auec plusieurs gentilshommes, marchans soubs
la cornette de Monsieur de Guyse, prindrent le premier rang a la bre-

che, suyuiz d'un bon nombre de soldats. Cependant ledict Seigneur
alla visiter les vns & les autres, non sans auoir grand aise du maintien
& bône contenãce qu'il veoyoit en chascun, ny sans les soliciter encores
en passant, par beaucoup de ces bons mots, qui incitent a l'honneur, a
la vertu, & a la victoire. Le Capitaine Fauars, maistre de camp, ordonnoit
de ses gens de pied, & encores par dessus luy le Seigneur Pierre
Strozzi, ensemble sur les gens de cheual. Le Seigneur de Sainct
Remy estoit preparé de ses artifices a feu & engins de guerre, lesquels
auoyent esté apportez de bonne heure en vne maison prochaine, pour
les employer sur les premiers qui viendroyēt. Aussi le Seigneur de
Crenay, & autres gentilshommes & soldats, choisiz de toutes les compagnies & bandes aux costez de la breche, pour executer bon nombre
de harquebouzes a croc. Pareillement le Seigneur d'Ortobie & ses compagnons, commissaires de l'artillerie, auec leurs canonniers aux flancs
& defences. Et furent toutes choses si promptement mises en leur ordre,
& l'ordre mesme par tout si bien obserué, que les ennemis eussent prins
mauuais conseil de nous venir assaillir. Aucuns d'eulx s'aduiserent
d'aller sur la montaigne, qui regardoit a la breche, d'ou ils la peurent
veoir fournie de museaux de fer, de morriõs, & corselets, qui ne fut
chose qui leur d'eust beaucoup plaire.

Sur le soir vint vn trompette, de la part de l'embassadeur d'Angleterre
residant aupres de l'Empereur, porter des lettres a deux gentils hommes
Anglois, estans a la suitte du Vidame de Chartres, parens du Milor Hauard
debitis de Callais, par lesquelles, les persuadoit euiter le hazard ou ils
estoyent, & de s'en venir au camp, pour dela se retirer en Angleterre. Mais
estant cogneu, que s'estoyēt des ruzes de l'ennemy, le trompette fut ren-
uoyé, auec respôce qu'ils estoyent plus asseurez dans la ville, qu'ils ne
seroyent dehors.

Apres que le Seigneur Thomas Delueche, qui estoit allé vers le Roy,
comme auons dict, eust eu sa responce, & attēdu quelques iours a Verdun la commodité de se pouuoir cõduire en ceste ville, il print le hazard
de trauerser le pais, du costé mesmes des ennemis : & par entre les deux
camps, se rendit le huictiesme du moys apres minuict aupres de la ville,
ou Monsieur de Guyse le feit entrer par la porte ¹ Mezele : & par luy nous

¹ Porte a Mezele

furent confirmees les nouuelles que l'armee du Roy s'en alloit assieger
Hedin, signe de n'esperer de long temps autre secours, que celuy qui
restoit aux armes & aux bras d'un chascun de ceulx de la ville. Aussi
ne faisoit on semblant de le desirer, bien nous asseura que la deliberation du Roy estoit, de venir leuer le siege: Nous resiouissans ce pendant
de la prinse que Monsieur le mareschal de Brissac, auoit faict sur l'Empereur, de la ville d'Albe en Piedmōt, comme le Seigneur Thomas disoit.
Ce que Monsieur de Guyse permit au premier trompette qu'iroit [1] au
camp de l'Empereur,le dire a ceulx qui l'enqueroyent des nouuelles, en
recompense qu'ils nous auoyent auparauant mādé la prinse de Hedin.
   Ceulx qui estoyēt prins du camp de l'Empereur, nous chantoyent tousiours, que la deliberation de leur maistre estoit, ne partir iamais qu'il
n'eut prins la ville , & quant l'armee qu'il auoit seroit ruinee, il en feroit
venir vne autre, & apres la sécōde, la tierce, de sorte, que craignant
Monsieur de Guyse la longueur que [2] ce siege pourroit prendre, mit encores nouuel ordre & mesnage aux viures, faisant regarder aux particulieres prouisions, que chascun pouuoit auoir en son logis, pour y vser
auec autant de discretion que si c'eust esté la munition du Roy : & res-
serrer tout le vin qui se trouueroit par les quartiers de gens de pied, en
vne ou deux caues, soubs les clefs, que leurs Capitaines tiendroyent,
pour en distribuer puis apres a chascun soldat deux pintes par iour.
Encores pource [qu'on auoit commēcé bailler aux pionniers du pain de
la munition, qui en eussent a la lōgue beaucoup consumé [3], il en feit
casser de douze cens, les six cens, reseruant tout ce qu'il pourroit, pour
l'entretenemēt des soldats : Ausquels estant desia failly le bled qu'auoyēt
amassé au temps de la recolte, leur ordonna pour le commencemēt, deux
pains pour iour de douze onces chascun : proposant leur en retirer peu
a peu, par quarts & demy onces, ce qu'il cognoistroit les en pouuoir
faire passer, afin d'estendre la munition, s'il luy estoit possible, encores
par dela les douze mois qu'il pensoit auoir pourueu : Tenant le bled
pour le plus precieux thresor qu'il eust en la ville : Auec resolutiō, d'opposer vne autre opiniastreté contre celle de l'Empereur, d'attēdre la derniere souppe a l'eaue, auant que donner lieu a son entreprinse. Aussi pour

---

[1] qui iroit
[2] de
[3] consommé

les viures des cheuaulx de seruice, feit departir la paille, qui s'estoit
trouuee aux granges de la ville, par les compagnies de la gendarmerie &
caualerie : ayant encores, pour leur allonger les viures le plus qu'il seroit
possible, faict commandement aux gens de pied, de tuer les courtaux,
qu'il auoit entendu, estre retenuz plus que de six par bande, contre ce
que l'ordonnāce faicte du commencement portoit, & les mettre au sel,
donnant charge au preuost des mareschaulx passer par apres en tous les
quartiers, pour prendre ceulx qui seroyēt trouuez oultre le nombre permis, & leur aller coupper les iarrets hors la ville.

Et pource que desia auoit esté vse beaucoup de pouldre, il mit en
besongne des salpestriers a tirer du salpestre, & le rafiner, afin que la
munition des pouldres s'entretint, & ne s'y trouuast faulte au besoing.
Oultre ce voyant que du moys passé, & de cestuy n'auoit esté faict payement aux soldats, ny estoit possible que le Roy mist de l'argent dans la
ville, pour leur en faire [1] encores durant le siege, & que a la fin ils se
pourroyent, par faulte d'argent, accoustumer de prendre ce qu'il leur
feroit besoing d'habillements, ou autre chose sans payer, par ou pourroit venir quelque desordre dans la ville, & entre eulx mesmes, delibera
pour ne mettre rien de la commodité de tous en arriere, qu'il feroit
battre de la monnoye soubz l'authorité du Roy, & luy donneroit beaucoup
plus hault pris, que de sa value, soubz obligation toutesfois, enquoy il
se soubmettoit par cry publicq, de la reprendre pour autant qu'on la
bailleroit, dont en fut commēcé faire quelque petit nombre, qui se veoit
en mains d'aucuns.

Le Marquis Albert se sentoit picqué des saillies que l'on auoit souuent
faict sur son camp, & auoit mis gēs de pied & de cheual aux aguets
dans les saules prochains, & es fossez & iardins pres de la Croix du bout
du pont des Mores, & autres lieux, ou il estimoit pouuoir mieulx surprendre & nuire a noz gens. Ce qu'ayant bien attiltré deux ou trois iours
de rang, enuoya passer tout aupres du pōt quelques cheuaulx & fourrageurs, pour amorser les nostres, & les attirer dehors, lesquels Mōsieur
de Guyse y ayāt faict prēdre garde, & luymesmes entreueu quelque chose
de l'entreprinse, ne les voulut laisser sortir a la poste du Marquis, reser-
uāt le faire vne autrefois qu'il ny auroit si biē pourueu. Et du costé des

[1] faire tenir

tranchees enuoya la nuict d'apres le Seigneur Pierre Strozzy, auec vn
petit nombre de soldats, veoir s'il s'y cōmēçoit aucun nouuel ouurage.
Ceulx de la garde furent surprins, & quelques vns despeschez, sans qu'ils
osassēt entreprēdre sortir pour repoulser les nostres, lesquels ayās recogneu autāt que l'obscurité de la nuict le leur pouuoit permettre, se retirerēt. Estans rentrez dans la ville, ils trouuerent a dire le sergeant du
Capitaine Glenay, lequel fut veu [1] lendemain mort sur le bort & pendant
de leurs tranchees, ou plusieurs soldats s'offrirēt l'aller querir : mais on
ne voulut pour telle occasion les hazarder a si cuident peril. Mais son
goiat meu de grand amour & pitié vers le corps de son maistre, feit grand
instance qu'on le luy permist, & sans craindre l'harquebouzerie des
ennemis, qui luy tirerent grand nombre de coups, l'alla en plein midy
charger sur ses espaules, & l'apporta dans la ville, pour luy faire receuoir
sepulture : en quoy il merita estre faict soldat, comme il fut, de la bande
dudict Glenay.

Apres que les ennemis eurent depuis le cinquiesme du mois, tiré assez
mollement six cens vingt coups de canon, & toutesfois ouuert a l'encongneure de la riuiere la tour des Charpentiers, qui ioinct l'eaue, & abbatu
le bois de la couuerture de la tour d'Enfer, ils remuerent d'autres grosses
pieces a leur caualiers, & feirent nouuelles canonnieres a main gauche
de la grande gabionade, comme pour tirer a nostre bouleuart, bien qu'ils
le veissent ramparé. Et le douzieme du mois, de bien grand matin, ils
se mirent a le battre plus fort que les iours passez, comme s'ils vouloyent
paracheuer de le reduire tout en breche : & continuants iusques au soir
enuiron trois cens cinquāte coups, tout ce qu'ils auoyent battu tōba plus
de vingt pas de long, & bas, iusques au dessoubs du cordon, y ayant,
auec ce qui auoit esté ouuert auparauant, cinquante pas de breche :
Vray est qu'ils ny eussent peu monter sans eschelle : & ny tirerent plus
de la en auāt, sapperceuans qu'ils estoyēt a recommencer, a cause qu'ayant
par nous esté cogneu de bonne heure, ce bouleuart estre en lieu ou falloit
par necessité nous en ayder, l'auions tresbien mesnagé de tout ce qui
se pouuoit faire, pour ne le perdre point, luy fortifiāt, comme a esté
dict, la teste & puis la porte d'un grand rampar de bonne terre, ou leurs
canons eussent bien trouué a manger. Et encores auoit lon [2] faict vne

[1] le
[2] avoit on

trauerse derriere iceluy, dans les edifices, pour nous en seruir, au cas que la teste vint a estre ouuerte. Lon auoit aussi ramparé l'allee d'entre ce bouleuart & la porte Champeneze d'un vingt & cinq[1] pieds de large de chascun costé, afin que les ennemis, en croisant leur batterie, ne nous en banissent: Et pour mesme cause, auions releué deux gros massifs de terre aux deux encogneures de la susdicte porte, pour seruir d'espaule a la garder, & de flanc aux faulsebrayes : soubz lesquels massifs auoit vn passage couuert, venant de la ville a la faulsebraye de main gauche, puis a l'allee du bouleuart, & d'icelle allee vn semblable passage entrant en la faulsebraye de main droitte, pour tousiours auoir chemin a secourir noz faulsesbrayes, bouleuart, & son allee, en laquelle auions faict deux bonnes canonnieres, malaysees a oster, lesquelles battoyent dans les fossez le long des breches, & iusques a la tour d'Enfer, encores deux autres a mesme effect, soubz vn des arceaux de ceste allee : Et auions ouuert au fond du bouleuart vne secrete saillie, pour iecter des gens de pied dans le fossé, n'oubliant y faire force contremines. Et bien que les mauuais fondemens d'iceluy bouleuart, & les arceaux foibles & fenduz de l'allee, nous menassassent de la prochaine ruine de l'un & de l'autre, toutesfois le besoing present nous solicitoit d'y mettre encores tous les iours la main.

Lendemain les ennemis reprindrent leur batterie au long de la grand breche, a la tour des Wassieux prochaine de la porte Champeneze, qui estoit desia bien entamée, & la feirent tomber, partie a deux heures apres midy, & le reste a trois heures apres minuict, dont y eut de quatre vingt a cent pas de breche bien raze d'un tenant, ioignant laquelle estoyent les deux autres, l'une de trente, l'aultre de vingt au long du mur. Ce iour mourut le Capitaine Fauars maistre de camp, qui auoit esté blessé d'une harquebouzade, sur le rampar de la grande breche, bien pres de Monsieur de Guyse, & fut son enseigne baillee au Capitaine Cornay[2] son lieutenant : & le Capitaine Glenay faict maistre de camp, qui voulut la garde de la tour des Charpentiers, laquelle estant en l'encongneure de la riuiere, estoit desia ouuerte, & le lieu assez dagereux: lors fut commis le Capitaine Gordan auec sa bande au bouleuart, &

---

[1] vingt-cinq
[2] & fut son enseigne baillée au Capitaine Glenay fait maistre de camp, qui, etc.

le Capitaine Cantelou a la porte [1] des Mores, le demourant a tenir tousiours l'ordre qui auoit esté au parauãt commãdé. Estant nuict, & lors
qu'il faisoit plus obscur, Glenay commanda a vn de ses soldats s'en aller
pres des tranchees, pour escouter les ennemis, & veoir quel guet ils faisoyent, afin de leur donner vne estrette, s'il s'y cognoissoit occasion de
le faire. Le soldat tomba entre trois sentinelles estans dans le fossé, qui
le chargerent, et luy prompt, encor qu'il n'eust autres armes que l'espee,
s'en defendit au mieulx qu'il peut, & se retira blessé d'un coup de corsesque au visage, & pour celle nuict n'y eut plus grande entreprinse.

Ceulx de la garde des trãchees appeloyent souuẽt, & par divers propos
solicitoyent les nostres de parler, qui pourtãt ne leur faisoyent aucune
responce, a cause que la defence y estoit, & mesmes quelques vns
auoyent esté du commencement chastiez, pour l'auoir osé entreprendre
sans congé.

La matinee du iour ensuiuant fut pluuieuse, & se doubterent les ennemis qu'ils auroyent quelque alarme de la ville, comme on leur en auoit
tousiours donné, lors qu'il faisoit bien mauuais temps. Ils se iecterent
en grosse trouppe à la campagne, & trouuerent a charger quinze ou
vingt cheuaulx des nostres de la compagnie de Monsieur de Lorraine,
qui estoyẽt allez bien matin entre les deux camps, mais ne les peurent
empescher de leur retraitte, qu'ils feirent sans aucune perte.

Apres midy le Seigneur de Biron sortit auecques cinquante ou soixante
cheuaulx par [2] Põtiffroy, vers le camp du Marquis, et enuoya battre le
chemin des viures par vne partie de ses coureurs auec le Capitaine
Lanque, lequel descouurit vne grosse imboscade d'ennemis dans les
saules vers Sainct Heloy, & en aduertit la trouppe. Les autres coureurs
qui auoyent donné iusques au camp, ne peurent attirer les ennemis dehors, lesquels auoyent possible pensé que les nostres les iroyent cercher
iusques là, & que ceulx de l'imboscade leur viendroyẽt coupper chemin.
A tant le Seigneur de Biron, ayant demeuré vn tẽps au milieu, pour fauoriser ceulx qui auoyent couru vers [3] droicte, & vers [4] gauche, a la fin

[1] du Pont
[2] le
[3] la
[4] la

les retira, auecques quelque butin de fourrageurs, cheuaulx & charrettes de vin qu'ils auoyent prins.

Nauailles retourna [1] lendemain [2] matin entre les deux camps, & trouua que les ennemis y estoyent biē forts, ausquels auec vingt & cinq [3] cheuaulx qu'il auoit, attaqua l'escarmouche, tēporisāt le plus qu'il peut, pour veoir s'il leur pourroit dōnec vne charge a propos : mais voyant n'y auoir lieu de s'opiniastrer d'aduātage, se retira saulue, auec prinse d'un des leurs, natif de Sauoye, lequel dit a Mōsieur de Guyse, qu'ō tenoit pour chose certaine au cāp, que leurs mines entroyent desia cinquante toyses dās la ville.

Sur les deux heures apres midy se feit vne autre saillie par le pōt des Mores, de trēte cheuaulx seulement, desquels le Conte de Charny, Ouarty, Riberac, Tourcy, Crequi, & la Roche Chalez estoyent. Monsieur de Guyse aduisa le Capitaine la Faye qui les conduisoit, n'abandonner de gueres le bout du pont : mais enuoyer cinq ou six iusques au corps de garde du Marquis, pour se faire suyure, & attirer ce qu'ils pourroyent d'ennemis au pres du pont, ou il auoit faict mettre des harquebouziers, & porter des harquebouzes a croc pour les receuoir. Les coureurs allerent iusques a ce corps de garde, qui estoit plus fort que mesmes toute nostre trouppe, lequel les rechassa bien vistement : la Faye faignit prendre aussi la fuite pour se faire suiure, & que les ennemis se desbādassent, comme aduint, courans apres a qui premier auroit attaint les nostres, lesquels tout d'un coup tournerēt, & trouuans les autres en desordre, les menerent battans iusques au pres de leur camp duquel sortoit desia force caualerie pour venir a l'escarmouche, & se trouuerent bien tost six ou sept vingts ensemble. Ils en feirent auancer cinquante sur noz gens, lesquels prenans la cargue pour les attirer a noz harquebouziers, comme [4] leur estoit commandé, attēdirent vn petit la receuoir de trop pres, tellement que ceulx cy leur estoyent desia sur les bras, & le reste de leur grosse trouppe n'estoit gueres loing, qui marchoit tousiours au trot. Et ayant voulu le Capitaine la Faye demeurer derriere, comme vaillant qu'il est, son cheual eut vn coup de lance, &

[1] le
[2] au
[3] vingt cinq
[4] il

luy porté par terre & retenu prisonnier. Ceulx de la trouppe tournerent, & feirent tout ce qu'ils peurent a bien combattre pour le recouurer : mais ne fut possible, & se retirerent auecques celle perte, & du Seigneur de Vitry qui demeura aussi prisonnier. Le Seigneur d'Ouarti y fut blessé en la teste, & la Rochechalez en la iambe droicte qu'il luy fallut scier, & depuis en mourut. En mesme tēps le Seigneur de Rēdan auoit faict la tierce saillie par le Pontiffroy, auec autres vingt cheuaulx, & dix harquebouziers du Capitaine Lanque, pour ce pendant qu'on les amuseroit d'un costé, battre de l'autre, le chemin vers le moulin d'Olizy, ou estoit le port de leurs viures, & par ou les fourrageurs & viuādiers venoyēt, ce qu'il eut loisir de faire, & rēuersa deux chartees de pain, et le feit fouler dans la fange, print du vin du Rhin, & amena chariots, cheuaulx & prisonniers dās la ville, oultre ceulx qu'il defeit sur le lieu.

La nuict ensuiuant vindrent quelques Alemans du camp du Marquis pour abbattre le parapect du pont des Mores, qui couuroit le Rauelin du bout d'iceluy, dans lequel on iectoit ceulx qui estoyent enuoyez pour faire les saillies, qui ne pouuoyent estre là offencez de leur artillerie, & essayerent de rompre vne des arches du pont pour nous oster entierement l'issue par là : ce qui deuoit a meilleure raison estre entreprins de nous, pour empescher a eulx l'aduenue de noz portes & murailles. Toutesfois noz harquebouziers, qui estoyent en garde sur le portail, pourueurent a cecy, tirants si souuent la ou ils entendoyent le bruit, qu'ils leur feirent abandonner le pont : [1] & fut trouué le matin beaucoup de sang, & quelques flasques des leurs brisees. Deslors fut ordonné, que trois ou quatre harquebouziers seroyent iectez toutes les nuicts en sentinelle hors la porte, qui se tiendroyent dans le Rauelin.

Le soir on auoit veu porter du camp de l'Empereur grand nombre d'eschelles dans les tranchees, dont fut donné aduertissement aux gens de guerre se tenir prests, & a la fin n'y eut rien d'entreprins. Il aduint celle nuict vne chose de rizee : C'est qu'un walon du camp des ennemis pensant auoir beaucoup cheminé, & estre arriué aux portes de Thionuille vint heurter a la porte Saincte Barbe, ou le caporal de la garde ioua si bien son roole, qu'il l'entretint longuement en cest erreur, & luy feit dire tout ce qu'un homme de sa qualité pouuoit scauoir de l'estat du

---

[1] furent

camp, mesmement de la difficulté que s'y faisoit de prendre la ville. On attendoit qu'il fust heure d'ouurir les portes pour l'aller retenir prisonnier : mais aussi tost qu'il fut vn peu iour, s'aduisant de sa faulte, se mit a fouir, & les nostres l'accōpagnerēt a coups de harquebouze, & luy tuerēt son cheual.

Les ennemis auoyent tousiours continué depuis le douzieme du mois, tirer par heure dix ou douze coups de canon en endroits différens, afin que noz harquebouziers ne s'osassent monstrer sur les breches. Et aussi pour nous empescher de ramparer, a quoy toutesfois on n'auoit mis cesse, n'estant passé iour, depuis le commencemēt qu'ils feirent leurs tranchees, que noz gens de guerre n'eussent ordinairemēt la hotte sur l'espaule, quand ils n'y auoyēt les armes, ou n'estoyent en garde : [1] Et ne les veoit on moins aduenturer, ou aller hardiment sur le hault du rampar, tirer le coup de harquebouze, ou porter terre, que si le canon ou harquebouzerie des ennemis n'y eust battu ; dont souuent en a esté emporté de bons hommes, mais l'asseurance ne fut pourtant diminuee. Et pour les sauluer, furent mises des Pauesades & Mantelets au costé des breches, sur les flancs, hors la batterie du canon, afin qu'ils peussent tirer mieux a couuert, & garder d'apparoistre les ennemis sur les tranchees. Lesquels poursuiuirent encores le seiziesme du mois, leur batterie a l'encongneure d'aupres de la riuiere, & y feirent dixhuict pas de breche, portants par terre la tour des Charpentiers, dont la plus grand partie tomba dans soymesmes, & vn peu dedans le fossé, mieulx a propos que n'auions espéré, craignant que le tout y allast, & peust faire pont aux ennemis. Ce iour vn gentilhomme Italien, parent du Seigneur Ludouic de Birague, se vint rendre a nous, nous aduertissant de la diligēce que les ennemis mettoyent a conduire leurs mines, & qu'il estoit bruit au camp qu'elles s'en alloyent prestes a mettre feu. Le Seigneur de Sainct Remy s'aduançoit tant qu'il luy estoit possible, de se trouuer au deuant, pour faire a eulx mesmes vne fricassee : & Monsieur de Guyse descendoit plusieurs fois le visiter dans les contremines, mesmement sur la nuict, qui estoit l'heure qu'on les entendoit mieux besongner, mettant ordre que bon nombre de gens de guerre se tinssent prests pour les repoulser, si, apres y auoir mis le feu, il s'y faisoit breche, & vouloyent venir a l'assault.

---

[1] Et on ne les voit moins aduenturer

Enuiron ces iours, le Seigneur de Brabāçon, pour recompenser l'honnesteté que Monsieur de Guyse auoit vsé vers quelques prisonniers des
leurs, qu'il auoit renuoyez sans rançon, & faict rendre leurs armes et
cheuaulx, offrit pareil traictemēt a deux soldats Frāçois : L'un du Capitaine Haucourt, & l'autre de la Queusiere, pouruei qu'ils se retirassent
en Frāce, estant l'opinion de l'Empereur sur la raison de la guerre,
qu'on ne deuoit renuoyer dans vne ville assiegee, ceulx que lon en auoit
peu prendre prisonniers : Par ainsi leur bailla vn Tabourin pour les cōduire vers Nancy : Mais eulx ayās renvoyé le tabourin de my chemin,
disans qu'ils se scauroyent bien cōduire, mirent deuāt les yeulx le
sermēt qu'auoyent faict de seruir le Roy soubz la charge de leurs Capitaines, qui estoyent enfermez dans la ville, & la hōte que leur seroit les
abandonner en tel affaire, dont meuz d'un bon cueur & vray naturel
François, s'arresterent dans vn bois iusques a la nuict, a la faueur de
laquelle passerent assez hazardeusement entre les deux camps, & se
vindrent rendre a noz portes.

Vn peu au parauant que le Capitaine la Faye feist la saillie par le pont
des Mores, comme auons dict : le Trompette de la compagnie de Mōsieur
de Lorraine estoit allé vers le Marquis Albert, pour le different de la
rançon d'un homme d'armes des nostres, qu'il tenoit plus haulte que la
soulde d'un mois, cōtre ce que luy mesmes auoit requis pour tous ceulx
qui seroyent prins d'un costé & d'autre : & fondoit l'occasion sur la libe-
rale offre de l'homme d'armes, qui s'estoit taxé plus qu'au triple, ce
qu'il n'auoit peu, puis que la loy estoit autremēt. Le Trompette fut retenu, sans pouuoir obtenir cōgé de s'en reuenir, tant que le siege dura,
de peur, comme on peut penser, que la diminution de ses gēs, & la
mortalité qui estoit en son cāp, fussent rapportees en la ville : Et mesmement que la plus part s'en estoyent allez a faulte de payement, & vn
grand ñombre estoyent mors de l'iniure de l'hyuer. On n'auoit aussi
voulu laisser passer le Trōpette de Monsieur de Guyse vers le camp de la
Royne Marie, ou il estoit enuoyé pour autres prisonniers, l'ayant arresté
aux sentinelles, & porté là sa responce, afin qu'il ne veist les grands
cimitieres, qui estoyent a l'entour de ce camp. De là a deux iours, ayāt
le Marquis a requerir quelque Alemant prisonnier, emprunta le Trompette du Duc d'Albe, se persuadāt qu'il ne seroit arresté, pour autant
qu'il ne se aduoueroit de luy : Mais Mōsieur de Guyse, scachāt les causes

de la guerre du Duc d'Albe & du Marquis estre vnes, & tous deux soubz l'Empereur, retint ce Trompette pour le nostre.

Le dixseptiesme du mois apres le midy [1], se vint presenter du costé de la montaigne, entre les deux camps, le Seigneur Don Loys d'Auilla, general de la caualerie de l'Empereur, auec cinq cēs cheuaulx, & feit donner ses coureurs iusques a la portee d'un mosquet pres de noz portes, ayant de fortune Monsieur de Guyse lors faict monter a cheual les Seigneurs de la Brosse, de Rendan, & Paule Baptiste auec quinze cheuaulx chascun de leur compagnie : pour aller recognoistre a la campagne, les moyens de pouuoir faire vne entreprinse, qui sera dicte cy apres. Il leur bailla encores soixante harquebouziers, lesquels, estans dehors, ils logerent si a propos, pour les soustenir, que les ennemis ne se voulurent attaquer, & seulement quelques harquebouziers a cheual tindrent l'escarmouche large entre les deux trouppes, ou y en eut de blessez de leur costé, & aussi le Capitaine Simon de Lec de la compagnie de Mōsieur de Nemours, du nostre. Quelqu'vn de leur trouppe s'aduança de demander vn coup de lance : ce que fut accepté par le Seigneur Torquato da Côty, gentilhomme du Duc Horace, qui se mít en auāt, mais l'Espagnol se retira vers les siens. Vn autre appelé Loupes de Para, enseigne de la compagnie de Don Alonse Pimentel, demanda Nauailles, qu'il auoit l'annee passee cogneu en la guerre de Parme, pour parler un mot a luy. Nauailles qui menoit les coureurs, le luy accorda, & deuisans ensemble, l'Espagnol luy feit offre, que s'il y auoit des Capitaines Frāçois qui voulussent rōpre vne lāce, il y en auoit la des leurs tous presls, ayans licence de leur General. Nauailles n'eust remis ce parti a vn autre, sans ce qu'il se trouuoit encores si mal d'vne blessure receue en celle guerre de Parme, qu'il ne se pouuoit aider du bras de la lance: & respondit qu'il n'estoit sorti gueres de noz Capitaines dehors, toutesfois s'en retournoit iusques a nostre trouppe les en aduertir. Suffira (dist-il) de deux. Ceste nouuelle pleut grādement aux nostres, & les Seigneurs de Rendan & de Chastelet, guydon de la compagnie de Mōsieur de Lorraine, prierent Nauailles mesmes, s'en retourner vers la ville, impetrer de Mōsieur de Guyse, qu'eulx deux d'eussent satisfaire a c'est offre. Ce que Mōsieur de Guyse accorda, en condition, que l'affaire fust de Capitaine a Capitaine,

[1] apres midy,

& que s'ils presentoyent homme d'armes, ou cheual legier, il en fust baillé de semblable qualité des nostres. Nauailles leur alla incõtinēt faire entendre ceste permission, & que noz gens estoyent prests : Ils voulurēt lors differer l'entreprinse, s'excusans qu'il estoit tard. A la fin en presenterēt vn, qu'ils asseurerent estre Capitaine. Lequel fut mené par vn trompette François du costé de la ville, & le Seigneur de Rendan par vn trompette Espagnol du leur, au milieu des deux trouppes, auecques seurté qu'elles ne s'approcheroyent : & aduenant que l'un d'eulx tõbast, ne seroit retenu prisonnier, & qu'ils ne donroyent aux cheuaulx, ils coururent, vne & deux fois sans rompre, pour crainte de toucher aux cheuaulx, desquels celuy de Rendan n'estoit aussi choisi pour vn tel acte, ne s'estant luy gueres mieulx mõté qu'en cheual legier, lors que l'entreprinse de sortir s'estoit faicte. A la tierce course il rõpit sa lãce de droit fil. Et l'Espagnol passant sans toucher, laissa tomber la sienne encores entiere sur la place, qui demeura aux nostres. Nous auõs sceu depuis que c'estoit don Henrique Menrique Capitaine de cheuaulx legiers, & Lieutenant du General, & qu'il eut le Brassal, & bras droit faulsez de ce coup.

Vers le costé du Marquis Albert, s'estoyent aussi monstrez des gẽs de cheual en la plaine, & auoit Mõsieur de Guyse enuoyé Broilly, homme d'armes des siens, auec quinze ou vingt de ses compagnons, & quelques harquebouziers du Capitaine Lãque pour les escarmoucher. Les ennemis ayans nõbré le tout, & veu qu'ils n'estoyent tant qu'eux, vindrent dõner sur les coureurs, & des coureurs a la trouppe, laquelle les receut, & soustint la charge a coups d'harquebouze & de lãce, cõtraignans a toute force les Alemãs, apres auoir deschargé leurs pistolets, tourner les espaules, & les nostres les suyuirēt, battãt iusques a vn autre nombre de cheuaulx, qui venoyēt pour les secourir. Noz gens s'arresterent, prenans garde a la contenãce des ennemis, lesquels se trouuans beaucoup engrossiz, s'apprestoyent de faire vne recharge, mais eulx marchãs au pas vers leur retraicte, & mõstrans souuent visage, & harquebouzans ceulx qui s'aduãçoyent pour les amuser, rentrerent dans la ville, sans laisser riẽ du leur aux mains des ennemis. La nuict deux sentinelles de ce mesme camp, s'approcherent iusques a mettre les nez de leurs cheuaulx sur le Rauelin que nous auions faict au bout du põt des Mores, ou de noz harquebouziers du Capitaine Cantelou, qui estoyent mis en sentinelle hors de la porte, assirent si bien leurs coups, qu'un de ses deux Alemans s'en retourna blessé, & l'autre auec son cheual, demeura mort sur la place, & son corps tiré dans le Rauelin.

Les Espagnols des tranchees, auans celle nuict mesmes, entreprins venir cercher du bois de la tour des charpētiers, qu'ils auoyēt abbatue dans les fossez, en l'encongneure de la riuere, ou bien le Duc d'Albe, de venir recognoistre le fossé, comme nous auons sceu depuis qu'il y auoit esté, firent tirer vne volee de douze ou quinze pieces, pour chasser les nostres d'entour [1] des breches, lesquels pour cela, ne s'en esloignerent : mais se doubtans d'une ou autre [2] entreprinse, furent en grād aguet de tous costez. Et quelques vns des premiers, qui s'aduançoyent pour ce bois y demeurerent : faisans tousiours les nostres vn estat resolu, de ne laisser gaigner aux ennemis aucune chose sur nous, tant fust elle petite, qu'a l'extremite, & apres toute la resistence, qu'on leur auroit peu faire.

Le iour ensuyant, dixhuictiesme du moys, Nauailles mena vingtcinq ou trente cheuaulx de la cōpagnie de Monsieur de Nemours iusques au camp du Marquis, pour attirer ce qu'il pourroit d'ennemis aupres du pont des Mores, ou vn nombre de noz harquebouziers estoyēt, comme autrefois, attiltrez pour les recueillir. Les Alemans ne faillirent de venir en grosse trouppe sur luy, qui se reiirāt au pas deuant eulx, a la mesure qu'il estoit suyuy, sans autrement prendre la cargue, & leur faisant souuent teste, les eschauffa si bien, qu'ils se laisserent mener a la butte de noz harquebouziers, lesquels leur tirerent a plaisir. Et eulx se voyans tant approchez, essayerent faire quelque effort de les enfoncer, mais ils n'en rapporterent du nostre, que force plombs & boulets d'harquebouze dās le corps. Encores [3] lendemain sur les deux heures apres midy, pource qu'ō veoyoit tout plein de leurs fourrageurs & viuandiers, amener du charroy [4] deuers Sainct Heloy, Monsieur de Guyse les enuoya encores visiter par Monserie, gentilhomme du Vidame de Chartres, auec vingt cheuaulx, lesquels il feit sortir par [5] Pontiffroy, en temps si a propos, qu'ils eurent defaicts ces fourrageurs, couppé les iarrets aux cheuaulx,

[1] d'alentour
[2] d'autre
[3] le
[4] des charroys
[5] le

& mis le feu a leur fourrage, auant que ¹ les cinquante ou soixante cheuaulx de leur garde y eussent accouru : ausquels aussi, pource qu'ils
s'approchoyent vers le pont, fut entretenue l'escarmouche iusques sur le
tard, qu'il fut heure de se retirer.

On alloit souuent du costé du Marquis, pour la commodité de nostre
caualerie, que y trouuoit la plaine raze, & pouuoit on nombrer de la
muraille ce qui sortoit d'ennemis en campagne, & iuger du bon ou dāge-
reux succez des entreprinses, pour y remedier selon qu'on en verroit le
besoing. Encores le iour d'apres, dixhuictiesme du moys, Mōsieur de
Guyse iecta quinze cheuaulx, de la cōpagnie du Cōte de la Rochefoucaud,
& quelques harquebouziers de celle de Lanque, auec Touchepres, par le
pont des Mores, qui feirent tenir en armes & a cheual, depuis le midy
iusqu'au soir la caualerie du Marquis, & quelque autre Espagnolle, qui
auoit passé le matin de ce costé, comme la faulte ou le Marquis s'en trouuoit lors, l'auoit contrainct d'en demander a l'Empereur, pour respōdre
a noz saillies. Entre les deux camps, sur les vignes de la porte a Mezelle,
s'estoyent monstrez enuiron vespres du iour precedāt, douze ou quinze
cheuaulx Espagnols : Nauailles qui estoit dehors, auec vingtcinq autres,
les auoit enuoyez recognoistre par huict des siēs, lesquels quād les ennemis veirēt approcher du dessus de la mōtaigne, auoyēt prins la cargue
d'eulx mesmes, pour les attirer, ensemble la trouppe, s'ils eussent peu
(laquelle marchoit tousiours au pas) pres d'une cense, ou ils auoyēt trois
cens cheuaulx en imboscade. Ce qu'estant recogneu par les nostres,
n'auoyent passé lors oultre : Mais ce iour ensuyuant, le Seigneur de Rendan, & Paule Baptiste, auecques meilleur nombre de cheuaulx y allerent,
& trouuans enuiron deux cens des ennemis en ce lieu, bien choisiz a
l'aduātage pour eulx, les soliciterent longuement, & a coups d'harquebouze d'en sortir, mais ne le voulurent abandonner : & d'autant que de
l'un & l'autre cāp venoit caualerie a leur secours, les nostres se retirerent.

Lendemain estoit le vingtdeuxiesme de Decembre, & n'auoyent les
ennemis cessé tous les iours precedans de tirer, mesmemēt contre la
tour d'Enfer, laquelle estoit aux deux estages de dessus & du milieu
entierement ouuerte. Et desia auoyent approché deux canons au bout de

---

¹ auant les

la trāchee des harquebouziers du bort du fossé, en vn pendant, qui plō-
geoyent au dessoubs du cordon au bas estage, ayants commencé l'ouurir
a l'endroit d'un souspirail qui nous donna crainte qu'elle s'en iroit perdue, & l'entreprinse viendroit par ce moyen plus aisee aux ennemis, a
cause que ce flanc osté, nous n'eussions peu les empescher qu'ils ne
logeassent leur artillerie dans le fossé, pour battre les defences qu'auions
de reste au bouleuart & allee de la porte Chāpeneze, & puis feroyent la
sappe a la muraille de la faulsebraye deuāt la breche, cōme ils auoyent
entreprins. Monsieur de Guyse tint conseil sur le sauluement de celle
tour, au moins de deux canonnieres de ce bas estage, qui regardoyent dans
le fossé, lesquelles bien que fussent assez couuertes du rōd de la tour,
pour ne pouuoir estre veues du canon, on n'y eust toutesfois peu loger
ny harquebouziers, ny aucunes pieces, a cause que ruināt les vossures,
comme leur estoit maintenāt aysé, ils emportoyent entieremēt les deux
premiers estages, & nous ostoyēt la descēte du troisiesme, laquelle estoit
par le milieu de la vossure, auec vne eschelle a main : & par ainsi noz
flancs d'embas perduz. Il fut aduisé que par le dedās de la ville, lon
feroit vne ouuerture iusques a l'allee de l'une des contremines, laquelle
iroit trouuer la canonniere de nostre flanc, couuerte de bons cheurons,
assez forts pour soustenir la cheute de la voulte & du terrein & rampar
qui estoit dessus, ensemble pour conseruer noz gens au dessoubz :
N'ayants noz ennemis non plus de moyen se tenir dedans la tour a des-
couert pour nous y offenser, que nous. Oultre ce, d'autant qu'ils pourroyent entreprendre de courir la faulsebraye, fut ordonné pour les empescher, qu'un massif de terre, en façon de plate forme, seroit releué
dedans, a main droitte de la tour, pour leur coupper chemin, & pour
battre a l'entree & porte d'icelle, afin qu'ils ne s'osassent monstrer de ce
costé, non plus que de l'autre a main gauche le lōg de la breche, ou le
flanc & massif de la porte Chāpeneze battoit. Ce iour Monsieur de Guyse
descēdit dans le fossé, auec quatre soldats de sa garde, fort hazardeusement, veu le grand nombre d'harquebouziers Espagnols, qui se tenoyent
touiours a la tranchee du bort d'iceluy. Il recogneut le defaillement des
arceaux qui soustenoyent l'allee du gros bouleuart, lesquels il commanda
estançonner & les appuyer de grosses boizes, pour s'en seruir presente-
ment, reseruant y faire ouurage de plus grande duree, quant lon en
auroit le loisir & commodité. Quelque heure apres les ennemis voulurēt

remuer des pieces de leurs caualiers, mais noz harquebouziers & harquebouzes a croq, donnerent tant de dommage a leur gens & cheuaulx, qu'ils
les côtraignirent d'attendre qu'il fist [1] nuict.

Le iour ensuiuant, vingt & troiziesme [2] du mois, apres midi, se feit
vne belle saillie, qui auoit esté entreprinse par le Vidame de Chartres,
sur les gens du Marquis, & Monsieur de Guyse l'auoit trouué bonne,
mesme l'occasion s'y vint presenter de quarante cheuaulx Alemans, qui
vindrent enuiron deux cens pas par deça le camp au bord d'un fossé,
auec des gens de pied harquebouziers, pour en estre fauorisez. Monsieur
de Guyse, ayant ordonné ceulx qui deuoyent sortir, enuoya, comme il
auoit de coustume, garder qu'on ne montast sur les murailles, & pour
mesmes occasion, des hallebardiers aux plateformes & autres lieux de la
ville qui estoyēt veuz du camp, afin que l'amas de gēs qui s'y souloit au
commencement faire, pour veoir les saillies, ne donnast aduis aux ennemis de ceste cy : car il s'estoit quelque fois apperceu qu'ils y en auoyent
prins, & s'estoyent mis en armes pour nous receuoir. Sept ou huict harquebouziers a cheual des noṣtres allerent premiers iusques a eux, lesquels n'eurent si tost tiré leur coup, qu'ils furent suiuis iusques a nostre
trouppe, laquelle estoit de vingt cheuaulx que Montserie [3] menoit, qui ne
s'aduança tant qu'il les eust veu estre cent ou six vingts [4] pas par deça le
fossé : Et lors, ayant receu les coureurs, tous ensemble leur allerent faire
vne charge, laquelle les ennemis attēdirent a coups de pistolets quelque
tēps : mais a la fin ils la prindrent toute entiere iusques a leurs gens de
pied : & s'arrestans la, a cause qu'ils sentoyent le renfort d'autres quarante ou cinquante cheuaulx qui venoyent a la file, les nostres feirent
semblant prendre au pas la retraitte vers Pontiffroy, par ou estoit ordonné
que les Seigneurs Dantragues & de la Brosse sortiroyēt, auecques chascun
cinquāte cheuaulx, entre lesquels Mōsieur le Prince de Condé, qui s'estoit
desguisé en cheual legier, pour en estre l'un, s'y trouua : Mais d'iceulx
n'en apparoissoyent que dix ou douze, qui auoyent couru de l'autre costé
sur les fourrageurs & viuandiers, qu'ils auoyent surprins, & mis le feu
aux fourrages, & amenoyent vn trouppeau de vaches & moutons qu'ils

[1] fust
[2] vingttroiziesme
[3] Monserie
[4] Le mot vingt est omis dans l'édition de Collignon.

auoyent gaigné, qui estoit prouision en ce temps bien receue dans la
ville : car la chair fraische auoit commencé a faillir, & plusieurs de noz
soldats se prenoyent aux cheuaulx. Les ennemis n'ayãs, comme il leur
sembloit, a se craindre que de ceulx qu'ils veoyẽt se sentãs, comme auõs
dict, bien renforcez, descocherent sur les nostres, qui pour cela n'auan-
cerent leur retraitte qu'au petit pas, & bien serrez, tournans deux ou trois
fois visage, & autant de fois arrestans les Alemans, qui par ce moyen
s'amuserent, & se laisserent attirer pres des iardins, entre noz deux põts,
ou les nostres faisant teste, se meslerent les vns dans les autres, & lors
le Vidame, qui auoit attendu longtemps ceste opportunité derriere le
Rauelin du pont de Mores, auecques soixante cheuaulx, desquels le Duc
Horace estoit du nombre, sortit a toute bride [1] leur couper chemin. Les
harquebouziers du fossé, cuidans que ceulx cy sadressassent a eulx,
cõmencerent a gaigner au pied vers vn bataillõ de quatorze enseignes,
qui auoit desia marché plus de soixante ou quatre vingts [2] pas par deça
les tentes, mais ils tournerent au fossé, voyants, que noz gens chargeoyent
leurs gens de cheual, lesquels prenants la fuite, dõnerent bon moyen
aux nostres, qui estoyent peslemesle auec eulx, & a ceulx qui estoyent
suruenuz, d'en faire grande execution. Les mieux montez gaignerent
comme ils peurent la faueur de leurs harquebouziers, auec lesquels fai-
sants teste au bort du fossé, y fut encores cõbattu a leur grãde perte.
Les Seigneurs Dantragues & de la Brosse s'aduancerent cependant pour
retirer noz gens, qu'ils trouuerent n'auoir autre dommage, que du Capitaine Bordeille blessé de trois coups de harquebouze ou de pistolet, de
quoy il est guery, & le cheual du ieune Mally tué d'une canonnade. On
sceut [5] lẽdemain par vn Alemãt, mesmes de leur cãp, qu'il auoit esté tué
des leurs, ou de coup de main, ou d'une couleurine, qui auoit tiré de la
plateforme Sainct Simphorien trois fois dans eulx, plus de trẽte cinq
hommes de cheual, & bien quarãte de blessez, la plus part de leurs cheuaulx tuez, ou si fort blessez, qu'ils ne les auoyent peu rapporter au
camp. Aussi des gens de pied, vingtcinq ou trente demeurez sur la
place. De ceste perte les ennemis donnerent cognoissance : car estant le
iour apres le Conte de la Rochefoucaud sorti encores de leur costé, pour

[1] a bride abbattue
[2] L'édition de 1665 porte soixante ou 50 pas
[5] le

battre le chemin de Sainct Heloy, vers le port d'Olizy, ou il defoncea des tonneaux, print des marchās, & viuandiers a leur veue, ils ne feirent meilleure cōtenance, que de craindre vne pareille touche, qu'ils auoyent senty le iour precedant. Les marchans prisonniers dirent estre bruit, que l'Euesque de Maience faisoit leuer des gens de guerre, pour enuoyer a l'Empereur, & qu'il luy venoit d'auantage huict pieces d'artillerie par eaue, de la ville de Constance.

Trop long seroit [1], & possible ennuyeux, de particulariser toutes les saillies qui se sont faictes durāt le siege, desquelles aussi vne partie n'a peu venir a ma cognoissance, a cause qu'il s'en faisoit en mesme heure deux & trois par diuerses portes, estant contrainct perdre les vnes pour les autres, & quelques fois noz gens ne rencōtrans les ennemys, s'en retournoyent sans faire chose digne de recit. D'autres aussi que les saillies n'estoyent ordonnees pour autre chose, que pour veoir leur cōtenance, & recognoistre ce qui se auroit [2] a faire pour vne autrefois : Et la plus part dōt l'effect tournoit sur les viuādiers & fourrageurs seulement : Comme a l'heure que le Cōte de la Rochefoucaud gastoit les viures du camp du Marquis, Nauailles en faisoit autant entre les deux camps de l'Empereur & de la Royne Marie, ce qu'on n'auroit [3] aggreable d'ouir si souuent dire, qu'il a esté souuent faict. Suffira que par le recit d'une partie soit monstré, ne s'estre iamais presenté vn seul moyē de nuire ou gaigner sur l'ennemy, que Mōsieur de Guyse (quant la raison de la guerre le luy [4] a conseillé) ne l'ait entreprins, & faict sagement executer : tenant tousiours l'entreprinse secrete iusques a l'heure qu'il y enuoyoit. Et lors en ayant bien instruit le chef, qui la deuoit conduire, iectoit premierement les coureurs dehors tous ensemble, & puis ceulx de la grosse trouppe bien serrez, sans y permettre d'auantage que, le nombre qu'il auoit ordonné : Faisant mettre des gens de guerre, aux lieux de garde en armes, afin que, d'auenture lors que serions amusez d'un costé, lon ne nous surprint de l'autre : & luy se tenoit a la porte, auec autre nombre de gens, tant de pied que de cheual, afin que si quelque occasion se presentoit de faire d'auantage, ou bien qu'il fallust soustenir & receuoir

[1] a raconter
[2] seroit
[3] ce qu'on auroit
[4] de guerre luy

les nostres, pour estre foibles, il peust prōptement faire sortir ceulx cy,
aussi auāt qu'il en verroit estre besoing : N'ayāt iamais faict retraitte,
quād il y auoit grosse trouppe dehors, fust de pied ou de cheual, que au
pas en bon ordre, & que la trompette & le tabourin [1] ne l'eussent sonnee:
Aduertissant toutesfois, n'estre raisonnable, qu'on demourast lōguemēt
dehors a la teste d'un camp. Celle nuict veille de Noël, le guet & garde
des breches & murailles, furent renforcez, afin que le demeurāt de noz
gens de guerre peussent, en plus grand repos, solenniser vne si grande
feste, ainsi que Monsieur de Guyse auoit tousiours bien obserué les
choses appartenātes a la religion, & aussi que les ennemis ne se seruis-
sent de telle occasion, pour nous venir cepēdant dresser quelque entreprinse. Apres le seruice de minuict, il alla visiter tous les corps de
garde. Et le propre iour de Noel, tāt du costé des ennemis, que du nostre, la dignité de la feste fut assez biē gardee, sans nous porter grād
dommage, seulement ils tirerent quelques coups de canon, & nous leur
rendismes des mosquetades & harquebuzades en eschange.

[2] Lendemain de Noel, nous comptasmes le soixāte cinquiesme iour
de la venue des ennemis, & le quarante cinquiesme, du commencement
de leur batterie, qu'encores ne vecyoit l'Empereur gueres d'aduancement en son entreprinse, demeurāt l'endroit des breches aussi fort &
mal aisé (par le moyen des bons & larges rampars que nous y auions
dressez) que si noz murailles n'eussent point esté battues. Noz flancs par
mesme diligence sauuez, & plusieurs faicts de nouueau : la faulsebraye
entiere : & aussi bon ou meilleur maintien en noz gens, que le premier
iour que son armee arriua. Laquelle il cognoissoit que a toute heure
alloit en diminuant, a cause de la mortalité grandement eschauffee en
ses trois camps, en danger d'estre entierement ruinez, si sa premiere
deliberatiō ne cedoit a la presente necessité, & mesmement au temps,
qui s'estoit reduit depuis le commencement de Decembre, a la froidure
& gelee plus vehementes, que la belle saison qu'ils auoyēt eu du commencemēt, ne les en auoit menassez. Parquoy cōmença ordōner de sa retraitte, [3] & feit passer la riuiere de Mozelle a quelques pieces d'artillerie,

[1] et tabourin
[2] Le lendemain
[3] que la belle saison quils auoient eu du commencement ordonner de sa retraite et fit
passer, etc.
Cette partie de phrase, ainsi tronquée, manque de sens.

lesquelles le marquis de Brandebourg logea aupres d'un de ses regimēs en la plaine, comme pour assubiectir d'auātage les yssues de noz pōts. Et pource que de la ville on ne s'estoit encores apperceu d'aucun signe de deslogement, que les ennemis voulussent faire, nous ne pouuions penser a quelle occasion on auoit passé celles pieces : Monsieur de Guyse enuoya la compagnie de Monsieur de Nemours, pour en recognoistre ce qu'on pourroit, & sortirent premiers par le pont des Mores trēte cheuaulx auec Nauailles, pour courir iusques la, le demeurant par Pontiffroy, auec Monsieur de Nemours. Les deux trouppes ne parurent si tost sur les ponts, que toute l'artillerie du Marquis, tāt du hault que de la plaine, & celle qui restoit encores aux trāchees tira, comme si elle eust esté auparauant braquee pour ceste saillie. Ce nonobstāt Nauailles alla iusques pres des pieces, qu'il nombra seize, lesquelles nous iugeasmes estre, des douze canons, six couleurines, & cinq mortiers que le Marquis auoit presté a l'Empereur, comme nous auions [1] bien sceu : Et estoyēt gardees de trois ou quatre esquadrōs de gēs de pied. Il tēporisa assez long tēps a l'entour, cuydāt attirer les ennemis hors du cāp : mais ils ne voulurēt faire autre ieu que de leur artillerie [2], de laquelle ne receusmes dōmage que du cheual du Seigneur de Murat d'Auuergne, qui eut la iābe emportee. Encores du matin, estoit sorty l'ēseigne de la cōpagnie du Seigneur de Gounor, auec trēte cheuaulx, qui les estoit allé cercher biē auāt, mais ils n'auoyēt voulu se mōstrer en cāpagne : S'aduisans pour [3] lendemain de mettre vne embusche de deux cens cheuaulx vers le chemin de leurs fourrageurs, a main gauche de S. Heloy, pour surprendre les nostres, si le Seigneur de Sainct Phale, enseigne de la cōpagnie de Mōsieur de Guyse (qui eut cōmandement de sortir auec soixante cheuaulx, pour leur coupper tousiours les viures) n'eust enuoyé vne partie de ses coureurs vers ce costé, qui les descouurirent, & lors ils enuoyerent quelques cheuaulx pour charger nosdicts coureurs, esperans que sainct Phale s'aduanceroit auec toute la trouppe, pour faire la recharge : mais comme bien aduisé, il receut seulement les siens, qui venoyent de faire la descouuerte, & autres qu'il auoit enuoyé dōner iusques au camp, sans suiure les ennemis, lesquels d'eulx mesmes prenoyent la cargue.

[1] auons
[2] que leur artillerie,
[3] le

Enuiron vne ou deux heures apres, Monsieur de Guyse estant allé, selon sa coustume, visiter [1] l'entour des murailles, iecta sa veue du costé de Sainct Pierre des champs, ou estoit le logis des Italiens du camp de l'Empereur, & n'y voyant promener aucun, pensa qu'ils l'auoyent abandonné, ce qu'il enuoya incontinent recognoistre par les Capitaines Aboz & Cornay, auec des harquebouziers, qui ny trouuerent personne. Et par mesme moyen feit donner Sainct Estephe auec autre nombre de soldats, iusques dans les tranchees de la porte Sainct Thibaud, ou furent trouuez quelques Alemans, lesquels abandonnans leurs picques, harquebouzes, & allebardes, furēt chassez iusques au corps de garde derriere le prochain cauelier d'aupres Sainct Arnoul, d'ou sortit vne grosse trouppe d'harquebouziers & corselets pour repoulser les nostres : lesquels se retirans par les tranchees mesmes, rapporterēt les armes qu'ils y auoyēt gaignees. De ces deux choses feismes nous la premiere coniecture, quo les ennemis se vouloyent leuer : laquelle se confirma encores sur le soir, par aduertissement d'un garçon de l'aage de dix ans, natif de la ville, qui vint du camp se rendre a nous, lequel satisfaisoit auec raison aux choses qu'on luy demandoit.

[2] Lendemain, iour des Innocens, s'executa vne entreprinse sur trois ou quatre cens cheuaulx, lesquels pour empescher noz saillies de la porte a Mozelle [3], les ennemis mettoyent ordinairement en garde en la plaine d'entre les deux camps. Et auoit Monsieur de Guyse, (comme en chose pensee de longue main) faict recognoistre par le Seigneur de la Brosse & Paule Baptiste, les moyens & chemin qu'il faudroit tenir pour y faire vn bon effect : mesmes par autres saillies, auoit plusieurs fois faict mesurer le temps que le secours leur pouuoit venir de l'un ou l'autre camp. Il ordonna bon nombre de gens de cheual se rēdre enuiron midy a la place du change, & es autres endroits, les plus couuerts de la ville, afin qu'on ne les veist des haulx lieux du dehors. Et iectāt premierement Nauailles auec quinze cheuaulx dehors, l'enuoya deuant pour reculer les sentinelles des ennemis, qu'ils auoyent assises au bort de la mōtaigne, pour descouurir iusques a noz portes. Et puis le Seigneur Pierre auec la caualerie, pour aller faire la charge : La gendarmerie apres, soubz Mon-

[1] a
[2] Le lendemain
[3] Mazelle

sieur le Prince de la Rochesuryon qui les soustiendroit. Tous les Princes
& Seigneurs, qui estoyent dans la ville, furent de la partie. Le Seigneur
Pierre approcha les ennemis le plus couuertement qu'il peut, mais l'un
des leurs, qui estoit en sentinelle tant a l'escart, que Nauailles ny auoit
peu arriuer sans se perdre, voyāt qu'un si grand nōbre sortoit, leur en
courut donner aduis. Ils se voulurent du commencement retirer au pas
vers le camp, puis a toute bride, se sentans pressez : mais noz coureurs,
& les gens du Seigneur Pierre se trouuerent si pres, qu'ils se meslerēt
dās eulx, & fut tout ce corps de garde forcé & rōpu : demeurās quelques
vns sur la place, & trētetrois retenus prisonniers, tout le reste fut mis
en routte ¹. Ceste desfaite fut a la veue du logis de l'Empereur, lequel
incontinent commāda a ceulx de sa maison monter à cheual, & marcha
sa cornette iusques au pont de Magny. Or voyant Monsieur le Prince, &
le Seigneur Pierre leur entreprinse executee, & que de demeurer longuemēt entre les deux cāps, en pourroit venir inconuenient, feirent
sonner la retraitte, a quoy fut obey d'un chascun, bien qu'il restast en
la campagne, & a leur veue quelques charrettes & fourrageurs, sur lesquels noz gens commençoyent descocher : mais le commandement, qu'en
ceste & autres saillies, auoit faict Monsieur de .Guyse, d'obeir au chefs
de l'entreprinse, les retint, comme sera tousiours fort requis, qu'en tel
affaire l'obeissance y soit entierement rendue. Ce iour les ennemis voulurent monstrer, qu'ils n'estoyent encores a bout de leurs pouldres &
boulets, & s'estoyēt mis de bon matin a tirer dans la ville, de douze ou
quinze pieces, qui restoyent encores sur leurs caualiers, plus fort qu'ils
n'auoyēt faict depuis la grāde batterie : cōtinuās tout ² lēdemain, iusques
enuirō minuict, qu'ayās parfourny le nombre de quatorze mille coups
de grosses pieces & plus, depuis le dixiesme Nouembre, oultre douze ou
quatorze cens, tirez du costé du Marquis, osterent toutes leurs pieces
des caualiers, & les menerent a l'abbaye Sainct Arnoul, ou vn peu deuāt
le iour, ceulx de la garde des trāchees se retirerēt. Laquelle chose estant
le matin recogneue, noz soldats allerent incontinent gaigner la premiere
tranchee des harquebouziers au bort du fossé, & de ceste cy a la seconde,
tant qu'ils coururent toutes celles de deuant les caualiers, ou presque
tout le iour ne cesserēt d'harquebouzer les vns sur les autres, & y per-

¹ des routtes
² le

dismes des nostres six ou sept soldats. On veit les quatre ouuertures des mines, que les ennemis auoyent commencé, dont l'une respondoit desia soubs la tour d'Enfer. Or s'estoret aduisez les ennemis de fournir de nuict, les ruines de Sainct Pierre desia abandonnees, d'un gros nombre de gens de pied & de cheual, & iecter le matin quelques vaches paistre assez pres de la ville vers ce costé, pour y attirer les nostres : Mais Monsieur de Guyse ne voulut qu'on y sortist, preuoyant l'entreprinse des ennemis, laquelle se descouurit sur le soir qu'on veit retourner ces trouppes au logis. Quinze ou vingt cheuaulx des nostres furent enuoyez entre les deux camps, essayer de faire quelque prinse, sur tant de charroy & de gens qu'on veoyoit aller de l'un a l'autre: Mais il s'y trouua si grosse escorte de caualerie, que noz gens s'en retournerēt sans rien faire. La nuict, voulant Monsieur de Guyse donner aduis au Roy de ce commencement de retraitte, feit sortir nombre d'harquebouziers par le pont des Mores, pour reculer les sentinelles des ennemis, qui estoyent assises au bout d'iceluy, & apres eulx iecta le messagier, lequel alla prendre le chemin de Thionuille, & puis tourna ou luy sembla meilleur, pour se pouuoir seuremēt conduire [1]. Sur le premier somme, le feu se print en vne maison de la ville, ou le Capitaine Lanque estoit logé : ioignant laquelle y auoit quelque munition de pouldre , & les greniers du Roy n'en estoyent pas loing. L'alarme fut donnee, dont s'allerent les gens de guerre incontinent rendre aux breches, & autres places ordonnees. Et Monsieur de Guyse vint au lieu du feu pour faire remuer les pouldres, & pourueoir au demeurant, si bien qu'il ny eut dommage que d'une partie de la maison. Il faisoit vn tres mauuais temps, d'un vent impetueux, meslé de neige si espesse, qu'on ne se pouuoit voir ny ouir. Et de peur que cela n'inuitast les ennemis a quelque entreprinse, on se tint presque toute la nuict en armes. A quoy s'adiousta vne nouuelle occasion, de ce qu'une partie du rampar, qu'on auoit faict a main gauche, de l'allee entre la porte Champeneze & le bouleuart tomba, de quoy les ennemis eussent possible essayé s'en seruir, s'il fust aduenu quelque iour auparauant.

[2] Lendemain apres midy, pource que quelque nōbre d'harquebouziers

[1] pour se pouuoir conduire
[2] Le lendemain

ennemis, se monstroyent entre Sainct Arnoul & la ville, vers les dernieres tranchees, noz harquebouziers sortirent, & y eut vne aspre escarmouche, ne laissans prendre aduantage les vns sur les autres de plus de
trois heures. A la fin les Espagnols se retirerent dans les ruines de
l'abbaye, ou estoit le fort de leur garde, & auoyent faict des canōnieres,
& petites ouuertures aux murailles, d'ou ils tirerent encores quelques
coups a seureté, & bien couuerts, sur les nostres, & y fut blessé au bras
le Capitaine Pierre Lōgue, & aussi l'enseigne du Capitaine Bethune, &
cinq ou six soldats morts. Du costé de Pōtiffroy, les Seigneurs de la
Rochefoucaud, & de Rēdan allerēt battre les chemins vers Sainct Heloy,
tirās a Thionuille, par ou vne partie du camp s'en alloit, & trouuerēt des
Espagnols malades, qu'on menoit en chariots, vers lesquels feirent tant
d'humanité, de les laisser passer sans leur faire sentir nouuelle infortune.
Et se tenans encores sur le chemin, prindrent vn page, vn valet de
chambre, & vn laquay du Duc d'Albe, lesquels Monsieur de Guyse renu-
uoya depuis par honnesteté a leur maistre, & rēuoya aussi vn nommé
Iaspar Suisse, & deux cheuaulx legiers Espagnols, que Broilly & Mareual
auoyent prins, en vne saillie du vingtseptiesme dudict mois.

JANVIER M. D. LII. [1]

Les deux iours ensuyuans se feirent force saillies de quinze & vingt
cheuaulx sur les routes de ceulx, qui commençoyent s'en aller, & par
quelques Espagnols, & autres des leurs, qui furent prins, [2] sceusmes le
deslogement de l'Empereur, du Chasteau de la Orgne qui s'en estoit
parti ce premier iour de l'an, & retiré a Thionuille, auecques le malcon-
tentement qu'on peut penser, de se veoir descheu de son esperance, &
sa grande armee, qu'il auoit assemblé de diuers endroits de la Chres-
tienté, ruinee, son entreprinse tournee a neant, & luy quasi mis pour
seruir d'exemple a faire veoir au monde, que la force & conseil dès
plus grands hommes, n'est rien au regard de la prouidence de Dieu.
Ce mesme iour vne trouppe de noz gens de cheual sortit par le pont

---

[1] L'usage en France était encore, à cette époque, de commencer l'année à Pâques. Un
édit de Charles IX, donné à Roussillon, en Dauphiné, l'an 1564, ordonna que l'année com-
mencerait le 1er janvier.

[2] nous

des Mores, pour aller donner iusques a la file de ceulx qui passoyent
soubz le mont Sainct Martin, & trouuerent beaucoup de caualerie Espagnole, qui luy faisoit escorte. Les nostres commencerent attaquer l'escarmouche, mais l'un des ennemis appela vn de noz harquebouziers a
cheual, pour s'enquerir ¹ que c'estoit que les Françoys demandoyent, &
comme il luy fut respondu, qu'ils cercheoyent a combattre & donner
coup de lance. l'Espagnol dist, leur trouppe n'estre maintenant en
estat pour respondre a cela, qu'ils se retiroyent, & qu'on les laissast
aller en paix. Ce propos donna enuie au nostre de scauoir son nom,
qui le luy dist, & se nomma le Capitaine Sucre, lequel feit incontinent
retirer ses gens.

Apres le partement de l'Empereur, ses deux camps se leuerent le
deuxiesme de Ianuier, par vn signe de feu qu'ils feirēt de l'un a l'autre,
sur les vnze heures de nuict, & marcha celuy de la Royne Marie iusques
a Arcancy, lieue & demie de Metz, contre bas la Mozelle, & le grand
soubs la conduitte du Duc d'Albe, par dela le pōt de Moulins. Sur la
queue duquel, deliberant Monsieur le Prince de la Rochesuryon faire
lendemain vne entreprinse, auec sa cōpagnie, & cent cheualx de celle
de Monsieur de Guyse, ensemble les cheuaulx legiers du Seigneur de
Rendan. Messieurs d'Anguyen, de Condé, de Nemours, Grand prieur de
France, Marquis d'Albeuf, Duc Horace, de Montmorency, Vidame de
Chartres, Danuille, & autres seigneurs en voulurēt estre. Et n'ayās autre
yssue que par la poterne des moulins de la Seille, furent contraincts
mettre pied a terre pour sortir. En quoy alla tant de temps, que les
ennemis eurent cepēdant passé ce pont de Moulins, ayants laissé au bout
d'iceluy, & a l'aduenue de la ville, vn gros nombre d'harquebouziers &
de corselets, lesquels, pource qu'il estoit trop dangereux de les enfoncer
la ou ils estoyēt, les nostres essayerēt souuent les attirer a la campagne:
mais ils n'y voulurent venir: Dōt, s'en retournans, eurent le spectacle
d'une si grande ruine de camp, qu'on eust plus tost iugé l'armee y
auoir esté vaincué, que s'en estre leuee: Tant d'hommes morts de quel
costé qu'on regardast, beaucoup a qui ne restoit qu'un peu de vie, &
vne infinité de malades qu'on oyoit plaindre dans les loges, lesquelles a
ceste occasion, ils auoyēt laissees entieres : en chascun quartier cimi-

¹ ce

tieres grands, & fraischement labourez, les chemins couuerts de cheuaulx morts, les tentes, les armes, & autres meubles abandonnez : &
generalement vne si grande misere en tout, qu'elle esmeut a compassion,
ceulx mesmes qui leur estoyent iustement ennemis. Ils trouuerent d'auantage plus de douze mille pains & autres viures gastez. Par ou lon peult
cognoistre, que la prouidence de l'Empereur, estoit merueilleuse, d'auoir
si longuemēt & en hyuer entretenu vn tel & si grand peuple, sans aucune disette, en pays desia ruiné & destruict. Peult estre que si le ri-
goreux commandement de la guerre eust esté en main d'un Prince non
tant humain, que Monsieur de Guyse, qu'on eust enuoyé incontinent
mettre le feu par tout le camp : mais sa pitié ne le peult souffrir, ains
enuoya assembler les malades, ordonnāt vne charitable aulmosne, pour
les nourrir & guerir : Et sepulture a ceulx qui estoyent desia trespassez.
Puis, feit entendre au Duc d'Albe, que s'il vouloit enuoyer de ses gens
pour leur pouruoir, & les conduire a Thionuille, ils les accommoderoit
voluntiers de batteaux bien couuerts pour les y mener. Au moyen de
quoy, il adiousta a son nom (bien que tresgrand de beaucoup d'autres
louables oeuures) encores ceste humanité, qui en rendra & la memoire,
& luymesmes immortels. . Des le matin le Duc d'Albe auoit enuoyé vers
luy vn trompette, pour le prier de receuoir en la ville, vn gentilhomme
Espagnol, nommé le Seigneur Rouméro, fort malade, afin d'y estre
traicté, & qu'il luy pleust l'auoir en recommandation : ce que fut liberalement accordé, & ledict Rouméro receu auec ceulx qu'on luy auoit
laissé pour le seruir. Ce mesme iour le seigneur de la Brosse, auecques
la compagnie de Monsieur de Lorraine, celles du seigneur de Gounor &
du capitaine Lanque, ensemble quelques soldats du Capitaine Voguedemar, ' sortirent par la porte Saincte Barbe, pour aller donner sur la
queue du camp de la Royne Marie : mais il auoit tant cheminé depuis
enuiron minuict, que le Seigneur de la Brosse ne trouua autre chose,
fors vne pitié pareille a celle qui auoit esté veue de l'autre costé. Voguedemar auecques ses soldats descendit vers la riuiere, & passa iusques au
village de Malleroy, ou il trouua sept ou huict vingts caques de pouldre,
qui furent gardees quelque temps, soubz esperance de faire descendre
des batteaux, & amener le tout dans la ville : mais sentant approcher la

---

' celles du Seigneur de Gounor et du Capitaine Voguedemar, sortirent, etc.

nuict, & que vne longue attente seroit dangereuse, mesmes que beaucoup d'ennemis du camp du Duc d'Albe, n'en logeoyent pas loing, fut aduisé d'y mettre le feu. Encores sur le hault, le Seigneur de la Brosse veit les marques de beaucoup de pouldre bruslee par trainees, & grand nombre de boulets, que les ennemis auoyent laissé, comme aussi en auoyent laissé beaucoup a l'autre camp, & mesmes en auoyent enseuely soubz terre, par ou se descouurit encores mieulx le grãd appareil de guerre, que l'Empereur auoit mené, & la licence qu'il s'estoit donné d'en prendre en passant par les villes d'Alemaigne. Lon a creu, que les cinq cens milliers de pouldre, donc ils nous menassoyent tant, furent a peu pres employez ou gastez.

Quand il fut nuict, Monsieur de Guyse despescha le Seigneur Thomas Delueche, pour aller donner aduis au Roy du succes de ce siege, & des termes en quoy les grãds forces de l'ennemy estoyēt reduictes. Et lendemain, vn nombre de cheuaulx fut enuoyé vers Saincte Barbe, sur le chemin que le Seigneur de Brabançon, & ceulx du pays bas tenoyent. Et apres les auoir suyuiz tout le iour, ne les peurent attaindre, n'y trouuerent autre chose que quelques reliques de mors & malades, d'armes & bagage abandonnez par les chemins.

Le Marquis Albert n'auoit encores rien remué, ains le iour precedēt auoit tiré de dixhuict ou vingt pieces a toute oultrance, dans la ville, comme pour descharger son charroy de ceste munition. Et pource qu'on veit quelques harquebouziers Espagnols en imboscade, assez pres de son camp, Monsieur de Guyse enuoya trente cheuaulx auecques Mouserie par [1] Pontiffroy, pour les recognoistre. Noz coureurs s'approcherent iusques a donner coup de harquebouze dans eulx, mais ils ne voulurent venir a l'escarmouche.

Le iour d'apres, le Marquis ne feit encores semblant de bouger, & y auoit par deça son cãp le long de la plaine, en bataille, autre nombre de gẽs de cheual, qu'on sceut depuis estre Bohemoys, se tenants là comme pour escorte de quelque charroy, lequel a iuger de loing, on estimoit estre artillerie. Le Seigneur de Biron eut cõmandement, auec trente cheuaulx, d'aller voir [2] que c'estoit : Ainsi qu'il sortoit par le põt des Mores, huict cheuaulx des ennemis, qui estoyent en sentinelle

[1] le
[2] ce

derriere la croix dudict pont, se monstrerent : lesquels le Guydon de la compagnie de Monsieur le Prince de la Rochesuryon, auec trois cheuaulx de noz coureurs, alla charger, & preuoyant le Seigneur de Biron, que le ieu viēdroit estre mal party, mesmes que six cheuaulx s'approchoyent encores de rēfort aux ennemis, il enuoya le Seigneur de Dāpierre, & trois autres des nostres, se ioindre aux premiers, qui estoyent desia meslez : Et auoit ledict Guydon esté blessé, se trouuans les vns si auant dans les autres, que venāt autre trouppe d'ennemis bien forts, comme est leur coustume, & qui n'estoyent gueres loing de là, vn des nostres ne se peut demesler : & pour la faulte de son cheual qui tōba, fut retenu prisonnier. Le demeurāt print la cargue, & furent suyuiz iusques sur les bras du Seigneur de Biron, lequel voyant les ennemis si pres, encor qu'en grād nōbre, cōme de sept ou huict vingts, delibera les soustenir, de peur que s'il se retiroit sans faire teste, ses coureurs fussent perduz, & que les ennemis se vinssent mesler dans sa trouppe, en danger de la rompre. Parquoy commanda qu'on chargeast, & tout a vn coup les nostres donnerēt dedās les ennemis : lesquels apres que leur opiniastreté eut duré quelque tēps a coups de pistolet, ils furent a la fin contraincts tourner le doz, & furēt chassez plus loing que le Seigneur de Birō n'eust voulu, qui s'efforça retenir les nostres, mais il faisoit si beau suyure les autres, qu'ils furent menez battant plus de quatre ou cinq cens pas, portans par terre, & executans ceulx qui peurent estre attains. Et pource qu'il se mōstroit autre trouppe d'ennemis bien serrez, a main droicte, il meit peine de rassembler la sienne, & se retira peu a peu, monstrant plusieurs fois visage, iusques au pont, sans perte, que d'un second prisonnier, & d'un autre tué. Ceste escarmouche auoit prins vn dangereux cōmencement, consideré la force des ennemis : mais la fin reuint a estre bien & heureusement conduitte. Les Seigneurs de Duras, de Bordeille, de Mortamar, de sainct Supplice, & la Couldre s'y trouuerent, qui feirent bien le deuoir. Et sceut lors Mōsieur de Guyse, que ce cāp du Marquis n'arrestoit que pour l'artillerie de l'Empereur, laquelle n'estoit encores passee, & marchoit a grande peine, a cause que le temps estoit au degel, & la neige fondoit, par ou le pays estoit rēdu si mol & enfondré, qu'un cheual deliure auoit assez affaire a s'en retirer : mesmement que vne partie de leurs pieces estoyēt doubles Canōs ou Basilics, & presque toutes de plus gros calibre, que ne sont cōmuneement les nostres. Ceste

mesme cause auoit aussi contrainct & contraignoit encores le Duc d'Albe
tenir son camp au pont des Moulins, a trop grande perte de ses gens,
qui mouroyent tousiours : mais il ne vouloit auoir la honte d'abandonner
l'artillerie. Ce iour le Vidame de Chartres fut, auec quelque nombre de
cheuaulx, vers Saincte Barbe, & s'approcha de la riuiere, ou veit de
l'autre costé, la file de ceulx qui se retiroyent tousiours vers Thionuille,
sur lesquels il s'aduisa d'une entreprinse, & considera la commodité du
lieu pour l'executer. La nuict il y feit descendre deux bateaux, & luymesmes lendemain matin s'y trouua, auec vingtcinq ou trente harquebouziers, & autant de gens de cheual : & iecta de ces gens de cheual sur
le costé des ennemis, autāt que les deux bateaux en peurent passer pour
vne fois, ensemble dix harquebouziers pour la garde de chascun bateau:
lesquels cheuaulx passez oultre, couuers sur les armes & croix, de manteaux & gabans, [1] se saisirent premierement des trois ou quatre premiers
chariots qu'ils trouuerent : lesquels ils rengerent en forme de barriere
deuāt les bateaux, pour sauluer leur retraitte, & se pouuoir embarquer,
s'ils estoyent forcez de gros nombre de caualerie : puis retournans se
pourmener le long du chemin, trouuoyent maintenant six, puis huict,
tantost dix des ennemis, ausquels ils faisoyent entendre, que leur plus
court estoit passer le long de l'eaue, & y adioustoyent la force, quād ils
n'y vouloyent aller de gré : ou les ayāts desualizez, les en enuoioyent
oultre, afin que ceulx qui venoyēt apres, n'en eussent cōgnoissance. La
file s'y adressa d'ellemesme, si espesse, que les nostres estoyent assez
embesongnez de les despescher, retenās ceulx qu'ils iugeoyent pouuoir
payer quelque rançon. Ce passetemps dura enuiron deux heures, sur
trois ou quatre cēs : & l'eust encores le Vidame continué, sans vn Espagnol mesmes prisonnier, lequel, l'ayant veu rendre vne belle ieune
femme a vn Alemant, qui disoit l'auoir espousee : meu de ceste honnesteté, l'aduertit se retirer de bōne heure, & que toute la caualerie Espagnolle estoit logee aux enuirōs, laquelle en moins de rien pourroit estre
sur luy : dont prenant ce conseil, ne fut si tost repassé a son bort, que
ceste caualerie se monstra de l'autre part, laquelle ne luy peut faire
plus grand mal, que de luy en souhaiter.

Lapresdisnee, deux gros esquadrōs de gens de cheual furent veuz du

---

[1] manteaux gabans,

costé du Marquis, ausquels Mōsieur de Guyse enuoya Nauailles, auec
vingt & cinq cheuaulx, attaquer vne escarmouche, pour en attirer vne
partie, s'il pouuoit, vers la croix, ou desia s'estoyent iectez boñ nombre
d'harquebouziers & corselets pour les receuoir. Les ennemis se tindrent
tousiours serrez, & n'enuoyerent que quelque petit nombre de harquebouziers a cheual sur les nostres, nō gueres loing de leur trouppe, qui
se harquebouzerent vn temps les vns les autres.

Or y auoit il vne isle dedās la Mozelle, qu'on appelle le pré de l'hospital, & venoit par l'un des bouts, ioindre bien pres du pont des Mores,
s'estendant puis apres contremont la riuiere, iusques a trois ou quatre
cens pas de l'abbaye Sainct Martin, & autant iusques au champ de
Wassieux, ou le bout des tranchees des ennemis respondoit. Monsieur
de Guyse auoit souuent pensé y iecter de l'artillerie, pour tirer dans
l'un des deux camps, ne fust l'inconueniēt qu'il seroit tousiours battu
de l'autre par le derriere : Aussi estoit dāger, qu'auec nombre de batteaux, que les ennemis eussent aisecment recouuert, & faict descendre,
estans maistres du pont à Mousson, vinssent iecter nombre de gens dās
l'isle, & gaigner noz pieces : Mais a ceste heure qu'ils auoyent abandonné
le pont a Mousson, & n'auions plus ennemis ¹ que d'un costé, luy sembla
estre temps de mettre a effect sa deliberation. Et premierement feit
passer dans ceste isle deux Bastardes, qu'on approcha, le plus que lon
peut, du camp du Marquis, & essaya lon d'en tirer a ces esquadres
d'ennemis, qui se tenoyent derriere les escarmoucheurs : toutesfois la
haulteur du bort de la riuiere de leur costé les couuroit, & garda qu'on
ne les peut gueres offenser. Depuis on y passa vn canon, vne longue
couleurine, & quelques faulconneaulx, afin de fascher le Marquis dans
son cāp, & le contraindre de laisser le logis du mont Sainct Martin.

Cepēdant Mōsieur le Duc de Neuers (qui s'estoit longuemēt tenu a
Thoul auec bon nombre de cheuaulx, pour garder que l'ennemy ne
iouist de ce quartier de pays, & luy coupper tousiours les viures, vint
a Mets, ou il n'eut peu de plaisir a veoir le bon estat) de toutes noz
choses, & l'ordre qui auoit esté mis pour repoulser l'ennemy. Estant
lapresdisnee du costé des ponts, auecques Monsieur de Guyse, pour voir
le camp du Marquis, & recōgnoistre s'il y auoit moyen d'y rien entre-

---

¹ d'ennemis

prendre, Monsieur de Nemours sortit, auec quelques cheuaulx de sa compagnie, & la compagnie du Seigneur de Rēdan, enuoyant les Seigneurs de Clermont, Suze, la Roue, Dampierre Sombarnon, & trois ou quatre autres donner iusques au camp, ou les ennemis ne coururent a autres [1] armes, qu'a l'artillerie, qu'ils feirent tirer incontinent, sans donner a congnoistre qu'ils voullussent sortir de leur fort, laissants aux nostres maistriser la campagne iusques aupres de leurs tentes. Encores le iour apres le Cōte de la Rochefoucault & le Capitaine Lanque sortirent, afin que iamais on ne leur laissast prēdre le repos, qu'on leur pourroit oster, & allerent les coureurs tuer des Alemās iusques dans le camp, approchans a soixante pas de leur artillerie, sans que leurs gens de cheual se mōstrassent. Et [2] lēdemain au poinct du iour, les nostres (couuerts d'une petite trāchee, dans l'isle & pré de l'hospital) commencerēt [3] tirer a l'Église & Abbaye ou le Marquis estoit logé, & au long de son camp, qui nous estoit quasi tout en bute, lequel eut a souffrir cela iusques au soir : & non seulemēt tirε on subiects ceulx cy, mais encores quelques squadrons de caualerie que le Duc d'Albe auoit enuoyé en la plaine, pour escorte de leur artillerie, qui marchoit tousiours vers le port d'Olizy, ou lon l'embarquoit pour de là la cōduire a Thiōuille, lesquels au passer & repasser du chemin, qui est entre le mōt Sainct Martin & noz pieces, se desbandoyent, courans sans attendre les vns les autres, pour se iecter hors de la portee. Les deux cāps du Duc d'Albe & du Marquis se leuerēt lendemain matin, [4] & eut leur caualerie passé auant [5] iour, tant de la plaine, que noz pieces pouuoyent battre : & s'alla renger en esquadrons au pied du coustau, attēdant les gens de pied, lesquels laissants la plaine, feirent vn chemin nouueau a trauers, & au pendant des vignes, pour s'asseurer du canon : puis vindrent regaigner les gens de cheual en la plaine. Monsieur de Guyse feit sortir quinze ou vingt cheuaulx de sa compagnie, & huict ou dix harquebouziers du Capitaine Lanque, qui leur attaquerent l'escarmouche, & leur furent sur les bras iusques a midy, qu'on les enuoya rafraischir de pareil nombre, iusques

[1] d'autres
[2] le
[3] a
[4] le lendemain au
[5] le

a la nuict que les nostres retournerent en la ville, & les autres prindrent logis aux premiers villages pres d'Olizy. Mōsieur de Guyse visita les deux lieux, de Moulins, & du mont Sainct Martin, ausquels & a Longeuille, Chazelles, Seyc, & autres villages d'alentour, il trouua de merueilleuses restes de mors & [1] malades, de sorte que nous iugions la perte d'hommes, qui pouuoit auoir esté aux trois cāps, de enuiron vingt mille : Et beaucoup des leurs, qui tōberent depuis prisonniers es mains des nostres, nous asseurerent, que le nōbre passoit iusques a trente & possible trentecinq mille.

Quelque autre iour apres, Mōsieur de Guyse alla veoir le lieu ou auoit esté le cāp de la Royne Marie, laissant dans la ville (pour ne demeurer despourueue de conseil & conduitte) Monsieur le gouuerneur, & quelques autres de qualité, ainsi qu'il auoit accoustumé faire, toutes les fois qu'il sortoit dehors. Et furēt trouuees des trāchees & flancs en ce camp, vers la venue de la ville, tout ainsi que si les ennemis eussent eu en teste, vne armee de pareille ou plus grande force a la leur. Il coula le long de l'eaue pour veoir le logis & port d'Olizy [2], que le Duc d'Albe auoit prins, lequel estoit de l'autre bort en lieu hault, & dominoit la plaine basse & raze, du costé de deça, en laquelle ils auoyent releué vn fort de terre, & y tenoyēt des harquebouziers, pour la seureté du port, afin que les nostres n'empeschassent, d'un bort a l'autre, l'embarquement de leurs pieces : desquelles en auoyent cependant logé six bien a propos, pour defendre les deux costez du fort, & veritablement le lieu estoit choisy en gens de guerre, & a bon auantage pour eulx. Le Vidame de Chartres alla escarmoucher ces harquebouziers du fort, qui sortirent a la campagne, soubz la faueur d'un gros nōbre d'autres, logez a vn prochain village, qui leur vindrent au secours, & ne fut a la fin passé a gueres grand combat [3] d'un costé n'y d'autre : bien fut remarqué par les nostres, le moyen de surprendre dans le logis ces derniers venuz : mais eulx craignans ceste entreprinse, repasserent des la nuict l'eaue, & ne les trouuasmes au village le iour d'apres, que Monsieur de Guyse mesmes y fut auecques bon nombre de gens de pied & de cheual. De l'autre costé, les Seigneurs de la Brosse, & de Touchepres, auec quarante ou

[1] de
[2] le logis d'Olisy,
[3] ni

cinquante cheuaulx, estoyent allez a la queue du camp, pour recognoistre l'ordre qu'ils tenoyent a leur retraitte. Et furēt iusques au chasteau [1] de Donchamp, d'ou ils furēt descouuerts, & sortit bon nombre de soldats les charger a coups de harquebouze de fossé en fossé, comme le pays en est bien garny, qui fut cause de les faire retirer sans passer plus auāt, & n'y eut rien perdu de nostre costé.

Apres cecy, Monsieur le Mareschal de Sainct Andre arriua, auec vne trouppe de gendarmerie & caualerie, lequel auoit tenu dix ou douze iours la campagne, pour fascher les ennemis, & les garder de s'eslargir, comme aussi durāt le siege, il leur auoit tousiours defendu les terres de Verdun, & des enuirons, mesmes faict plusieurs belles deffaictes sur eulx, & souuent auoit enuoyé donner des alarmes, iusques au camp, qui estoit deuant Mets. Or nous trouuans, pour sa venue, beaucoup renforcez de gens de cheual, fut mis en conseil, comme [2] on pourroit offencer les ennemis, car nous voulions essayer a leur retraitte, tous les moyens qui seroyent bons & asseurez pour le faire. Il fut trouué, que a cause de la grande riuiere, qui leur flanquoit le costé droit, & la faueur que leur faisoit a gauche, la forest de Brey, fort espaisse & bien aduantageuse pour gens de pied, & qu'ils auoyent mis grand force d'harquebouziers auec leur caualerie sur la queue, aussi beaucoup de mauuais passages & estroits iusques a leur logis, on ne pourroit rien entreprendre sur eulx, qu'a nostre trop grand desaduantage; toutesfois le Seigneur Paule Baptiste eut commandement d'aller encores veoir de pres, si la commodité d'aucun lieu, ou quelque descordre d'entre eulx, nous pourroit bailler occasion de les aller visiter : mais il ne trouua autre chose en leur camp, qu'un grād nombre d'affuts, flacques, & rouages d'artillerie laissez sur la place, & sur le port : ayans eulx passé le pont de Rozemont, & approché Thionuile. Dont fut consideré, puis qu'ils s'estoyent acheminez, qu'ils marcheroyent lendemain encores [3] par dela, & nous esloignerions par trop de la retraitte, si on les poursuiuoit si auant, parquoy Mōsieur de Guyse se dōna repos de telle chose.

C'est a peu pres le sommaire de tout ce qu'est aduenu en ce siege de Mets, grād & notable pour beaucoup de respects, soit pour la grandeur

---

[1] , & furent au Chasteau.

[2] comment

[3] marcheroient encor le lendemain

de l'Empereur, qui en auoit iuré l'entreprinse, & pour le nombre des Princes qui estoyent auecques luy : Soit pour toutes ses forces & appareil de guerre qu'il y auoit amené : La longueur [1] du temps qu'il a campé deuãt. D'aultre costé, l'importance de la ville, en laquelle consistoit vn grand aduãtage de la guerre commẽcee entre ces deux Princes : Les personnages de qualité, qui estoyent dedans pour la garder : La louange que [2] noz gens de guerre se peuuent dõner, de l'auoir fortifiee, aui-taillee, & defendue pour le Roy en cinq mois : Oultre tant d'autres belles & grãdes choses qui s'y sont faictes, ou si la vaillance & le bien faire d'aulcuns ne s'y trouuent recitez, comme ils meritent, ils soyent asseurez qu'il n'a tenu a l'auoir voulu, mais a ne l'auoir sceu, ou ne l'auoir sceu bien faire : ce qui les venge assez de moy en ce, que mõ ignorance reuient a punition de mon default, & souhaiterois, pour le reparer, a la faueur de ceulx qui pourroyent auoir occasion de se plain-dre, auoir aussi peu obmis de la verité, comme [3] suis trescertain ny auoir rien adiousté.

Lendemain, dimenche quinziesme du mois, fut faicte vne procession generale, a laquelle s'assemblerent toutes les eglises, Cõuents & Col-leiges de la ville, & y assista Mõsieur de Guyse, ensemble les autres Princes, Seigneurs & gens de guerre, en toute deuotion, rendans graces a Dieu de nous auoir tenu la main a la defence de la ville, & a nous saului de la puissance des ennemis. Et pource que Mõsieur de Guyse fut aduerti, qu'en plusieurs lieux de la ville, y auoit des liures cõtenants doctrine reprouuee, Mõsieur de Guyse [4] les feit, sans scandale d'aucun, touts assembler en vn lieu, & y mettre le feu, donnant ordre que les habitants eussent pour l'aduenir a suyure vn train de meilleure vie, qu'auparauant qu'ils eussent esté receuz a la protection du Roy.

Le lundi fut publié vne ordonnance de par luy, pour le retour des ha-bitants, commettant des Capitaines, & aultres personnages de qualité, a s'enquerir par tous les quartiers, s'il y auoit esté faict aucũ desordre par les soldats, dont on peut sortir plainte raisonnable, afin d'y pouruoir au mieulx qu'il seroit possible.

[1] , & pour la longueur du temps
[2] de
[3] ie
[4] il

Et les iours apres, il regarda a la police des citoyēs & habitans, que le trouble du siege auoit aucunemēt ɛlteree & changee, pour la remettre en mesme estat qu'auparauāt. Aussi a la fortification de la ville, pour redresser les breches & ruines, que le canon y auoit faictes, auecques la poursuitte des autres choses, qui auoyent esté mises en desseing. Puis feit faire la mōstre generale aux gens de guerre, tant de pied que de cheual, auec payement de tout le tēps qu'ils auoyent serui, & qui leur estoit deu [1]. En quoy la liberalité du Roy se monstra, de ne precōpter en rien les viures qu'ils auoyent eu, & qui leur auoyent esté distribuez durant le siege. Offrant en oultre Monsieur de Guyse, d'obtenir pour eulx, autres plusieurs biensfaicts & particulieres graces du Roy, selon la co- gnoissance qu'il auoit des merites d'un chascū, ainsi que depuis il s'y employa tresuolūtiers. Et ayant ordōné du nōbre des gens de guerre qui demeureroyent par apres dās la ville, la laissa en la garde du Seigneur de Gounor gouuerneur d'icelle : & le vingtquatriesme iour dudict mois s'en retourna vers le Roy.

[1] & qui estoit deu.

14

DECLARATION DES LIEVX MON-
strez par lettres au plant cy apres proposé. *

A La venue de la riuiere de la Mozelle, sur laquelle, la premiere marque qu'on veoit, est le pōt de Moulins. La seconde, est la Grande Chaussee qui soustiĕt le courāt de l'eaue, pour en faire passer vne partie dãs la ville : Puis se font quelques isles, desquelles la plus basse s'appelle le pré de l'hospital, & quasi ioignant icelle, est l'un des ponts de la ville qu'on dict le pōt des Mores, hors des murailles : vn peu plus bas, est le Pontiffroy. L'autre bras de la riuiere entre dedãs la ville par dessoubz le hault pont des Barres : Et apres se font quelques islettes au milieu de la ville, appelees du Saulcy, ou y a plusieurs moulins a pouldre & a bled. Et va ceste eaue sortir par dessoubz le bas pont des Barres, derriere lequel, au dedans de la ville, y a de gros paulx plantez, qu'on nomme la Palificade. Puis au bout de la ville, dehors la muraille, ceste riuiere recoit celle de la Seille, & vont toutes deux trouuer encores plus bas le grād canal de la Mozelle, laissant entre deux vne pleine, qui ioingt la ville du coste de Septentrion, & l'appelle l'on la grande Isle.

B La venue de la petite riuiere de la Seille, sur laquelle la premiere marque est le pont de Magny, ainsi appelé a cause du village de Magny qui est aupres. La seconde est le pont, que Monsieur le Connestable y feit faire. Puis ceste riuiere entre dans la ville, soubz les haultes grilles du grauier, ou y a des moulins, & en sort au grād grauier, qu'on nōme de la basse Seille, auquel endroit y a d'autres moulins. Et apres se va ioindre, au dessoubz de la ville hors la muraille, a la riuiere de la Mozelle, ou elle pert son nom.

C La porte Saincte Barbe, & les deux boulevarts, auecques vne courtine tiree entre deux, pour retrancher la ville, depuis les moulins de la basse Seille, iusques a la grande muraille, qui regarde la Mozelle, quasi ioignant le bas pont des Barres, & plusieurs tours a l'entour de la muraille, du quartier ainsi retranché.

D La porte, portal & rauelin des Alemans, ramparez : & d'un costé, iusques a l'endroit du retranchement, y a vn rampar dans la faulsebraye : & de l'autre costé, par dedãs la ville, vne tranchee, auec rampar des deux costez, iusques a la plateforme de la porte Mezelle : puis au dehors de la porte, contre mont les vignes, sont les deux ruynes, de saincte Elisabet la premiere, & la seconde de Brimba : Encores plus hault en la plaine, sont les bordes de Vaillìeres & de Bonny, qui ne se monstrent point.

E La porte Mezelle, & vne plateforme tout ioignant, & par dehors la muraille, est la chaussee des moulins, par ou la Seille entre dans la ville, ioignant lesquels moulins, par le dedans, cōmence vn rampar, iusques a la plateforme de l'Eglise sainct Thibauld, & de ladicte plateforme, s'en continue vn autre iusques a l'Eglise des Augustins.

F l'Eglise des Celestins, sur la terrasse de laquelle, y auoit quelques pieces d'artillerie.

G Porte Sainct Thibauld terrassee, & tout ioignant est le rampar qui s'estend iusques a la premiere encoigneure, ou souloit estre la chappelle des prez, lequel rampar se continue encores, iusques a l'Eglise de sainct Gengoulf, qui fait vne autre encoigneure : Et bien pres est encores vne autre troisieme encoigneure, appelee de Saincte Glocine, deuāt laquelle par dedans la faulsebraye, est la plateforme verte, & au coing vne tour appelee Coūmoufle : Puis au mesme endroit, au dedans de la ville, y a vne autre plateforme, pour cōfort de la verte, & vn rampar poursuyuy iusques a la porte Champeneze.

H La porte Champeneze, & deux terreins releuez des deux costez, seruans d'espaule, pour couurir le portail, depuis lequel iusques au gros bouleuart est l'allee, ramparee des deux costez, auec des canōnieres, qui regardent dans le fossé, vers la tour d'Enfer.

I Le gros bouleuart rond, & vn bon rāpar a la teste d'iceluy, auec des trauerses au derriere : Ensemble l'auant porte Champeneze terrassee, a laquelle les arceaux du

---

* *Le plant de la ville de Metz, selon sa vraye proportion.*

pont de pierre pour y venir, furent rompuz.

K Vn Terrein, en façon de plateforme, haulsé derriere la tour d'Enfer, pour battre vers la porte de ladicte tour, & garder qu'ō ne peust courir la faulsebraye deuers ce costé.

L La grande breche, & les ruynes des trois tours des Vvassieux, Ligniers & de sainct Mihel, ensemble du pan de mur d'entre icelles, abbattu du Canon : Et le grād rampar faict par derriere.

M Plateforme, appelee de saincte Marie.

N La tour d'Enfer ruynee, & au long de la muraille en l'encoigneure vers la riuiere, sont les tours des Boulengiers & Charpentiers, derriere lesquelles par dedans la ville, se veoit vne tranchee, & vn rampar : Puis suyuart ladicte muraille, iusques a ce hault pont des Barres, y a plusieurs tours, qui s'appellent du nom de plusieurs mestiers de ceulx de la ville.

O La porte aux Mores terrassee, & de mesmes son rauelin par dehors, puis suyuant la muraille iusques a Pontiffroy y a plusieurs tours des mestiers de la ville.

P La porte & rauelin de Pontiffroy terrassez, & en l'encoigneure d'aupres y a vne plateforme, & bien peu plus auant est le cōmencement d'une tranchee auecques vn rampar iusques au recoing de la tour des Charriers ; au dela de ladicte tour, se continue vne aultre tranchee auec rampar, trauerses, & deux flancs aux bouts. Puis la grande plateforme de la porte des Rats, & ce qui est ramparé iusques au bas pont des Barres.

Q Grande place de la ville appelee de Champasage, en laquelle est la maison de Sire Iehan Droin, ou Mōsieur de Guyse feit son premier logis.

R Petite place appelee du Change.

S Place du marché deuant l'Eglise de l'Euesché.

T La grande Eglise de l'Euesché.

V Eglise de saincte Croix.

X Eglise de saincte Seglene, la voulte de laquelle estoit habillee en plateforme, & auoit on mis de l'artillerie dessus.

Y Eglise des Carmes, dont la voulte fut aussi habillee en plateforme & de l'artillerie dessus.

Z Eglise des Cordeliers, & la voulte d'icelle en plateforme, auec des pieces d'artillerie.

a Eglise sainct Martin & sur le Clochier, qui estoit faict en Terrasse, y auoit des pieces legieres.

b Eglise des Augustins.

c Eglise de saincte Glocine, conuent de religieuses, ou Monsieur de Guyse feit son second logis, quand les ennemis vindrēt a sainct Arnoul.

d Petite Eglise de saincte Marie.

e L'Eglise de sainct Simphorien, & vne Terrasse en facon de plateforme tout ioignāt, qui cōmande sur la plaine, par dela la riuiere de la Mozelle.

f Abbaye & Eglise de sainct Vincent.

g Lieu ou estoit l'ordre pour defendre la breche.

h Autre lieu ou estoyent ordonnez des gens de guerre, pour le secours de l'assault.

i Encores aultre lieu de secours, pour l'assault.

k Mont Chastillon, derriere lequel est le lieu de Grimont, & au bas, pres de la riuiere, est le village de Maleroy.

l Montaigne d'Ezirmont, ou autrement de la belle Croix, & a costé dans la Coline, est le bourg Sainct Iuliā, ou y a vn petit pont de pierre : Aupres de ladicte Croix, se veoit vne tranchee des ennemis, auec quelques pieces d'artillerie.

m Le Chasteau de la Orgne, logis de l'Empereur.

n Camp des Espagnols.

o Eglise de Sainct Andrieu, & a l'entour vne partie des Italiens campez.

p Abbaye & Eglise de Sainct Clement.

q Place pour les munitions des viures du camp de l'Empereur.

r Camp d'vne partie des Alemans.

s Place ou les ennemis se mettoyent en bataille.

s Eglise de Sainct Priech, pres de laquelle sont les granches aux dames & aux merciers, & plus auant sont les villages de Bleri & Oleri qui ne se monstrent au plant.

ss La Maladrerie.

t Vn des premiers caualliers, que les ennemis feirent pour mettre leurs pieces en batterie, & au pied d'iceluy commencent les grādes tranchees, qui s'estendent vers la porte Sainct Thibauld : encores voit on par deuant icelles vne autre petite tranchee plus approchee des murailles de la ville.

v Autre Cauallier a mettre pieces en baterie, que les ennemis feirent du commencemēt pres la chappelle de la Magdalene.

u Nombre de gabions, & vne tranchee par deuant, pres d'un vieil pilastre dans les vignes.

x La grande Gabionade, au long du Champ Papane, dou les ennemis feirent la principale batterie, & veoit on derriere les tranchees pour y venir a couuert.

y Petit Cauallier dressé au champ de Vvassieux, pour battre la tour d'Enfer.

z Autre petit Cauallier, sur le bord du fossé de la ville, auec des pieces d'artillerie, qui plongoyent au dessoubs du courdon de ladicte tour d'Enfer.

& La trāchee des harquebouziers ennemis au bord du fossé, & les quatre Mines que les ennemis auoyent faictes.

aa L'entree d'une cōtremine, derriere le terrain, qui sert d'espaule a la porte Champeneze dans la faulsebraye, tirant vers la breche, & y auoit encores autres trois contremines qui ne se peuuent monstrer au plāt.

bb Le Chasteau de Montigny.

cc Le Chasteau & village de Moulins, & de la tirant contrebas la Mozelle, se voyent les villages de Chazelles, Longeuille, & Seic.

dd Le mont sainct Quentin, & au plus hault vn Hermitage auec sa chappelle.

ee L'abbaye & mont sainct Martin, ou estoit campé le Marquis Albert, auecques ses trouppes.

ff L'abbaye & Eglise de sainct Arnoul, et son bourg ruinez.

gg La Croix au bout du pont des Mores.

hh L'eglise sainct Heloy.

ii Port sur la Mozelle appelé d'Olizi.

kk Tranchee & Fort faict par les ennemis, deuant le port d'Olizi, de l'autre costé de la riuiere, pour la seureté de l'embarquement de leur artillerie.

ll L'eglise & Abbaye de sainct Pierre des champs.

Estant le precedant discours sur

la presse, l'Imprimeur d'aduenture a recouuert vn roole des Princes,
Seigneurs, Capitaines, & autres gentilshommes & gens de guerre, qui
estoyent dans Mets durant le siege, & la adiousté icy, pensant que telle
chose sera bien conuenable a la suitte des autres, que l'autheur y a cou-
chees : en quoy si le rang n'est obserué selon la dignité de ceulx qui y
sont nommez, il sera excusé, pour n'auoir la particuliere cognoissance
de la plus grande partie d'iceulx, ayant suyuy en cela, le memoire qui
luy en est tombé entre mains.

Môsieur le Duc de Guyse, Lieutenãt de Roy, auec sa compagnie de cent hommes d'armes : Et les Seigneurs d'Antragues, de sainct Phale, & de sainct Luc, Lieutenant, Enseigne, & Guydon d'icelle.

Môsieur le Prince de la Rochesuryon, auec sa côpagnie de quarante hômes d'armes : Et les Seigneurs de Biron, de Guron, & de Montreud, Lieutenãt, Enseigne, & Guydon d'icelle.

Le Seigneur Pierre Strozzi, Cheualier de l'ordre, ayant auec luy vn nombre de personnages de bon seruice.

La compagnie de Monsieur de Lorraine, de quarãte hommes d'armes : Et les Seigneurs de la Brosse, de Lemont, & de Chastelet, Lieutenant, Enseigne, & Guydon d'icelle.

Monsieur de Nemours, auec sa côpagnie de deux cens cheuaulx legiers : Et le Seigneur Paule Baptiste Fregoze son Lieutenant, le Seigneur de Pailiez son Enseigne, apres la mort duquel, le filz du Conte du Lude la porta.

Le Seigneur de Gounor, Gouuerneur de la ville, auec sa côpagnie de cent cheuaulx legiers : Et les Seigneurs de saincte Gême, & de Mebertin, Lieutenant & Enseigne d'icelle.

Le Conte de la Rochefoucault, auec sa côpagnie de cêt cheuaulx legiers : Et les Seigneurs de la Faye, & de Touchepres, Lieutenant & Enseigne d'icelle.

Le Seigneur de Rendan, auec sa compagnie de cent cheuaulx legiers : Et les Seigneurs de Môtpha & de Faycles, Lieutenant & Enseigne d'icelle.

Le Seigneur de Lanque, auec sa côpagnie de cent harquebouziers a cheual, & le Cheualier de Lanque, & le ieune Lanque, Lieutenant & Enseigne d'icelle.

Bandes de gens de pied : Et premierement celles qui furēt laissees dans Mets, quand le Roy marcha en Alemagne : scauoir des Capitaines

Haucourt.	Cauzere.	Pierre Longue.
Biques.	Verdun son frere.	Aboz.
Bahus.	Soley.	Sainct Houan.

Trois qui furent enuoyees apres que le Camp fut rompu, au retour de Haynault : des Capitaines

Gordan.	Ambres.	La Granche.

Sept enuoyees depuis, pour la garde de la uille, quād Mōsieur de Guyse y arriua : scauoir des Capitaines

Glenay, qui fut depuis maistre de Camp, apres la mort du Capitaine Fauars.

Choqueuse.	Sainct Aubin.	Maugeron.
Sainct André.	Bethune.	La Mole.

Aultres quatre, que Monsieur le Connestable enuoya depuis : des Capitaines

Fauars, maistre de Camp. Laquelle, luy mort, fut baillee au ieune Cornay son Lieutenant.

Salcede.	Voguedemar.	Cantelou.

Commissaires ordinaires des viures dans Mets,

Les Seigneurs de Piepape & de Sainct Belin.

Commissaires de l'artillerie & gens experts au faict de fortifications :

Le Seigneur de Sainct Remy, Le Seigneur d'Ortobie, Le Seigneur de Popincourt, Camille Marin.

Nombres des Princes, Seigneurs & Gentilshommes qui vindrent pour leur plaisir au siege :

Messieurs d'Anguien.	Grand Prieur de Frāce.
Prince de Condé.	Marquis d'Albeuf.

De Montmorēcy & Dāuille freres.
Duc Horace Farnez.
Vidame de Chartres.
Conte de Martigues, & Marquis de
  Bauge freres.
Conte de Benon.
Conte de Charny.
Conte de Creance.
Conte de Nantueil.
Les Seigneurs de Mezieres.
Vidame d'Amiens.
De la Palice.
De Montpesat.
De Brosses & son frere.
De Creuecueur.
D'Ouarty.
De Boysdaulfin.
De Canaples deux freres.
De Rocofeuilh.
De Lucé.
De la Chappelle des vrsins.
De Rufec & son frere.
De Suse.
Du Lucey.
De Rochebaron de Borgoigne.
De Clermont.
De Soubize.
De Dampierre.
Du Parroy.
Le Viconte du Mōt nostre Dame.
De Nauailles.
De Silhy.
De la Roue.
De Rouuille.
De Tourcy.
De Bordeille deux freres.

D'achon.
De Lorges.
De Duras.
De Mailly pere & filz.
De Verrigny.
De Bugueno.
De la Malheree.
De Maligny.
De Cayluz.
De Ioyeuse.
De Mortemar.
De Chatenieray.
De Gamaches.
De Sainct Supplice.
De Leuy.
De Cessac.
Le Viconte d'Ochy.
De Amanzey.
D'ambres.
De Estree le ieune.
De Carrouge.
De Fosseuse.
De Estauges.
De Sombarnon.
De Sandricourt.
De la Rochechalez.
De Charluz le ieune.
De Matignon.
De Riberac.
De Malicorne.
De Clemont.
De Sainct Seuerin.
Le Baron de Tinteuille.
De Belenaue.
De Orbec.
De Senetayre.

De Montgey.
De Murat.
De Auradé.
Le Baron de Maignac.
De Fouion.
De la Curee.
De Nantoillet.
De Piepape.
De Sault le ieune.
De Montsalez.
De la Roche du Maine.
De sainct Geniez.
De sainct Stephe.

De Tranchelion.
De Argēce deux freres.
De Rhotelin.
De Vitry.
De Beuilh.
De la Freté.
De Haraucourt.
De Bule.
Les enfans de Borbōne.
De Teors.
De Harbouuille.
De Caubioz.
De Marigny.

Et autres plusieurs gentilshommes, tant de la maison du Lieutenāt du Roy, que des autres Princes & Seigneurs, desquels leur nom n'estoit au memoire qui me fut baillé.

Nombre des Capitaines & autres gens de nom, qui sont morts audict siege.

Les Seigneurs de la Palice.
De Paliez.
De Oradé.
De Marigny.
De Mompha.
De Cambioz.
Le Capitaine Vate.
L'enseigne du Capitaine Gordan.
L'enseigne du Capitaine Soley.
Camille Marin.
De Boysherpin.
De Eynerie.
De Fayoles.

De Fonterailles.
De Rocquefeuilh.
L'enseigne du Capitaine Glenay.
De la Roche chalez.
Le Baron de Treues.
De Fouion.
Le Capitaine Fauars, maistre de Camp.
De Harbouuille.
De Cornay l'aisné.
Le Baron de Tinteuille.
Le Capitaine Poledre Italien.

Ensemble quelques hommes d'armes, cheuaulx legiers & harquebouziers a cheual, qui ne sont icy mentionnez. Et enuiron deux cens cinquāte soldats de toutes les bandes.

PAR DEVX LETTRES PATENTES DV ROY,

les premieres dōnees a sainct Germain en Laye, le uingt sixieme iour de Feburier, mil cinq cens cinquāte deux, signees sur le repli, Par le Roy, maistre Iehan Dauāson, maistre des Requestes ordinaire de l'hostel, present, Du Thier : les secondes donnees a Paris, le sixieme iour de Iuing, mil cinq cens cinquāte trois, signees sur le repli, Par le Roy, maistre Iehā Iacques De mesmes, maistre des requestes ordinaire de l'hostel, present, Mahieu ; toutes deux seellees du grand seel dudict Seigneur sur double queue.

Il est permis & octroyé a maistre Charles Estienne, son imprimeur ordinaire, que nul autre que luy en ce Royaulme, pays, terres & seigneuries dudict Seigneur, puisse imprimer ne faire imprimer, uendre ne debiter ce present liure, intitulé, *Le siege de Mets, en l'an M. D. LII.* iusques apres six ans finiz & accompliz, a compter du iour & date du paracheuement d'iceluy, sur peine de confiscation de la chose, & d'amende arbitraire, applicable moitié audict Seigneur, & moitié audict Estienne.

A laquelle fin, ledict Seigneur a uoulu & commande, que ce qui aura ainsi esté & sera imprimé, contrefaict & mis en uente, soit saisi & mis en sa main : & ceulx qui auront ce faict, adiournez par deuant le Preuost de Paris, ou son Lieutenant : auquel de la certaine science, propre mouuement, plaine puissance & auctorité dudict Seigneur, est mandé proceder allencontre des desobeissans, sommairement & de plain, a la declaration desdictes confiscation & amende arbitraire, sans ce qu'aucuns autres iuges en puissent prendre Court, Iurisdiction, ne congnoissance : laquelle leur est du tout interdicte & defendue.

Et oultre a ledict Seigneur declairé, que tant pour cest oeuure & autres mentionnez en sesdictes lettres, que autres que cy apres il permettra a son dict imprimeur ordinaire imprimer, mettant par luy en brief, au commencement ou a la fin desdicts oeuures, le contenu en sesdictes lettres au uray, sur peine d'encourir crime defaulx, il a uoulu & luy plaist, qu'elles soyent tenues pour suffisamment signifiees, & uenues a la congnoissance de tous libraires & imprimeurs, & soit cela de tel effect & uertu, que si sesdictes lettres mesmes leur auoyent esté expresseement & particulierement monstrees & signifiees : Sauf s'ils ueulēt pretēdre que moins contiēnent, que ce que son dict imprimeur aura mis, a en demander exhibitiō par deuāt ledict Preuost de Paris ou son Lieutenant, par luy, seul & pour le tout, commis en ceste partie.

Et le tout, nonobstans quelconques droicts, coustumes, statuts, edicts, ordonnances, establissemens de ses Cours & Iurisdictiōs, restrictions, mandemens ou defences & lettres a ce contraires : a toutes lesquelles choses ledict Seigneur a derogué de sa certaine science, propre mouuement, plaine puissance & autorité, ainsi qu'il est plus a plain contenu & declairé es dictes lettres.

Le plant de la ville de Mets, selon sa vraye proportion.

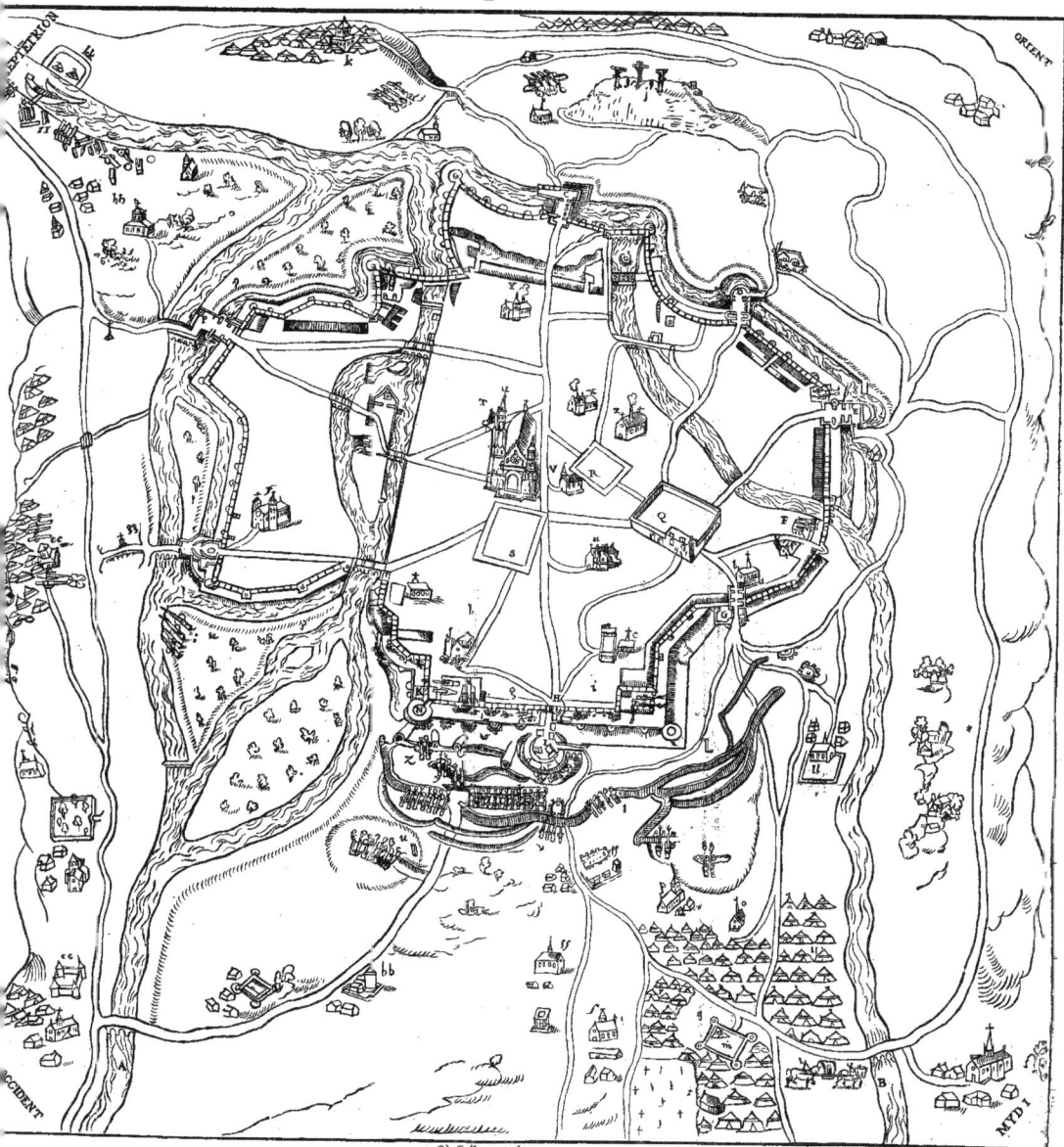

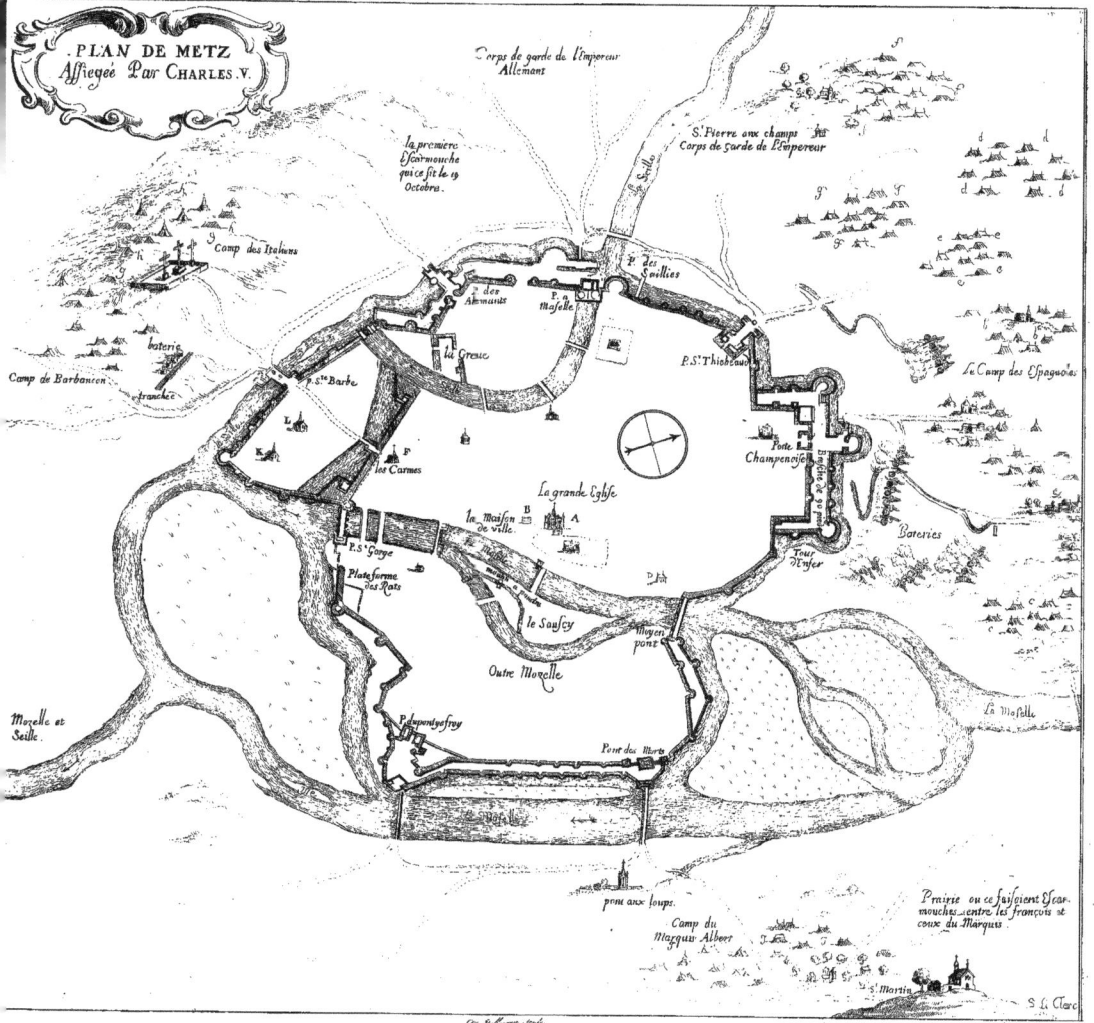

PLAN DE METZ
Assiegeé Par CHARLES V.

Corps de garde de l'Empereur Allemant

la premiere Escarmouche qui ce fit le 19 Octobre.

S.t Pierre aux champs Corps de garde de l'Empereur

Camp des Italiens

Le Camp des Espagnols

baterie

Camp de Barbancon
tranchée

P. des Ahemants
des Ahemants
P. n Maselle
P. des Soillies

P.S.te Barbe

la Gresie

P.S.t Thiebeaut

L

F
les Carmes

Porte Champenoise
Breche de 30

Bateries

La grande Eglise

la Maison de ville.
B
A

D Jch

Tour d'Enfer

P.S. Gorge

Plateforme des Rats

le Sousey

Moyen pont

Outre Mozelle

Mozelle et Seille

La Mozelle

P.dupontyesfroy

Pont des Morts

pont aux loups

Prairie ou ce faisoient Escarmouches entre les françois et ceux du Marquis

Camp du Marquis Albert

S.t Martin

S.le Clerc

Cor. Galluzzi. fecit.

TRADUCTION DE DOCUMENTS INÉDITS

SUR LE

SIÉGE DE LA PLACE DE METZ EN 1552.

Extraits des archives de Simancas [1]**, par les soins de M. Louis Gautier, colonel du génie, commandant en second l'École de Guadalajara.**

Lettre autographe de Louis Orejuela à Gonzalve Perez, secrétaire du roi Philippe II, datée du 28 juillet 1552, et donnant des nouvelles d'Allemagne et de la santé de l'Empereur.

Très-magnifique et très-honoré Seigneur,

A la fin du mois de mai, je vous écrivis de Villach [2] ce qui me paraissait digne d'être porté à votre connaissance, et je vous adressai quelques conventions faites avec le duc Maurice à Linz. Depuis cette époque, l'on m'a remis d'autres articles qui ont été discutés, mais non arrêtés définitivement avec le même duc dans la diète ou junte de Passau, ainsi qu'un discours prononcé dans la même diète par l'ambassadeur de France, qui résidait dans le camp du duc Maurice. J'ai cru devoir, pour vous tenir complètement au courant de tout ce qui s'est passé, vous envoyer copie de ces documents, dans le cas où vous ne les connaîtriez pas encore.

Comme j'ignore le moment du départ des courriers expédiés en secret, je n'ai pu vous faire cet envoi plus tôt, et je vous prie d'excuser la mauvaise orthographe de ces copies; le peu d'habitude que je possède d'écrire en latin est un grand obstacle pour moi.

---

[1] Simancas, ville de l'Arragon. Philippe II y fit réunir, en 1556, les archives de toute l'Espagne.

[2] Villaca.

Le Roi des Romains vint en poste à Villach, le 8 de ce mois, pour prier Sa Majesté de signer un traité fait à Passau, et dont je n'ai pu avoir la copie. Sa Majesté ne pouvant accorder ce qu'on lui demandait, en fit un autre en corrigeant celui qui lui était remis, et le Roi des Romains partit à onze heures du matin du même jour, avec la même diligence, pour porter ce traité à Passau. Mais déjà le duc Maurice s'était mis en marche avec son armée pour ne plus revenir. Les membres de la diète prirent connaissance du traité et l'envoyèrent au duc Maurice pour qu'il le signât. Jusqu'à présent j'ignore s'il a répondu. Le Roi espère que tout se terminera bien, mais nous n'avons pas la même confiance lorsque nous réfléchissons à l'esprit de ruse de ce duc.

Le duc Maurice et le marquis Albert sont arrivés le 22 de ce mois à Francfort avec leurs troupes, et ont mis le siége devant cette place. Le premier jour, les assiégés tirèrent quelques coups de canon, et un boulet emporta la jambe du duc de Mecklembourg, [1] qui, deux heures après, mourut de sa blessure. Si Maurice avait été atteint, tous les traités étaient finis. Le marquis Albert se retira vers le Rhin; son seul but est de se procurer de l'argent; c'est là son seul projet, et c'est ce qu'il a fait jusqu'à présent.

Je ne vous parle pas des affaires de Flandres, vous les apprendrez ou vous les avez déjà apprises par d'autres voies.

L'arrivée du duc d'Albe avec ses troupes espagnoles et de l'argent nous a rendu le courage et la gaîté, car nous étions bien abattus. Chaque jour il y a des conférences qui ont lieu dans l'appartement du duc, et où l'on discute longuement et en grand détail.

Don Juan Manrique est allé à Inspruck pour faire préparer cinquante pièces d'artillerie de tous les calibres qui s'y trouvent. Les vieilles et les nouvelles bandes d'infanterie espagnole de don Juan de Gevara doivent entrer demain à Trente, et seront suivies par l'infanterie italienne qui compte 4,000 hommes sous les ordres du marquis de Marignan, et par six compagnies de cavalerie légère espagnole. Toutes ces troupes, en arrivant à Bolzano, [2] prennent à main gauche pour déboucher à Fressen [3] à cause des vivres. Là, elles rallieront les bandes allemandes qui se trouvent à Constances, à Ratisbonne et à Strasbourg [4], qui sont au nombre de 80; elles rallieront également le marquis Hanz de Brandebourg [5], qui a 2,000 cavaliers et 2,500 à 3,000 cavaliers de Bohême. Toutes ces troupes doivent se réunir en Bavière.

---

[1] Macquelburg.
[2] Vulzan, *Bolzano* ou *Bolzan.*
[3] C'est peut-être Füssen.
[4] Argentina.
[5] Brandamburg.

Les villes qui se sont rendues aux révoltés désirent rentrer sous l'obéissance de Sa Majesté, et particulièrement Augsbourg [1]. Je ne doute pas qu'elles ne lui ouvrent leurs portes, et qu'elles ne mettent leurs forces à son service lorsqu'elle se présentera ainsi armée ; je pense que les rebelles se sépareront ou se retireront, quoiqu'on me dise qu'ils reçoivent des renforts de cavalerie.

L'armée turque n'a rien fait et ne fera rien, je l'espère. Elle venait avec confiance, pensant que le prince de Salerne avait mis tout le royaume de Naples en révolte, et qu'il était à la tête d'une armée. Les affaires de Piémont, depuis la retraite forcée de don Fernando, par suite du manque d'argent pour payer ses troupes, sont en mauvais état. Si les Français, comme on le dit et on le croit, descendent en Italie, ils trouveront les places dépourvues de défenseurs et de tout ce qui est nécessaire. Que Dieu nous vienne en aide, car son secours nous est bien nécessaire ! Sa Majesté est trop âgée et trop accablée d'infirmités pour aviser à temps à tout ce qui convient et importe pour le bien de l'État ; et comme elle veut seule gouverner et pourvoir à tout, tout se désorganise. Si le prince, notre seigneur, n'ouvre pas promptement les yeux pour remédier et pourvoir à ce qui se passe ici, le temps marchera et l'état actuel des choses amènera une chute et une destruction aussi déplorables que celles d'un grand édifice ouvert de toutes parts et qui menace ruine. Nous trouvons cependant ici un motif de consolation en voyant le prince, notre seigneur, réunir des troupes et prendre les armes pour sa défense et sa réputation. Plaise à Dieu qu'il le fasse en toutes choses avec le bonheur que désirent ceux qui l'aiment et le chérissent, et que votre magnifique seigneurie soit aussi heureuse que le souhaitent ses dévoués serviteurs.

De Prexenon [2], le 28 juillet 1552.

Votre très-dévoué serviteur qui vous baise les mains,

Signé, LOUIS DE OREJUELA.

A la suite du second document se trouve ce qui suit :

Le duc d'Albe, qui est arrivé, a fait en sorte qu'on portât son attention sur Plaisance, et qu'on donnât l'ordre de payer sur la caisse de l'armée deux compagnies italiennes qui y sont en garnison. A l'une il était dû dix mois, et à l'autre quatre mois de solde. Garcimanrrig a tout vendu et s'est mis dans la plus grande pauvreté pour les entretenir, et malgré cela il n'avait plus de soldats.

---

[1] Augusta.
[2] Prension ou Prexenon.

*Lettre originale du prince d'Asculi à Philippe II, datée du 31 août 1552,
sur l'état des affaires en Italie.*

Sérénissime, très-grand et très-puissant Seigneur,

J'aurai soin de faire connaître à Votre Altesse tout ce qui méritera d'être
porté à sa connaissance, d'abord parce que vous avez daigné me le commander, et
ensuite par l'obligation que m'en impose ma qualité de sujet. J'obéirai aux ordres
que j'ai reçus, et j'acquitterai une dette en faisant savoir à Votre Altesse ce qui
importe à son service et à l'agrandissement de son pouvoir, comme ce qui peut
lui être contraire et opposé. Je le ferai le mieux qu'il me sera possible et avec la
fidélité qu'un loyal sujet doit à son roi et à son seigneur naturel. Je supplie humblement Votre Altesse de daigner recevoir ce que je puis proposer ou dire, comme
une preuve de l'intérêt que je porte à son service, puisqu'aucun autre intérêt ne
me fait agir.

Votre Altesse aura appris ce qui est arrivé à don Ferdinand de Gonzague et
aux autres capitaines. Elle connaît toutes les villes que l'on a perdues dans le
Piémont, leur importance et le danger où se trouvent celles qui restent en notre
pouvoir. Elle aura eu également avis du mécontentement qui existe dans la partie
militaire et la partie civile de l'armée du Piémont et de l'état de Milan, ainsi que
sur les frontières dont nos ennemis se sont emparés du côté de Parme et de la Mirandole. Votre Altesse aura également appris la prise de Sienne [1], et comment les
Français se sont emparés de la ville et du château; elle n'ignore pas les amis qu'ils
ont dans le voisinage, les traités qu'on découvre chaque jour, et elle sait que ceux
qui ne sont pas connus sont aussi nombreux. Les personnes qui travaillent en
Italie contre votre Altesse sont en grand nombre, et en bien petit celles qui veulent
découvrir et arrêter ces complots; j'oserais même affirmer que ceux qui, dans ce
pays, désirent sincèrement l'agrandissement de Sa Majesté et de Votre Altesse,
sont encore moins nombreux qu'on ne le pense, comme l'a prouvé ce qui s'est
passé dernièrement. La perte de Sienne, laissée entre les mains des Français
dans la position où se trouve cette ville, est une affaire qui a produit une grande
impression. Votre Altesse voit également le mauvais vouloir et les complots de
quelques personnes du royaume de Naples, et les trahisons des autres; tout ce
que l'on peut dire de ce malheureux pays, c'est qu'il a toujours été molesté et
par les étrangers et par ses habitants.

Outre cela, Votre Altesse a appris qu'au moment ou Sa Majesté était dans la
plus grande puissance et à juste raison la plus redoutée, les princes d'Allemagne

[1] Sena.

l'ont mise dans la position la plus critique; elle sait combien on doit avoir peu de confiance en eux. Ce sont ceux qui lui avaient le plus d'obligations, et que l'on pouvait croire les sujets les plus dévoués ; ce sont ses plus proches parents qui ont été ses ennemis les plus dangereux ; et malgré cela, on doit présumer qu'ils ne sont pas encore satisfaits et qu'ils lui feront encore le plus de mal qu'ils pourront.

Que Dieu garde Sa Majesté beaucoup d'années, comme en ont besoin Votre Altesse et ses sujets, mais sa santé n'est pas aussi bonne que nous pouvons le désirer, et enfin Sa Majesté est mortelle. Si Dieu nous l'enlevait pendant que Votre Altesse est en Espagne et que les affaires de ce pays sont dans un état aussi critique, au milieu de tant d'ennemis et de tant de trahisons, les hommes d'expérience et qui désirent le bien du service de Sa Majesté et de Votre Altesse pensent que tout serait dans le plus grand danger. Le véritable remède, le plus sûr et celui qui convient le mieux, serait votre arrivée dans ce pays. Je ne suis pas le seul à penser ainsi : j'en ai parlé sérieusement avec plusieurs personnes, telles que celles que je désigne à Votre Altesse, et je crois que le plus grand nombre aurait donné le même avis si on les avait consultées. Je ne remplirais pas mon devoir si, dans ce moment où les motifs de crainte sont tellement puissants, je ne parlais pas en termes clairs et positifs et sans rien redouter de ce qui peut m'arriver : ma fidélité et le zèle que j'ai pour votre service me serviront d'excuse près de Dieu, de Sa Majesté et de Votre Altesse. J'ai déjà fait connaître ma pensée par d'autres lettres; mais je me confirme toujours davantage dans mon opinion, parce que je vois que cette nécessité devient de jour en jour plus pressante.

Je n'ai rien à vous dire sur ce qui se passe ici; nous ne connaissons pas encore la résolution prise par Sa Majesté, ni le chemin qu'elle doit suivre. Votre Altesse l'apprendra de Sa Majesté elle-même, et c'est le plus certain. Je donnerai avis à Votre Altesse de tous les événements lorsque nous nous trouverons engagés. Plaise à Dieu qu'ils soient tels qu'il convient au service et à la grandeur de Sa Majesté et de Votre Altesse! Que le Seigneur garde sa royale personne, avec accroissement de royaumes et de seigneuries, comme ses sujets le désirent et en ont besoin.

Augsbourg, le dernier jour d'août 1552.

De Votre Altesse le loyal sujet,

Signé, LE PRINCE D'ASCULI [1].

---

[1] Sanche de Lève, prince d'Ascoli, colonel du régiment de Naples, etc., fils aîné d'Antoine de Lève, etc., etc. Ascoli, ville du royaume de Naples (*Asculum sacrianum*), fut, en 1530, érigée en principauté par l'Empereur Charles V, en faveur d'Antoine de Lève, navarrois, capitaine-général de l'empereur en Italie. (Voyez article Lève, *Biographie universelle*.)

Nouvelles de l'armée de Sa Majesté et de la sérénissime Reine Marie, pour le sérénissime prince, notre seigneur, datées du 22 octobre 1552, et comprises dans une lettre du 10 novembre.

Par une lettre de Prado, écrite le 22 octobre, de l'armée de Sa Majesté sur Metz en Lorraine, on apprend ce qui suit :

Le seul but de cette lettre est de faire savoir à Votre Altesse que le duc d'Albe, à la tête de la plus grande partie de l'armée logée le 12 de ce mois à deux lieues de Metz en Lorraine, s'approcha le même jour avec mille Espagnols, autant d'Italiens, deux régiments d'Allemands et cinq mille cavaliers, pour reconnaître la place, et qu'il y eut une forte escarmouche entre l'infanterie ennemie et la nôtre. L'infanterie espagnole et italienne prit seule part à cette affaire, l'autre infanterie ne fut que spectatrice. Nous eûmes trente blessés et six tués, parmi lesquels il n'y eut aucune personne de qualité, si ce n'est le capitaine Navarette, qui fut blessé à la jambe et échappa de près à la mort, car il reçut dans son casque deux coups d'arquebuse qui ne lui firent aucun mal, et à la jambe un autre coup qui le blessa. Nous avons fait deux prisonniers et nous n'en avons laissé aucun entre les mains de l'ennemi. Par ces prisonniers nous avons appris que les Français ont eu, entre morts et blessés, plus de deux cents hommes, quoique ce fussent des soldats gascons, et qu'ils fussent embusqués dans des vignes qui s'étendent près de la place. Nous les délogeâmes vite de ces vignes, les forçant à se retirer dans la ville; de manière que la campagne resta libre, et qu'on put faire la reconnaissance à loisir. La cavalerie française n'osa point sortir pour escarmoucher contre la nôtre; aussi le duc, après avoir complété sa reconnaissance, rentra avec ses troupes au camp d'où il était parti.

Le duc d'Albe et M. Legrand, qui a amené à cette armée les troupes de Flandres, sortirent le jour suivant, à un quart de lieue du camp qu'ils occupaient, pour recevoir Sa Majesté, et lui rendirent compte de l'état des choses. D'après ce rapport, Sa Majesté ordonna hier à l'armée entière de s'avancer vers Metz et de se loger à une lieue de la place. Cet ordre fut exécuté, et on ne laissa près de Sa Majesté que deux régiments allemands et quelques cavaliers. On prescrivit pour le lendemain de se loger devant la place et d'y mettre le siége, ce qui, dit-on, peut se faire facilement et sans aucun danger. Nous sommes en effet placés derrière une petite hauteur qui touche la place et qui la fera beaucoup souffrir. Pour faire les tranchées et les cavaliers nécessaires à l'établissement des batteries, l'on réunit dans le Luxembourg un grand nombre de pionniers, en outre des 3,000 Bohémiens qui sont déjà à l'armée. C'est pour le même motif qu'on fait venir de Flandres, de Nuremberg, de Francfort, une grande quantité d'artillerie.

Les fourrages sont très-abondants, et la campagne n'a pas été aussi ravagée qu'on l'avait représentée : les ennemis n'ont rien brûlé de bien important. On pense qu'ils ne l'ont point fait dans la persuasion que Sa Majesté ne pouvait pas cette année attaquer cette place, ni s'avancer autant qu'elle l'a fait. Ils voulaient profiter des ressources du pays, mais ils ont été cruellement surpris, et plaise à Dieu qu'ils le soient encore davantage !

Le marquis Albert, voyant que ses troupes à l'approche de notre armée avaient été obligées d'abandonner Treves, que nous lui fermions la retraite du côté de l'Allemagne, et qu'il ne pouvait plus se livrer au pillage, est entré en France ; on dit qu'il est à Pont-à-Mousson, passant la revue de ses troupes qui se montent à 8,000 hommes d'infanterie et 1,600 cavaliers.

L'on prétend qu'il n'est pas d'accord avec le Roi, parce que ce dernier exige que ses troupes lui prêtent serment. Albert veut qu'elles ne le fassent qu'à lui, et, selon son opinion, il suffit que lui seul prête serment au Roi. Quoiqu'il arrive de cet accommodement, le Roi de France est dans une mauvaise position ; avec les troupes qu'il peut réunir, non-seulement il ne peut résister à Sa Majesté, mais encore il ne peut s'opposer aux ravages que fait en Picardie, sans aucun danger et sans trouver aucune résistance, M. de Rhus [1] à la tête de 30,000 soldats d'infanterie, 6,000 cavaliers de Flandres et 40 pièces d'artillerie.

Sa Majesté était décidée à aller avec l'armée se loger près de Metz ; mais comme elle a été prise par un accès de goutte, elle s'est arrêtée ici hier et aujourd'hui ; elle s'est résolue à se rendre à Thionville, qui est à quatre lieues d'ici et à autant du camp, et à y rester jusqu'à la fin de cet accès.

Plaise à Dieu que sa guérison soit prompte !

Du camp, près de Metz, le 22 octobre 1552.

Postscriptum. Cette lettre était écrite, lorsque des lettres de Flandres ont annoncé que notre armée, entrée en France avec M. de Rhus, a pris la place de Lafère, capitale des possessions de M. de Vendôme, et qu'elle l'a brûlé entièrement avec un beau palais que ce dernier y possédait ; qu'ensuite M. de Rhus s'était dirigé sur la place de Guise, qui est mal approvisionnée, dit-on ; qu'il y a laissé 10,000 hommes d'infanterie, 2,000 cavaliers et une partie de l'artillerie, et qu'avec le reste de ses troupes il a continué à s'avancer dans l'intention de tout brûler et de faire le plus de mal qu'il pourra. Il retournera vers la place de Guise, dans le cas où elle ne serait pas encore prise. Cette place est très-forte et d'une

---

[1] Lisez de Rocux. Adrien de Croy, seigneur de Beaurain, comte de Rocux, chevalier de la toison d'or en 1519, chambellan, premier maître-d'hôtel et premier gentilhomme de la chambre de l'empereur, gouverneur des villes de Lille, Douai et Orchies, général commandant l'armée de Flandres en 1552, mort en 1553. L'empereur Charles-Quint avait érigé en sa faveur la terre de Rocux en comté.

grande importance. Ces nouvelles ne sont pas données par des lettres de M. de Rhus ou de la reine Marie, mais elles ont été apportées par des marchands. Espérons qu'elles seront confirmées.

En outre, des lettres du Sérénissime Roi des Romains font connaître d'une manière certaine que les Turcs, après avoir donné trois assauts au château d'Agria, devant lequel ils étaient depuis plusieurs jours, reçurent avis des assiégés qu'on était prêt à le leur livrer et à leur en ouvrir les portes. Les Turcs trop crédules y firent entrer 2,500 hommes de leurs meilleurs soldats ; mais le feu mis aux mines toutes préparées détruisit en entier cette troupe. Alors l'armée turque, consternée et voyant que le château restait encore en état de défense, se retira au loin avec une grande perte. On croit que le Bey se trouve au nombre des morts, mais cette nouvelle mérite confirmation.

Sur la couverture est écrit : *Nouvelles de la Cour de Sa Majesté, en date du 29 octobre 1552, pour le Sérénissime Prince notre seigneur.*

Une lettre de la Cour de Sa Majesté, du 29 octobre 1552, apprend ce qui suit :

Illustre Seigneur,

Dans l'espérance de vous donner quelques nouvelles, j'ai toujours attendu à vous envoyer un courrier ; et actuellement qu'une occasion se présente, je crois devoir vous informer de la santé de Sa Majesté qui est bonne, grâce à Dieu, elle se repose dans la ville de Thionville ; toute l'armée est devant Metz qui a été bien reconnue. Cette place n'est pas très-forte, mais il s'y trouve de bons officiers, plus de six mille hommes d'infanterie et beaucoup de cavalerie. Malgré cela, si nous avons un peu de beau temps, la place sera battue en trois endroits différents avec quatre-vingt pièces d'artillerie, canons, demi-canons, couleuvrines et demi-couleuvrines, et si le temps qu'il fait maintenant continue, je pense que ce projet ne tardera pas à être mis à exécution. Il se fait toujours quelques escarmouches, mais pas aussi souvent qu'au commencement du siége où les Français sont souvent venus aux prises avec nos arquebusiers, qui, malgré leurs efforts, leur ont pris et leur prennent encore, en passant la rivière à cheval, le bétail qu'ils envoyent à la pâture hors de la place.

Quant au marquis Albert, on sait qu'il est à Marsal [1] (en Lorraine), en assez mauvaise intelligence avec le roi de France. Le colonel Riselberg, avec dix-huit compagnies Allemandes, s'est révolté contre le marquis, et M. d'Aumale s'est joint à lui avec deux mille chevaux pour marcher contre Albert, duquel on ne peut rien obtenir, et qui commet beaucoup de dégâts sur les terres de France. Je pense

---

[1] Machaseo — peut-être Marsal ?

donc qu'ils ne tarderont pas à en venir aux mains au grand avantage de Sa Majesté, et, sous peu de jours, j'espère vous écrire que Dieu a fait pour elle de plus grandes choses.

Je vous ai déjà fait connaître que M. de Rhus est entré le 10 de ce mois en France, par Crèvecœur, de là il alla à Fousomme [1] et passa devant La Fère, brûlant, détruisant et pillant toutes les villes de cette province, entre autres Noyon, Nesle, Chauny [2], Roye [3], le château de Mai, celui de Canuy [4], et tous les nombreux villages de sa juridiction. Il n'est pas entré dans La Fère, parce que M. de Vendôme, qui le craignait, s'y est enfermé avec huit compagnies allemandes, préférant préserver ses terres et laisser brûler et piller celles du Roi ; l'on dit que cela a été pris en mauvaise part et que M. de Vendôme en a été blâmé.

M. de Rhus, sur de nouveaux ordres de la reine Marie, revint sur ses pas et arriva le 22 de ce mois à quatre lieues de Ham [5], ville de France, et pour rester sur le territoire ennemi il ne repassa pas la rivière [6] ; le 24, il reçut de nouveaux ordres ; je crois que c'est pour attaquer une place de la frontière de France ; il a toujours avec lui six mille cavaliers, soixante-deux compagnies de bonnes troupes, dont quarante-deux d'allemands et vingt de Vallons, qu'on désigne sous le nom de Bas-Allemands, avec trente pièces d'artillerie de campagne. La reine Marie lui envoie trente autres pièces de batterie qu'elle avait réunies à Arras, place qui se trouve à quatre lieues de son camp, quatre-vingts cavaliers et huit compagnies de Vallons, en outre de celles qu'il a déjà sous ses ordres.

Je suis certain que tout ira bien, parce qu'il n'y a pas un homme pour lui dire mot, et que de vingt lieues on lui apporte des vivres dans la crainte d'être brûlé.

Le 20 de ce mois on apprit à Bruxelles que la flotte des Galions était arrivée en Angleterre ; à vrai dire, cette flotte est la vie, la résurrection de la Flandres, car elle apporte beaucoup d'argent. Sa Majesté pourra tirer un million et demi des marchands d'Anvers, qui prêteront sur cette flotte et sur celle d'Andalousie. Cet emprunt sera très-utile en attendant l'arrivée de la flotte de Portugal.

Il y a, dans notre camp, une grande abondance de pain, de vin, de viande et de fromage, qui, à la rigueur, peut suffire à l'entretenir ; il y a aussi assez de raisins, et l'on a trouvé beaucoup de vin dans les villages voisins de Metz.

Notre Seigneur, etc.

De Thionville, le 29 octobre 1552.

Signé, JEAN ZAPATA,

[1] Foususoma.
[2] Jany.
[3] Roya.
[4] Peut-être Guny.
[5] Pama — je crois Hama — Ham.
[6] Probablement la Somme.

Copie de la lettre écrite par Jean Zapata au seigneur ambassadeur Figueroa [1].

Thionville, le 2 novémbre 1552.

Illustre Seigneur,

Je vous ai écrit cette semaine ce qu'il y avait de nouveau ; mais je profite du départ d'un courrier pour Trente, afin de vous faire connaître comment s'est terminé le traité. Sa Majesté a reçu à son service le marquis Albert, qui est très-près de notre camp, et qui, dans quatre jours, se réunira avec monseigneur le duc d'Albe. Le marquis a trois mille cavaliers, quinze mille fantassins, quarante pièces d'artillerie, dont vingt-six de batterie et les autres de campagne, ainsi que deux mille cinq cents quintaux de poudre. Aujourd'hui on mettra à l'ordre de l'armée que les soldats qui iront en course et qui rencontreront ceux du marquis, doivent les traiter en amis. Albert et ses troupes ont pris dès aujourd'hui les bannières rouges. J'ai voulu vous envoyer cette dépêche pour vous donner cette bonne nouvelle.

Sa Majesté est, grâce à Dieu, en bonne santé ; le temps est excellent, sec et serein. Hier Sa Majesté apprit que les deux flottes attendues de Biscaye et d'Andalousie, étaient arrivées en Zélande. C'est une excellente nouvelle. Notre camp a commencé hier à s'établir autour de Metz ; aujourd'hui le reste des troupes suivra ce mouvement. Cette semaine on placera les batteries et on commencera à agir.

Que notre Seigneur conduise cette entreprise, et nous espérons que la place sera promptement en notre pouvoir !

Que Dieu le veuille !

———

Écrit sans signature ni date commençant par ces mots :

Par une lettre de la Cour de Sa Majesté en date du 4 novembre 1552, on apprend ce qui suit:

Le 23 du mois passé, Sa Majesté est entrée de nuit et par une pluie battante à Thionville.

Cette pluie, qui est tombée jusqu'au 27, fut très-incommode pour l'armée et particulièrement pour les voitures de vivres, à cause de la boue.

Le 23, l'armée arriva à Metz; mais à cause du mauvais temps elle s'arrêta dans

———

[1] Don Juan de Figueroa, général espagnol, ambassadeur de l'empereur Charles V et de son fils Philippe II, gouverneur du Milanéas, 1557. (Voyez Moréri, *Dictionnaire historique*).

le logement qu'elle avait pris la première nuit, à deux milles italiens de la muraille.

Pendant ces jours de pluie, on prépara, dans le camp, plus de six cents gabions et autres approvisionnements ; il y eut quelques escarmouches, mais de peu d'importance. Depuis le dernier jour du mois passé, le temps a été fort beau, et on en espère la continuation.

Le 2 de ce mois, le duc d'Albe quitta sa position avec la plus grande partie de l'armée et alla se placer dans une petite île contre la muraille, où l'on croit qu'elle est moins forte, où du moins le fossé a moins d'eau, et il laissa dans son premier logement vingt mille Allemands qui y firent quelques tranchées.

Il est certain que le marquis Albert est entré avec toute sa troupe au service de Sa Majesté. Le premier de ce mois, le duc d'Albe, auquel Sa Majesté l'avait adressé, et qui avait été chargé par elle de régler les conditions du traité, envoya au marquis une personne pour recevoir son serment de fidélité.

L'entrée du marquis au service de Sa Majesté, avec une armée aussi nombreuse que la sienne, est regardée comme une chose très-importante : cela met fin à tous les troubles d'Allemagne, et enlève au roi de France une force qui, dans ces conjectures, lui était très-utile.

Albert a deux mille cavaliers, quinze mille fantassins, quarante pièces d'artillerie, dont vingt-six de batterie et les autres de campagne, ainsi que deux mille quintaux de poudre ; et lors même que ces nouvelles auraient exagéré ses forces, il n'en est pas moins certain qu'elles sont considérables.

Albert, pour sortir de France sans opposition et pour tâcher de recouvrer 300,000 ducats ou une partie de cette somme qu'il prétend lui être due, annonça qu'il se dirigeait sur la Bourgogne pour la ravager ; par cette feinte il se retira sain et sauf et se rendit à l'armée de Sa Majesté. Le roi de France ne put rien obtenir de lui, parce qu'il ne pouvait lui donner l'argent qu'il désirait et qui lui était nécessaire.

Selon les rapports, il y a dans Metz dix mille hommes et plus de mille cavaliers ; ce sont de bons et braves soldats ; mais on espère, avec l'aide de Dieu, en venir à bout en peu de jours.

Au nombre des défenseurs de Metz, on compte un grand nombre de gentilshommes français, et à leur tête M. de Guise et Pierre Strozzi. On dit que parmi ces nobles il y en a bien deux cents dont la rançon peut être estimée en moyenne à cinq mille ducats. Cette persuasion continue à donner un grand courage aux soldats, qui sont si bien disposés que rien ne pourra les arrêter : ils espèrent, avec l'aide de Dieu, obtenir la victoire dans cette occasion comme dans les autres.

M. de Rhus, à la tête de l'armée de Flandres, et après s'être approché de seize petites lieues de Paris, est revenu sur ses pas pour se procurer de nouveaux approvisionnements ; il compte rentrer en France par une autre partie. Dans la dernière campagne, il a fait beaucoup de mal à la France ; il a brûlé plus de cinq mille bourgs, villages, hameaux et fermes, entre autres Noyon, chef-lieu de l'évêché et principale ville de cette province. Il aurait pris La Fère, si M. de Vendôme, auquel cette ville appartient, ne s'y était pas renfermé avec son armée, laissant ainsi les terres du roi sans défense. Cette conduite a été remarquée.

La flotte d'Espagne chargée de richesses, est arrivée en bon état après avoir coulé bas dans la traversée trois gros navires français, auxquels elle a pris beaucoup de provisions.

Sa Majesté est, grâce à Dieu, en parfaite santé et très-joyeuse; elle se propose d'aller d'un jour à l'autre à l'armée. Du reste, on dit que chaque jour de siége tous les cavaliers de la cour s'y rendent.

Copie de la lettre écrite par Jean Zapata au seigneur ambassadeur Figueroa.

Thionville, le 7 novembre 1552.

Illustre Seigneur,

Depuis qu'Albert est au service de Sa Majesté, il a eu occasion de se montrer en donnant aux Français une vigoureuse poussée : il leur a tué, près de Saint-Nicolas, plus de deux cents hommes, en a fait autant prisonniers, entre autres M. d'Aumale, frère de M. de Guise. Après cette victoire il s'est présenté pour servir Sa Majesté, qui a promis une solde à ses troupes du moment où elles seraient arrivées au camp.

Dans le camp de Metz on fait tout ce que l'on peut.

Ecrit sans date et sans signature, commençant par ces mots :

Par lettres de Jean Zapata, de la cour de Sa Majesté à Thionville, en date du 10 novembre, on apprend ce qui suit :

Le 6 de ce mois, Lazare Suendi est arrivé au camp, venant de Saint-Nicolas en Lorraine, ville près de laquelle campait le marquis Albert; il apporte la nouvelle qu'à trois heures les troupes d'infanterie du marquis s'étaient révoltées, parce qu'on leur devait deux mois de solde. A la nouvelle de cet événement, M. d'Aumale, frère de M. de Guise, s'approcha du camp d'Albert avec deux mille cavaliers pour le mettre en déroute et l'empêcher d'exécuter ce qu'il avait l'intention de faire pour le service de Sa Majesté. Albert, apprenant l'arrivée de M. d'Aumale, supplia l'infanterie de prendre les armes; mais n'en pouvant rien obtenir, il prit quatorze cents cavaliers, en forma trois escadrons et s'avança vers les Français, les chargea, les mit en déroute, tua deux cents à trois cents hommes d'armes et en prit autant. Parmi ces derniers se trouvent beaucoup de gentilshommes, de nobles, et en particulier M. d'Aumale, qui a reçu une légère blessure à la tête.

M. d'Aumale avait mission, à ce que l'on dit, de jeter dans Metz quelques troupes ; cela fait voir que cette place n'a pas autant de défenseurs qu'il lui serait nécessaire.

On s'efforce d'exécuter les tranchées et les autres préparatifs pour construire la batterie, et de terminer deux cavaliers à l'aide desquels on espère faire taire les défenseurs : la batterie sera alors mise en action, et on donnera l'assaut.

L'infanterie d'Albert, qui s'était mutinée, est rentrée dans le devoir après la promesse faite de lui payer un mois de solde aussitôt son arrivée au camp.

Extrait de lettres du maître de poste de Trente.

Tout ce qui précède se confirme, et il ajoute qu'il a reçu aujourd'hui une lettre d'Antoine Calmon, son lieutenant, qui s'était rendu à la cour de Sa Majesté et qui lui apprend que l'armée de Flandres s'était emparée de la ville et du château de Hesdin, place forte de la plus haute importance sur cette frontière. Depuis que le roi de France en est possesseur par suite d'une trahison, il n'a jamais voulu y renoncer par traité de paix ni accords. Si cela est vrai, c'est une grande affaire. On espère que de nouveaux avis viendront confirmer la nouvelle.

On lève des troupes en Bavière et dans les pays voisins pour le service de Sa Majesté.

Par suite de quelques troubles survenus en Saxe, le duc Maurice est parti en poste.

Copie d'une lettre de Francisco de Eraso à Philippe II, datée du 16 novembre 1552, sur le siége de Metz.

Thionville, le 16 novembre 1552.

Très-haut et très-puissant Seigneur,

J'ai eu l'honneur d'écrire à votre Altesse tout ce qui s'est passé en Flandres et en Italie, et de lui faire connaître l'état des choses en ce lieu. Je lui ai exposé que Sa Majesté s'était arrêtée à Landau à cause de son indisposition, et qu'ensuite, pour ne pas perdre trop de temps, elle se mit en route, malgré ses souffrances, avec le reste de l'armée commis à la garde de sa personne. Aux environs de Boulay, Sa Majesté ne se trouvant pas bien, et sa présence à l'armée n'étant pas nécessaire, puisqu'il ne s'agissait que de reconnaître la place de Metz, de faire parvenir les munitions et l'artillerie dont on attendait l'arrivée par eau, et de faire des tranchées et des plates-formes pour détruire quelques tours très-élevées d'où l'on pouvait tourmenter et faire quelque mal dans le camp, Sa

Majesté se résolut à venir à Thionville pour se guérir. D'ici Elle a pu pourvoir à tout comme il convenait. Maintenant que notre bien-aimé Seigneur se trouve débarrassé de la goutte et des hémorrhoïdes, et qu'il se sent mieux depuis quelques jours, il partira demain, 17 du courant, arrivera le 19 et verra en passant les troupes qui sont de ce côté de la place pour leur donner contentement. Après son arrivée il visitera le reste de l'armée.

» [1] Sa Majesté, se trouvant si près de l'armée, perdrait autant sa réputation,
» si pour nos péchés nous ne prenions pas Metz, que si Elle était elle-même à
» la tête de l'armée. Sa présence pourra éviter beaucoup de mal; elle pourra
» empêcher la discorde de se mettre au milieu des troupes de tant de nations;
» elle pourra les animer, leur donner du courage, leur faire espérer que l'affaire
   ne présente pas autant de difficultés qu'on le pense, et surtout les entretenir
» en bonnes dispositions jusqu'à ce qu'il nous arrive un peu d'argent, car la solde
» est déjà échue. En envisageant le pour et le contre, on voit donc que cette
» résolution est la meilleure que Sa Majesté pouvait prendre. »

D'après ce que nous avons pu apprendre, il y a, dans Metz, huit mille bons soldats en y comprenant quinze cents lances. M. de Guise fait de grands préparatifs de défense; il fait travailler nuit et jour aux réparations, et a près de lui sept à huit personnes de distinction. Il a beaucoup de vivres, de munitions et d'artillerie, quoique jusqu'à présent il ne se soit pas servi de pièces de gros calibre.

Quant à la fortification, ceux qui ont été la reconnaître de nuit et de jour (ce sont quelques capitaines et quelques soldats espagnols) s'accordent tous à dire qu'elle présentera de grandes difficultés pour la détruire et l'emporter, pour diverses raisons. L'une des principales est l'époque même du siège et la grande quantité de bonnes troupes que contient la place. Quoique dans la partie où l'on veut ouvrir la brèche, les flanquements à l'extérieur ne paraissent pas offrir de grandes difficultés et que le fossé ne soit pas très-profond, on croit qu'à l'intérieur on a tout bien réparé et qu'on a élevé de nouvelles fortifications, comme vous pourrez en juger par le croquis que je vous envoie. [2]

Depuis que le marquis Albert s'est déclaré pour nous, et a placé son camp de l'autre côté du pont de la Moselle, du côté de France, dans une bonne position, il ne peut plus entrer aucun secours organisé dans la place.

L'exécution des tranchées a permis d'examiner les lieux avec plus d'attention et de concevoir d'autres espérances. On a presque la certitude d'emporter la place en formant une batterie de soixante pièces réunies, car on ne peut dans un siége s'amuser à tirer de deux ou trois pièces séparées. Voilà ce que l'on compte faire si le temps ne montre pas un meilleur expédient. Malgré cela on tire de quelques lieux élevés sur l'intérieur de la ville pour augmenter la confusion.

[1] Cette partie de la lettre est écrite en chiffres.
[2] Ce croquis n'a pas été trouvé à Simancas.

L'extrémité de la tranchée sera à cent cinquante pas de la muraille. Cette tranchée est bonne et bien sûre, et l'on pourra commencer à tirer en brèche dans cinq ou six jours. Alors seulement il sera permis de juger de la fortification intérieure et extérieure, de connaître les terre-pleins, les cavaliers que l'ennemi a construits, et d'où l'on peut nous atteindre ; et, selon ce qui sera remarqué, on dirigera l'assaut.

L'un des plus grands inconvénients de notre position, c'est que pour nous les jours sont courts, et que pour eux les nuits sont longues, et qu'ils pourront ainsi réparer ce que nous aurons abattu.

On y mettra cependant le plus d'obstacles possibles au moyen de l'artillerie et de la mousqueterie, qui, à toute heure, ne cesseront d'agir.

Votre Altesse peut déjà apprécier l'importance du traité fait avec Albert, et des conditions qui seront faites avec les Allemands, suivant la nécessité. L'avoir ramené à nous est une chose de grande importance, non-seulement pour le siége de Metz qui, au moyen de son armée, est complètement entourée et devant laquelle se trouvent actuellement de cinquante à soixante mille hommes, mais encore pour le repos de l'Allemagne. Le roi de France lui a fait beaucoup de propositions ; mais n'ayant pu tomber d'accord, il chargea M. d'Aumale de se tenir sur ses derrières avec deux mille chevaux pour lui couper le passage et les vivres. Les troupes s'étant approchées, les avant-gardes en vinrent aux mains, et Albert mit en déroute la troupe du duc, lui tua de cent cinquante à deux cents hommes et le fit prisonnier. Il le tient maintenant en son pouvoir et lui demande trois cent mille écus de rançon, parce qu'il prétend que le roi de France lui en doit cinq cent mille. Il amène avec lui une belle et forte artillerie et des munitions qu'il a mises à notre disposition.

Ce qui cause un vif chagrin à Sa Majesté, c'est de penser qu'à l'arrivée d'Albert au camp Elle sera obligée de lui donner la main ; mais les princes doivent passer sur toutes ces considérations, s'ils veulent exécuter des affaires importantes.

Le connétable de France est près de Nancy ou de Saint-Mihiel, à huit ou neuf lieues de Metz. On prétend qu'il rassemble une armée pour venir, suivant les circonstances, au secours de la place assiégée ; mais je ne crois pas que cela lui sera possible. Du reste, c'est ce que Sa Majesté désire pour trouver l'occasion de battre le connétable.

M. de Rhus a pris Hesdin, qui a capitulé... C'est un fait très-important pour l'Artois. Il est rentré en France, et y fait tout le mal possible. Plaise à Dieu que tout réussisse comme nous le désirons ! Si ce siège se termine bien, on aura recouvré la réputation perdue et on pourra faire de nouvelles entreprises.

Le courrier que Votre Altesse a envoyé d'Italie est arrivé il y a quatre ou cinq jours ; il était attendu avec impatience ; grâce à Dieu, la santé de Votre Altesse est parfaite. Quant à l'invasion que vous projetez de ce côté avec les troupes des

17

seigneurs et des villes, j'ai fait la commission de Votre Altesse près de Sa Majesté, en lui donnant toutes les raisons qu'il m'a été possible de trouver. Je vois que Sa Majesté pense que de ce côté on ne peut rien faire d'essentiel ; cette affaire se traite ici depuis plusieurs jours, et il paraît que beaucoup de personnes sont de cet avis. Je n'aurais jamais pensé, et je ne le crois pas encore, que l'Espagne soit à ce point d'affaiblissement ; mais comme Sa Majesté n'a pas encore pris de résolution, je ne m'étendrai pas davantage sur cette matière.

Avec mon faible pouvoir, je m'efforcerai d'arriver à mes fins ; mais pour aucun motif Votre Altesse ne doit pas rompre les conférences de don Enrique de la Brit, elle doit au contraire les activer conformément aux dernières instructions qu'elle a données au duc de Maqueda ; c'est une affaire de grande importance.

Au moment où l'on congédiera cette armée, on pourra faire facilement une levée de soldats allemands. Il y a quelques bandes de bons soldats.

D'ici à huit ou dix jours, Sa Majesté ordonnera d'expédier les affaires les plus pressantes de ce pays, et je la prierai d'y songer ; mais jusque-là il n'y a rien à faire.

Il y a quelques jours que par l'intermédiaire du comte de Vaudémont, oncle du duc de Lorraine, et qui gouverne ses États, on a fait quelques ouvertures de paix avec la France. C'est le connétable seul qui a pris sur lui d'envoyer au comte de Vaudémont un de ses gentilshommes pour faire cette démarche ; c'est là sa seule autorisation. Sa Majesté n'a pas voulu admettre ni entendre ces propositions ; si les conditions ne sont pas très-avantageuses, Elle ne fera rien (surtout s'il y a espérance de reprendre ici le dessus l'année prochaine, et si Votre Altesse exécute ce qu'elle a dessein de faire). Que Dieu tienne tout dans sa main ; qu'il guide Sa Majesté et la mette dans la bonne voie comme cela est nécessaire ; qu'il garde et augmente la grandeur de la très-haute et royale personne et des États de Son Altesse, comme le désirent ses sujets !

Thionville, le 16 novembre 1552.

> De Son Altesse le très-humble et très-obéissant sujet et serviteur, qui baise ses pieds et ses mains. ▸

> *Signé,* Francisco de Eraso.

Postscriptum écrit à la fin de ce document de la main d'Eraso.

Une lettre semblable part pour la Flandre ; c'est le meilleur moyen. Don Alonso Pimentel a été blessé, dans les tranchées, d'une balle de mousquet à la poitrine ; il va bien. Don Diégo Garcia de Paredes a reçu une arquebusade au haut de la mâchoire ; cette blessure est dangereuse. Le capitaine Louis Quigada a été tué d'un coup de mousquet. Quelques autres bons soldats ont été tués dans les escarmouches ou dans les tranchées, mais les ennemis l'ont payé cher.

Lettre autographe de Francisco de Eraso à Philippe II, datée du 26 novembre 1552, du siége de Metz.

Très-haut et très-puissant Seigneur,

J'ai écrit à Votre Altesse par toutes les voies possibles ce qui se passe ici, mais j'ignore si mes lettres lui sont parvenues, parce que je les envoie un peu à l'aventure. Aussi je supplie Votre Altesse de me faire connaître celles qui lui ont été remises.

Avant le départ de Sa Majesté de Thionville, j'eus l'honneur d'écrire longuement à Votre Altesse sur l'état des choses dans ce lieu. Depuis, Sa Majesté partit de Thionville le 17 de ce mois et vint coucher à un petit château à deux lieues de cette ville, où Elle trouva un régiment d'Allemands et environ mille cavaliers du duc d'Holstalmich, qui composèrent sa garde. Le jour suivant, Elle se mit en route de bon matin, et arriva au camp qui est sous les ordres du comte d'Aremberg ; elle y dîna et coucha sous sa tente. Auparavant elle voulut reconnaître la place de ce côté ; Elle examina du haut d'une petite montagne tout ce qui peut être vu, parla ensuite aux colonels et aux capitaines d'infanterie et de cavalerie, et le lendemain Elle se rendit ici. Plus de cinq mille cavaliers vinrent au devant de Sa Majesté pour composer son escorte : c'était un beau coup-d'œil. En entrant dans le camp, Elle trouva toute l'infanterie formée en escadrons, qui la reçut par une grande salve de tous les arquebusiers et de toutes les pièces d'artillerie qui tirèrent à boulets sur la place. Il est probable qu'ils y tuèrent quelques personnes.

Sa Majesté fut reçue avec de grandes démonstrations et une allégresse générale ; sa présence a relevé tous les courages. Grâce en soit rendue à Dieu, Elle est arrivée ici le 20 en très-bonne santé, que la route n'a pas altérée. Sa Majesté loge dans les ruines d'un château brûlé, à deux mille italiens de la place ; son logement se compose de deux chambres si petites que l'on ne peut y mettre un autre lit que le sien. Elle n'a pas voulu quitter ce lieu pour aller s'établir dans une des abbayes qui ont plus de logements, de peur de déranger personne. Avant-hier Elle monta à cheval, et alla avec le duc d'Albe seul reconnaître la place. Elle fit toute cette reconnaissance à cheval, vit tout en détail et arriva jusqu'aux dernières tranchées qui sont très-rapprochées de la place. Il y a bien longtemps que je n'avais vu Sa Majesté si bien ; ce jour-là Elle avait toute l'apparence d'un vrai gentilhomme.

Quant à la batterie, ce que je puis dire, c'est que les tranchées qui avaient été faites à partir de l'abbaye, [1] en prenant à main droite jusqu'à la Seille, sont bien longues et étaient arrivées à environ quatre-vingts pas de la muraille. On prétend

[1] Abbaye de Saint-Arnould.

qu'elles n'ont pas donné de bons résultats, parce qu'on s'aperçut qu'il y avait deux flancs redoutables, et que l'on ne pouvait établir une batterie à cause de la concavité et du rentrant que présente en cet endroit la muraille. Votre Altesse pourra s'en assurer par le croquis que je lui ai envoyé, si cette dépêche lui est parvenue ou lui parvient. C'est pour cette raison qu'on se vit forcé de diriger les tranchées à main gauche, vers un saillant de la place qui regarde et répond à la Moselle. On sait que de cette partie la place est la plus forte quant à la muraille et au terre-plein ; mais il y a deux grandes choses en notre faveur : la première c'est qu'il n'y a pas de flancs pour recevoir des pièces de gros calibre, et que les seules pièces qui voient cette attaque sont sur de petites tours que l'on démolira facilement. On sait qu'il existe deux casemates basses avec deux flancs ; quelques-uns pensent qu'on peut les battre et les détruire ; d'autres, au contraire, sont d'opinion que cela sera très-difficile, parce que notre artillerie ne peut les prendre assez bas, près des fondations.

On parle d'arriver au moyen des tranchées au fond du fossé ; on pourra alors le traverser et le rendre praticable comme en terre ferme, et arriver de cette manière à la muraille, que l'on percera et minera ainsi que le terre-plein. Ce travail pourra se faire sans danger pour nos soldats, parce qu'il n'y a pas de flanquement, et surtout si l'on peut détruire les casemates, ce qui, dans tous les cas et sous peine d'éprouver de grandes pertes, est indispensable. En suivant cette marche, on peut espérer avec grande confiance la prise de cette place, quoiqu'il y ait des personnes d'une opinion contraire ; mais sous peu on verra qui a raison.

Déjà vingt-deux pièces de gros calibre sont placées à l'endroit où l'on doit battre en brèche, sans compter douze ou quinze autres qui sont sur les plates-formes faites en premier lieu. Elles ne peuvent servir qu'à détruire quelques flancs ; mais je pense qu'on les changera de place et qu'on les réunira aux autres, quoiqu'il me paraisse un peu incommode de faire ainsi agir trente pièces pour battre en brèche. Les pièces déjà placées ont, depuis trois jours, tiré avec la plus grande vigueur, et comme j'ai eu l'honneur de le dire à Votre Altesse, on a dirigé le feu sur les défenses et les flancs de tours, d'églises et de maisons qui sont près des murailles. La maçonnerie des murailles paraît excellente, et jusqu'à présent les boulets ne font pas grand dégât ; mais je ne doute pas qu'on parviendra à couper cette muraille, et à la faire tomber à terre. Plaise à Dieu que tout arrive selon le désir de Sa Majesté ! Cette place, par tout ce que peut produire sa possession, est de la plus haute importance : c'est ce que comprend Sa Majesté, et Elle agit en conséquence. Le temps jusqu'à présent paraît devoir se maintenir assez convenable ; il n'a pas plu ni fait grand froid ; seulement tout est humide. L'état de la troupe est assez satisfaisant, quoique nous ayons beaucoup de malades ; mais aucun homme n'est atteint de maladie contagieuse. Le camp est très-bien approvisionné de toutes espèces de vivres. Quant au fourrage pour la cavalerie, on est obligé d'aller le chercher au loin, ce qui est une grande incommodité. Il en est de même du bois que l'on ne se procure qu'avec peine, et les soldats en souffrent. Dans huit ou dix jours nous verrons, avec l'aide de Dieu, où doit aboutir cette affaire ; elle ne peut traîner plus longtemps.

M. de Guise, par l'entremise du marquis Albert, a envoyé demander un sauf-conduit pour aller voir son frère, M. d'Aumale, qui est prisonnier. Sa Majesté l'a refusé et a très-bien fait ; le mieux est de couper court à ces pourparlers. Si l'on veut traiter, qu'on suive le droit chemin. Je ne crois pas cependant qu'il en soit question ; j'ai même entendu dire que la première proposition dont j'avais entretenu Votre Altesse pendant mon séjour à Thionville, est tombée et n'a eu aucun résultat.

Quant à l'affaire que Votre Altesse désire exécuter de son côté, Sa Majesté n'a encore pris aucune résolution, et je ne sais quelle espérance vous donner. Pour moi, je crois qu'on empêchera son exécution, parce que je vois que quelques personnes auxquelles on a communiqué cette affaire, ne paraissent pas bien disposées en sa faveur. Il leur semble que cela ne convient ni à la réputation ni à l'autorité de Votre Altesse, et que l'on ne peut rien faire d'important ; il se peut aussi qu'il y ait quelques intérêts particuliers sous jeu.

On dit que dans huit ou dix jours on doit envoyer un courrier ; je ne puis l'affirmer, et c'est pourquoi j'ai voulu faire connaître, dès aujourd'hui, à Votre Altesse, ce qui se passe ici.

Le duc d'Albe travaille beaucoup et fait tout ce qui lui est possible. Don Juan Manrique agit de même ; quoiqu'il ait maintenant une charge bien pesante ; ses principaux agents sont tombés malades, il est seul et accablé d'ouvrage. Votre Altesse peut être certaine qu'il n'y a ici ni mauvaise intention, ni intérêts particuliers qui engagent à faire traîner cette affaire en longueur. Que Dieu, notre Seigneur, garde et rende plus puissante la personne très-haute et très-puissante de Votre Altesse, ainsi que ses États, comme je le désire.

Du camp devant Metz, le 26 novembre 1552.

De Votre Altesse le plus humble et obéissant serviteur et sujet,
qui baise ses pieds et ses mains.

Signé, ERASO.

Cette nuit il est tombé beaucoup de pluie. On vient de recevoir la nouvelle que l'on a perdu dans le Piémont la place d'Albe par trahison. Je ne sais rien dire autre chose, si ce n'est que Votre Altesse fasse attention à ses affaires et ne perde pas de temps.

Signé, ERASO.

Copie d'une lettre de la reine Marie à Philippe II, datée du 27 novembre 1552,
sur le siége de Metz.

La reine Marie à Son Altesse, le 27 novembre 1552.

Mon cher neveu, depuis ma dernière lettre par laquelle je vous mettais au courant de ce qui se passait ici, l'armée de l'empereur est toujours devant Metz, et Sa Majesté à Thionville, ville du Luxembourg, à quatre lieues de Metz. Il y a trois jours seulement que Sa Majesté a quitté Thionville pour se rendre au camp, afin de hâter par sa présence la conclusion de cette affaire qui est très-avancée. Les tranchées pour établir les batteries qui doivent battre la place sont faites, et d'un jour à l'autre j'attends la nouvelle que cette opération est commencée. A en juger par les apparences, les soldats sont pleins d'espérance. Que Dieu donne à la bonne cause de Sa Majesté le succès qu'elle mérite!

Pendant le siége, le marquis Albert de Brandebourg, qui était au service du roi de France, et sur lequel ce dernier fondait de grandes espérances, s'est réconcilié avec Sa Majesté et a été reçu en grâce. Il a renouvelé son serment de fidélité et s'est mis en marche avec son armée pour rejoindre l'armée de l'empereur devant Metz.

M. d'Aumale, frère du duc de Guise, voulant profiter d'une révolte des gens de pied du marquis Albert qui refusaient de prêter serment à l'empereur avant d'avoir reçu la solde de deux mois qui leur était due, vint à sa rencontre avec deux mille deux cents cavaliers, dans l'espérance d'en venir facilement à bout. Les Français, confiant dans cette révolte, se présentèrent devant le camp du marquis. Celui-ci, dans sa position critique, résolut de sortir de son camp avec sa cavalerie qui ne s'était pas révoltée et qui pouvait monter de 12 à 14 cents hommes. Il partagea cette troupe en deux escadrons, attaqua de front, avec l'un d'eux, les Français, tandis que l'autre les prenait en flanc. Cette attaque fut faite avec tant de vigueur et d'énergie que les ennemis furent mis en déroute en un instant. Dans cette rencontre il resta morts sur place cent vingt gentilshommes, parmi lesquels se trouvaient plusieurs personnes de qualité, et autant furent faits prisonniers, entre autres M. d'Aumale, leur chef, blessé assez grièvement. Cette affaire est fort belle; les Français, quoiqu'en plus grand nombre que leurs adversaires, ont été vaincus. Malgré la haute réputation dont jouissent depuis longtemps les gens d'armes de France, ils ont, dans cette occasion, opposé une faible résistance à la cavalerie d'Albert. Après cette victoire, le marquis est venu se joindre à l'armée de l'Empereur. Il y a eu deux grandes escarmouches devant Metz; les Français ont eu toujours le dessous.

De notre côté, notre armée de Picardie, qui est sous le commandement du comte de Rhus, s'est arrêtée après son retour de France devant le château d'Hesdin, place importante de l'Artois, qui avait été prise après trente jours de siége par le dernier roi de France. Le comte de Rhus, aussitôt son arrivée, mit son artillerie en batterie, et fit un tel feu avec vingt-six pièces que les défenseurs, au nombre de onze mille hommes, parmi lesquels se trouvaient plusieurs gentils-hommes, se rendirent. Ces deux faits d'armes ont jeté une grande épouvante en France. Comme les soldats commençaient à tomber malades, et que le temps ne permettait plus de tenir la campagne, j'ai congédié une partie de notre armée en conservant l'autre en garnison, de manière que, si cela est nécessaire, je pourrai la réunir en peu de temps.

J'ai appris que deux vaisseaux de Biscaye sont arrivés en Zélande. M. Obernon est sur l'un d'eux ; mais je n'ai pas d'autres nouvelles de cette flotte.

Votre humble et bonne tante,
Signé, MARIE.

Copie de la lettre de la reine Marie à Philippe II, datée de Bruxelles du 2 décembre 1552, sur le siége de Metz.

La sérénissime reine Marie à Son Altesse.

Monseigneur, par mes lettres précédentes vous avez appris l'arrivée de Sa Majesté devant Metz, avec son armée, et comment la plus grande partie de ceux qui étaient avec Sa Majesté l'ont suivi en France. Par la lettre écrite de la main du secrétaire, vous verrez l'état actuel des choses, et vous apprendrez que Sa Majesté est arrivée à son camp en bonne santé. Si Dieu nous accorde vie, j'espère voir la fin de cette affaire qui, selon moi, ne peut être éloignée d'une manière ou de l'autre ; car nous sommes au milieu de l'hiver, et l'armée ne peut plus rester longtemps en campagne. Que Dieu nous donne une fin comme il convient pour son saint service, et pour mettre à bas les perturbateurs de la paix de la chrétienté et les esprits inquiets comme ceux des Français.

J'ai été dans le plus grand embarras lorsque j'ai appris, par une lettre de Sa Majesté et par le sr Noscarmes, l'extrême besoin que Sa Majesté avait d'argent et lorsque j'ai vu le peu de moyens que j'avais pour m'en procurer aussi vite que la nécessité le requérait. La place d'Anvers est complètement épuisée d'argent, parce que j'en ai tiré de grandes sommes pour soutenir jusqu'à ce moment cette guerre considérable et très-coûteuse, et que la plupart des marchands ont leur argent en Espagne. Si Dieu ne m'avait pas fait la grâce d'envoyer ici les flottes de Portugal et d'Andalousie, il m'aurait été impossible, à aucun prix, de venir au secours de

Sa Majesté, et de faire un emprunt tel que je l'ai fait, comme vous le verrez dans les conventions passées conformément aux pouvoirs envoyés par Sa Majesté. Je n'ai pu le faire à meilleur prix, et j'ai dû encore m'engager personnellement, comme cela est marqué.

Je vous supplie, seigneur, au nom du service de Sa Majesté, et pour éviter ma ruine, de donner des ordres pour que ces conventions soient accomplies de point en point, et que l'argent promis aux marchands soit payé promptement. Si cela ne se faisait pas ainsi, les inconvénients pour l'avenir seraient incalculables, et votre sagesse doit concevoir l'importance de conserver le crédit, quand c'est lui seul qui nous a soutenu, nous soutient et nous soutiendra par la suite dans ce pays complètement épuisé d'argent, comme je l'ai déjà dit, et surtout quand il s'agit de sommes aussi fortes que celles dont a besoin Sa Majesté.

Je n'ai pu mettre en réserve les fonds nécessaires pour l'année prochaine ; j'ai seulement consenti à recevoir l'argent de l'emprunt fait en Espagne, qui monte à six cent vingt-cinq mille ducats ; avec l'autorisation de Sa Majesté et la vôtre, il doit m'être envoyé pour servir aux besoins de cette guerre.

J'écris à Sa Majesté pour la prier de m'expédier cette autorisation, ce qui ne fera aucune difficulté, puisque c'est pour lui venir en aide ; mais comme le vent est très-bon et que pour soutenir ce pays il est nécessaire d'avoir l'argent dans le plus bref délai, je n'ai pas voulu que le porteur de cette dépêche attendît l'arrivée des lettres de Sa Majesté. D'ailleurs je n'ai pas voulu retarder l'acceptation et le paiement de l'emprunt, afin que Sa Majesté puisse recevoir à temps l'argent de l'emprunt que j'ai fait. Je vous prie, si cela est possible, de me le faire passer par la flotte que nous attendons de Biscaye, ou par celle que nous comptons vous envoyer promptement.

J'espère, seigneur, qu'en considération de ce que je vous affirme que cet argent est pour Sa Majesté et pour ses affaires, vous ne ferez pas difficulté de donner l'autorisation de sortie ; je vous supplie humblement de nouveau de l'accorder et d'aider le porteur de cette dépêche à exécuter sa commission dans le plus bref délai, car le besoin est extrême.

Par le premier courrier je vous enverrai les lettres de Sa Majesté ; mais s'il tardait à les expédier, ce qui arrive quelquefois, ou si la mer apportait des retards, je vous supplie de donner malgré cela l'autorisation, car la promptitude est indispensable pour ne pas perdre les avantages qui se présentent. Nous apprenons ici l'arrivée de la flotte des Indes avec beaucoup d'argent ; plaise à Dieu que cela soit ainsi, car, par le temps qui court, Sa Majesté et Votre Altesse en ont grand besoin.

Je vous dirai, seigneur, que pour le service de Sa Majesté vous devez envoyer le plus possible d'argent en espèces, car, par le change, on ne pourrait trouver une forte somme, et on ferait payer très-cher ; ce qu'il faut, c'est que tout se fasse à temps ; c'est cela qui fait le bon marché et produit de bons effets, et quand cela n'a pas lieu, les dépenses sont excessives et les effets nuls.

Si nous avions eu un mois de beau temps, j'espérais, avec l'aide de Dieu, que le roi de France aurait été dans un cruel embarras.

Quant à la fourniture de huit quintaux de cuivre que vous me demandez, je la réunis maintenant, et elle ne vous manquera pas. Je vous en donnerai avis par ma première lettre.

Le 2 décembre 1552.

Votre humble et bonne tante,

Signé, MARIE.

Lettre originale de l'empereur Charles V à son fils Philippe II, datée du 11 décembre 1552, sur le siége de Metz, et sur le besoin d'argent pour le continuer.

Mon fils,

Au moment où je passai le Rhin avec l'armée que j'avais réunie, voyant que je m'écartais d'Italie d'où je devais faire venir l'argent qui m'était nécessaire, que je ne pourrais m'en procurer en Allemagne, et que j'avais en Flandre plus de facilité avec ses négociants et avec ceux d'Anvers pour en avoir promptement, et avec un change convenable, j'envoyai ces jours derniers à la sérénissime reine Marie, ma sœur, mes pleins pouvoirs pour qu'elle puisse emprunter six cent mille écus, sans compter les intérêts pour le change des monnaies et la perte de temps. Avec son activité ordinaire, elle est parvenue à se les procurer et à me les envoyer, et c'est au moyen de cet argent que j'ai pu entretenir cette armée jusqu'à ce moment. Cette affaire était très-essentielle ; sans cela je me serais trouvé dans une position bien critique, en assiégeant moi-même la place de Metz par un temps où il est indispensable de tenir les troupes contentes et satisfaites. Pour les mêmes motifs, reconnaissant que ce serait un grand malheur si je ne pouvais entretenir cette armée jusqu'au moment de son licenciement (ce qui, avec l'aide de Dieu, ne peut être différé longtemps), car alors sans aucun fruit et sans nécessité elle ravagerait le pays et causerait de grands désordres non-seulement dans les terres de l'empire, mais encore dans les miennes, j'ai envoyé de nouveaux pouvoirs a la sérénissime reine pour qu'elle puisse emprunter encore quatre cent mille écus, jusqu'à la concurrence d'un million nécessaire pour ce qui précède. Afin qu'elle puisse faire cet emprunt à meilleur compte, chose bien nécessaire, et en considération de la pauvreté de la place d'Anvers, je lui permets d'accorder certain nombre d'autorisations d'exportation d'argent hors de ces royaumes, ce dont elle vous donnera avis.

Je vous prie avec instance d'ordonner que dans tous les cas on paie promptement le tout ou la partie de ce qu'on a remis ou remettra de cette somme, principalement sur les fonds assignés, et de la manière et dans la forme que la sérénissime reine aura arrêtée ou traitée, ou arrêtera ou traitera, lors même que ce serait sur l'or et l'argent arrivé ou qui arrivera du Pérou ou d'une autre partie des Indes. Il ne faut pas qu'il y ait le moindre retard dans le paiement ou dans l'exportation de l'argent, parce que vous savez combien il importe de conserver le crédit et de délivrer la reine des obligations particulières qu'elle a contractées.

Vous me ferez donc plaisir en faisant exactement payer les emprunts qui se sont faits sur le service d'Aragon, car c'est la confiance qui a beaucoup aidé à la conclusion de cette affaire.

De notre camp devant Metz, le 11 décembre 1552.

Ce qui suit est écrit de la main même de l'Empereur :

Mon fils, comme je ne suis pas aussi bien portant que lorsque j'arrivais ici, je n'ai pu vous écrire cette lettre de ma main ; mais je vous prie et vous recommande fortement de faire tout ce qu'elle prescrit, comme si elle avait été entièrement écrite de la main de votre bon père.

Moi, le Roi.

Lettre autographe du prince d'Asculi à Philippe II, datée du 25 décembre 1552, du siége de Metz.

Très-haut et très-puissant seigneur,

Vous devez penser que j'aurais plus de plaisir à annoncer à Votre Altesse la prise de Metz que la nouvelle publiée hier de la résolution de Sa Majesté de se retirer avec son armée. Les causes de cet ordre paraissent, à l'avis de tous, très-suffisantes ; et du reste il suffit que ce soit la volonté de Sa Majesté. Je ne vous fais connaître ni ce que l'on doit faire, ni le chemin que l'on doit prendre ; je l'ignore, et d'ailleurs on donnera par ce courrier, à Votre Altesse, de grands détails sur l'un et l'autre objet. Je prendrai seulement la liberté de dire que la présence de Votre Altesse est indispensable maintenant plus que jamais. Ce qui ajoute une nouvelle force à cette nécessité, c'est que la santé de Sa Majesté n'est pas aussi bonne que ses serviteurs et ses sujets le désirent, ni telle que nous en avons besoin pour passer les circonstances critiques dans lesquelles on s'est trouvé, et qui s'offriront, comme je le présume, d'un jour à l'autre.

Je crains d'importuner Votre Altesse en revenant dans toutes mes lettres sur le même sujet ; mais lorsque je vois que cela est d'une si grande importance pour Votre Altesse, j'aime mieux courir le risque d'être importun que d'encourir par mon silence le reproche d'avoir manqué à la fidélité que je vous dois. Que cette considération soit donc mon excuse, si par hasard quelque chose me condamne, Je m'en rapporte d'ailleurs à ce que j'ai déjà eu l'honneur de vous écrire.

Je n'ai plus rien à écrire à Votre Altesse, puisque je ne puis plus lui rien dire de la prise de Metz. Je termine en priant Dieu notre Seigneur de garder la très-haute et très-puissante personne de Votre Altesse, et de l'agrandir par de grands royaumes, comme le désirent ses sujets et comme cela nous est nécessaire.

De Votre Altesse le loyal sujet,

Signé, Le prince D'ASCULI.

Paragraphes d'une lettre en partie en chiffres de l'empereur Charles V à son fils Philipppe II, datée du 25 décembre 1552, sur le siége de Metz.

Sérénissime prince, notre cher et très-aimé fils,

Don Juan de Figueroa a répondu en détail à votre lettre, en donnant satisfaction aux affaires écrites de votre main et à celles parvenues par les voies ordinaires, mais particulièrement à celles de plus grande importance, d'après l'instruction que vous avez vue. Il en est quelques-unes pour lesquelles on n'a pas encore pris de décision, et qui ne seront pas expédiées avec cette lettre, à cause de la position où je me trouve; mais tout se fera avec le temps.

Je suis parti de Strasbourg, où j'avais été reçu avec les plus grandes démonstrations d'amour et de bonne volonté, et après avoir tout ordonné pour les vivres et les approvisionnements de l'armée, nous avons pris la route de Landau. Quoique ce chemin ne soit que de quatre à cinq journées, il a été cependant très-pénible pour l'artillerie, les munitions et les bagages. Pris par un accès de goutte dans cette ville, j'ai été forcé de m'y arrêter dix-sept jours, et vous pouvez juger de l'effet de ce fâcheux contre-temps.

N'ayant aucune certitude sur l'époque où je pourrais me remettre en route, il fut décidé, pour ne pas perdre de temps, que le duc d'Albe continuerait de marcher en avant avec l'infanterie espagnole et italienne, deux régiments allemands, la cavalerie légère et une partie de la cavalerie allemande, ce qui produisit le meilleur effet. On obtint ainsi que le marquis Albert abandonnât Trèves, qui reçut garnison, et qu'il se retirât avec ses troupes ; de plus, on put assurer les vivres, en faire des approvisionnements dans les places les plus convenables, ce qu'on n'aurait pu faire sans la présence de nos troupes, parce que les ennemis couraient le pays, ramassant tout ce qu'ils trouvaient, et détruisant tout ce qu'ils ne pouvaient emporter.

Me trouvant un peu mieux, quoique très-faible et pas encore libre de mes mouvements, je me mis en route avec la partie de l'armée qui était restée avec moi, et, sans m'arrêter, je vins me loger à Boulay. Le duc d'Albe m'y rejoignit et me rendit compte de ce qu'il avait pu apprendre de la place de Metz, de ses fortifications et du nombre de ses défenseurs.

Comme je n'étais pas encore rétabli entièrement, et que je ne pouvais pas, comme je le désirais, entrer de ma personne en campagne, j'ordonnai à toute l'armée de se réunir et de prendre la route de la place. Le 20 du mois on campa en vue de ses murailles, après une vigoureuse escarmouche dans laquelle nous eûmes quelques morts et quelques blessés, mais où les ennemis, comme on l'apprit depuis, ont essuyé une perte beaucoup plus grande. Quant à moi, l'état de ma santé m'a obligé, malgré ma volonté, à venir à Thionville, en me faisant réserver un logement au camp.

Le camp, par suite des pluies qui tombèrent les premiers jours, ne put pas être changé, et on fut obligé d'y rester ; mais le temps s'étant amélioré, on leva le campement, on passa la Seille et on se logea où l'on est actuellement depuis le 22 du mois passé. On reconnut la place et ses fossés de tous les côtés, et après avoir fait les tranchées et quelques plate-formes comme il convient, l'artillerie fut placée très-près du fossé. On commença par battre les défenses élevées, puis la muraille et une grosse tour qui était le principal flanquement et la plus sure garde du fossé. On lança plus de huit mille projectiles de toutes qualités et de tous calibres, et quoiqu'on fît tomber une grande partie du revêtement, le terre-plein qu'on découvrit alors et la largeur et la profondeur du fossé présentèrent tant de difficultés qu'on ne put donner l'assaut. La batterie principale a donc cessé le feu, se contentant de continuer de tirer de temps en temps, afin de ne pas perdre les munitions sans objet, et de les garder pour plus tard.

On a donc été obligé de chercher d'autres moyens d'attaque pour tout essayer et n'avoir rien à se reprocher, et l'on continue à travailler aux mines. Lorsqu'elles seront terminées, on mettra la dernière main à un cavalier qui s'élève ; on établira une nouvelle batterie du côté où l'on voulait d'abord battre en brèche, et en même temps on remplira le fossé de fascines.

Quoiqu'il se présente encore bien des difficultés ; malgré le temps et tous les obstacles imprévus qu'on rencontre dans de semblables entreprises ; malgré l'infanterie, la cavalerie, les munitions et les vivres dont sont pourvus les défenseurs, nous avons quelques espérances avec l'aide de Dieu notre Seigneur ; l'on a fait et l'on fera pour lever ces difficultés tout ce qu'il sera possible d'exécuter.

C'est une des entreprises les plus importantes qu'on puisse faire à ce temps de l'année, non-seulement pour la gloire attachée à sa réussite, mais encore pour l'intérêt de l'empire et pour son avenir ; elle servira à amoindrir la puissance du roi de France, à l'empêcher de prendre pied en Allemagne, en le chassant de la Lorraine et de la Flandre, et à couper court aux intelligences et aux complots qu'il a eu ou pourrait avoir. Ce sont ces raisons, et beaucoup d'autres que vous pouvez facilement deviner, qui me forcèrent à entreprendre cette campagne, lorsque je me trouvais à la tête d'une si grande armée, et que je fus tombé d'accord avec Maurice de Saxe. J'avais aussi le plus grand intérêt à me défaire d'Albert de Brandebourg, qui, cantonné à Trèves, donnait la main à Metz, étendait ses courses jusqu'au Rhin, pillant et détruisant le pays d'Allemagne, en se liguant du côté de la Saxe avec le comte de Mansfeld et d'autres personnages de son parti. Nous l'avons forcé à passer la Moselle et à retirer ses troupes sur les terres du duc de Lorraine, nous laissant le champ libre pour notre armée. Ayant manifesté l'intention de chercher à se fortifier dans un lieu propre à sa sécurité, nous l'en avons empêché ; plus tard il ouvrit des conférences pour se réconcilier avec nous et revenir à notre service. Quoique je le fisse à regret, parce que j'aurais préféré le punir comme il le méritait, je me décidai à admettre sa demande, à lui pardonner, à prendre à notre solde son infanterie et sa cavalerie à des conditions qui, eu égard au temps, paraissent raisonnables. Les causes de cette décision furent l'importance de l'éloigner du service de France, et la pacification entière de l'Allemagne, point essentiel pour n'avoir pas de difficultés nouvelles dans l'avenir. En se réunissant à nos ennemis il pouvait former une armée puissante qui nous aurait causé de grands embarras ; sans lui la grandeur de la place de Metz ne nous permettait pas de l'entourer complètement, de manière à la fermer entièrement et à empêcher l'entrée de tout secours. Il est arrivé à notre armée après avoir défait Mgr d'Aumale, qui, à la tête de la plus grande partie de sa cavalerie, voulait le forcer à se déclarer pour la France ou cherchait l'occasion de le battre. Il est donc ici avec nous ; il montre la volonté de nous servir, et s'est bien acquitté jusqu'à présent de tout ce qu'il a dû faire.

Pendant mon séjour à Thionville, la goutte m'a repris, et je fus obligé de garder le lit sans pouvoir faire un mouvement ; mais, grâce à Dieu, les remèdes que j'ai pris m'ont rendu la santé, et dans l'espace de quelques jours je ne me ressentis plus de mes infirmités.

Pensant que si cette entreprise n'avait pas de succès, ma réputation courait les mêmes dangers que si j'avais été à la tête de mon armée dont j'étais si près ; persuadé que ma présence au camp pouvait être de quelque utilité, à cause de la grandeur de l'armée et du grand nombre des nations qui la composent, ce qui peut faire naître des dissentions ; que je pourrais faire attendre plus facilement aux troupes la paie qui leur serait due, si l'argent de Flandres n'arrivait pas à temps ; que je pourrais hâter la conclusion de cette grande affaire, et donner un nouveau courage aux troupes, qui, du reste, ont généralement montré contentement et satisfaction, je me suis décidé à partir de Thionville le vendredi, 18 du mois passé, pour activer et animer tout, et je suis arrivé ici en trois journées, après avoir couché dans le camp du comte d'Aremberg. J'arrivai, grâce à Dieu, en bonne santé, mais cela dura peu de temps; huit jours après je fus repris par la goutte et d'autres infirmités, et je n'avais aucun appétit. Tout cela m'a donné beaucoup de peines, quoique je commence à me lever et que je me sente un peu mieux.

Je vous envoie ce courrier pour vous apprendre où en sont ici les affaires, supposant que Eraso vous a mis au courant de celles d'Italie et de Flandres. Le courrier que vous avez envoyé est arrivé ici le 7 du mois passé, ainsi que celui qui apportait le duplicata pour la mer d'Occident. Nous avons été bien satisfait d'apprendre le bon état de votre santé, et l'on expédiera ici les affaires pour lesquelles vous écrivez, et qui sont les plus pressées.

« Dans ce que vous nous avez écrit, nous avons fixé particulièrement notre
» attention sur l'état de nos finances, sur la peine et l'inquiétude que vous donne
» le manque d'argent. Vous voyez la cruelle nécessité dans laquelle nous nous
» trouvons, les dépenses énormes que nous sommes obligé de faire, et le peu de
» ressources que nous avons, parce que nous avons consommé les fonds des
» rentes ordinaires, des services, des Maestradgos, des Yerbas, de la Cruzada
» et des subsides jusqu'à la fin de l'année 1554, et une partie de ceux de l'année
» 1555 ; il nous est impossible de payer les dépenses ordinaires et extraor-
» dinaires de ces royaumes pour cette année et les années suivantes, ainsi que
» toutes les autres dont vous faites mention. C'est dans cette prévision que nous
» avons cherché, autant qu'il nous a été possible et à notre grand dommage,
» à éviter une rupture. C'est pour le bien de la chrétienté et pour ne pas im-
» poser de nouveaux sacrifices à nos sujets, à nos vassaux, à nos Etats, que
» nous n'avons cédé qu'à la force pour commencer cette guerre que nous ne
» faisons que pour notre défense contre le roi de France et ceux qui se sont
» révoltés en Allemagne. Nous n'avons pu faire autrement et ne pas pousser
» jusqu'à la fin ce siége de Metz pour voir quelle tournure prendront les
» affaires.

» D'après ce que don Juan de Figueroa vous aura fait voir, vous aurez compris
» que les cinq cent mille ducats ne suffiront pas pour la solde échue ou à échoir;
» on a été obligé de faire un emprunt en Flandres, à la charge de ce royaume,
» comme vous l'a appris la reine Marie, ma sœur, à qui j'ai donné pleins pouvoirs,
» ce dont je vous ai instruit par ma lettre du onze de ce mois. Je vous prie le
» plus affectueusement possible de donner des ordres pour que l'on remplisse les
» conditions du marché conclu avec les négociants, relativement à l'or et à l'ar-
» gent que vous avez reçu du Pérou; que vous prescriviez d'écrire les cédules

» nécessaires pour retirer en particulier les six cent vingt-cinq mille ducats, je vous
» en parle dans une autre lettre dont je vous envoie la copie ci-jointe ; et enfin
» vous aviserez, avec ledit don Juan, à obtenir la plus forte somme que vous
» pourrez en argent ou en billets, pour soutenir nos entreprises. Aussitôt
» que la nécessité cessera, je ferai licencier l'armée que nous avons réunie, et je
» ne conserverai que ce qui sera indispensable. Rien ne me fait autant de peine
» que d'imposer des sacrifices à nos sujets, et soyez certain que la fin que je me
» propose est d'arranger nos affaires et d'y mettre le plus grand ordre, afin de
» soulager et relever nos royaumes. »

Pour cette entreprise de Metz, nous avons été obligé d'acheter en Flandres mille cinq cents quintaux de poudre à canon et à arquebuse, en outre de celle qui nous est venue d'Allemagne, et nous avons emprunté pour cela, de Francisco de Aresti, douze mille écus, qui doivent se payer au temps, dans la forme et de la manière que vous avez vue ou que vous verrez par la lettre que je vous écrivis à ce sujet de Thionville, le 4 du mois passé. S'il y avait le moindre retard dans l'exécution de ce marché, Francisco de Aresti recevrait un grand dommage dans son crédit et ses affaires, parce qu'il doit cet argent à d'autres auxquels il est obligé de le rembourser. Nous vous prions donc de donner des ordres pour que dans tous les cas on exécute ce marché comme il a été conclu. Quand il en sera temps, je donnerai les instructions pour le transport de ces poudres.

Cette dépêche devait partir il y a quelques jours, mais j'en ai retardé l'envoi pour vous donner avis de la détermination que nous avons prise à l'égard du siége de Metz. On a fait tout ce qu'il était possible pour reconnaître, battre, miner cette place, et l'on a entrepris tout ce qu'on a pu concevoir pour arriver à une bonne fin ; mais le temps a été si dur, nous avons été tellement contrariés par les pluies, les neiges, les gelées ; le bois nous a tellement fait défaut, que la troupe a été exposée aux plus grandes souffrances dans les gardes qu'elle montait aux tranchées et dans le camp. Le nombre des morts et celui des hommes qui ont déserté sans qu'on puisse y mettre obstacle a donc été toujours en augmentant. D'après cette considération, et pensant que rester ici c'était exposer notre armée à une ruine totale ; que, de plus, les Français avec l'armée qu'ils ont réunie, ont mis le siége devant Hesdin pour le reprendre ; que cette place, pour les Etats de Flandres, a plus d'importance que toute autre, nous avons résolu de lever le siége de Metz et d'aller au secours d'Hesdin. Nous marcherons pour cet objet à la tête de trente enseignes bien complètes d'Allemands, de l'infanterie espagnole et italienne, de deux mille cavaliers allemands et de la cavalerie légère. En arrivant à temps, nous nous réunirons aux troupes que nous avons en Flandres pour cet objet.

Quant aux autres troupes de l'armée, nous les licencierons après leur avoir payé ce qui leur est dû, et je me rendrai à Bruxelles. La sérénissime Reine viendra au-devant de moi à Namur, où nous arrêterons ce qui doit se faire ici présentement et l'année prochaine ; tout dépendra de ce que vous aurez fait. Je vous donnerai de suite et en particulier avis de notre décison. Jusqu'à ce moment je ne puis rien vous dire de certain, c'est pourquoi je me réserve de répondre à cette époque aux lettres écrites de votre main.

Don Juan de Figueroa vous prie, par mon ordre, d'envoyer en Flandres six mille fantassins par la mer d'Occident ; mais comme l'expérience nous prouve combien se détruisent dans ce pays les troupes nouvelles, et afin de ne pas imposer un trop grand sacrifice aux villes où serait logé ce grand nombre de soldats, il a paru préférable pour remédier à ces deux inconvénients, dans le cas où nous aurions besoin ici de troupes espagnoles, de les tirer des vieilles bandes d'Italie. Les six mille Espagnols de nouvelle levée s'embarqueraient alors pour la Lombardie : vous y pourvoirez et donnerez vos ordres. De cette manière nous éviterons d'avoir à notre solde tant d'Italiens et d'Allemands, et ils seront mieux ici pour répondre aux besoins.

Sérénissime Prince, notre très-cher et très-aimé fils, que notre Seigneur vous accorde sa continuelle protection.

De notre camp devant Metz, le 25 décembre 1552.

Signé, Moi, le Roi.

A la suite de ce document, il est écrit de la main même de l'Empereur :

Par les raisons que je vous ai exposées, je n'ai pu me résoudre à vous répondre relativement à ce que vous avez écrit de votre main ; mais aussitôt que je serai à Bruxelles, je vous répondrai sur le tout et en détail. Du reste, la santé de votre bon père ne lui permet pas de le faire en ce moment.

Moi, le Roi.

Copie d'un postcriptum inscrit sur la minute de cette lettre datée du 16 janvier 1553, sur le siége de Metz.

Après le départ du courrier qui a porté cette dépêche pour la Flandre, l'artillerie et les munitions furent enlevées ; je quittai le camp devant Metz, le 1er janvier, et je me rendis à Thionville en un état de santé passable, quoique pendant toute la route je me sentis très-faible ; mais le dégoût était passé. Le jour suivant, le duc d'Albe leva le camp de toute l'armée et passa la Moselle sur le pont de Moulins, où il s'arrêta cinq ou six jours jusqu'à ce que tout eût été réuni sur le bord de la rivière ; tout le matériel est actuellement embarqué et sera ici dans trois jours. Pour arriver à ce but avec les pluies et les neiges, il a fallu beaucoup d'activité. Quand j'aurai mis en marche l'armée que je suis forcé de garder sans pouvoir m'en dispenser, et que j'aurai donné les ordres pour la sûreté de cette frontière, je partirai pour Bruxelles, d'où je vous ferai connaître mes intentions sur ce que vous avez à faire, et je répondrai sur les affaires que vous m'avez écrites de votre main.

En Flandres on a fait tous les efforts possibles à l'effet d'avoir de suite, pour la paye de l'armée, cent cinquante mille ducats empruntés sur ces royaumes ; on n'a pu les trouver qu'au moyen de Gênes, par l'intermédiaire de l'ambassadeur Gomez Suarès. Il consent en notre nom à les payer à certains marchands de cette ville, dans le temps et au prix que vous verrez dans ce que vous feront connaître la sérénissime Reine, ma sœur, et l'ambassadeur, et dans la copie de la lettre qui accompagne cette dépêche. Je vous prie d'ordonner d'y pourvoir, et de payer sur-le-champ, si la chose est possible, ce qui sera le plus profitable pour éviter de servir des intérêts. Il faut envoyer à Gênes cent cinquante mille ducats de onze réaux castillans chacun, ou, ce qui est préférable, les payer par lettres de change. Il est indispensable de terminer cette affaire dans le mois de mai ou au 1er juin prochain, car c'est là notre seule ressource. Vous savez les inconvénients de ne pas s'acquitter au terme convenu ; lorsqu'on a les charges que nous avons, il importe plus que jamais de conserver son crédit. Vous me ferez plaisir en me donnant avis de ce que vous aurez ordonné.

Clos à Thionville, le 16 janvier 1553.

(Il n'y a pas de signature ni aucun paraphe.)

Lettre autographe du prince d'Asculi à Philippe II, datée du 28 décembre 1552, du siége de Metz.

Très-haut et très-puissant Seigneur,

Je suis venu servir Sa Majesté dans cette entreprise dont le succès n'a pas été aussi heureux que ses sujets et ceux de Votre Altesse le désiraient ; mais ne pouvant plus rien faire ici pour son service, je suis résolu à demander à Sa Majesté la permission de me retirer chez moi, non pas pour m'y renfermer, mais pour me préparer à servir de nouveau Sa Majesté et Votre Altesse, seul objet de mes vœux.

J'ai prié Sa Majesté de daigner me confier le commandement de la cavalerie, si le prince de Suemona quitte son service, ou de me donner une autre charge à sa convenance. Je viens d'être informé que Votre Altesse sera consultée à ce sujet,

19

et je la supplie d'avoir la bonté de me recommander à Sa Majesté, comme déjà elle a bien voulu le faire. Je n'ai point et je n'aurai de ma vie d'autre désir que celui de me consacrer au service de Votre Altesse, et comme c'est là l'objet de toute mon ambition, j'ai cru devoir la prévenir que Venecians et le duc de Florence veulent employer, pour obtenir cette faveur, le marquis de Marignan, qui a obtenu une permission de Sa Majesté, et part d'ici assez mécontent. J'ai cru devoir me hâter, afin qu'aucun de ceux que je viens de nommer ne puisse obtenir d'être placé avant que Votre Altesse en soit avisée. J'ai pensé qu'il était bon d'agir ainsi, car il pourrait se faire que le duc écrivît sur cela à Votre Altesse; je sais qu'elle a, comme tout le monde, l'opinion la plus favorable du marquis, à cause de ses beaux services dans toutes les occasions et particulièrement dans cette dernière expédition, et parce qu'il est un des meilleurs hommes de guerre et des plus expérimentés. Votre Altesse fera ce qu'elle jugera convenable, et je termine en priant Dieu, Notre Seigneur, de garder la très-haute et très-puissante personne de Votre Altesse, et de veiller à l'augmentation de sa puissance par de nouveaux royaumes, comme ses sujets le désirent.

Du camp, le 28 décembre 1552.

De Son Altesse, le loyal sujet,

Signé, le Prince D'ASCULI.

DESCRIPTION DES CINQ MÉDAILLES

frappées après la levée du Siége de Metz.

L'heureuse issue du siége de 1552 a été consacrée par cinq médailles : trois au nom du roi, deux au nom de François de Lorraine, duc de Guise.

Médailles au nom de Henri II.

N° 1. — Médaillon de 54 millimètres, présentant le roi en buste, cuirassé et la tête ceinte de lauriers. En légende :

HENRICVS·II·GALLIARVM REX INVICTISS·P·P·

Le titre de père de la patrie signale le retour à l'épigraphie monétaire des empereurs romains.

Le haut relief du buste, l'exquise finesse des damasquinures de la cuirasse, la belle et calme expression de la tête font de cette médaille un monument que le dix-neuvième siècle ne répudierait pas.

℞ Grenetis perlé et couronne de lauriers. Dans le champ, en neuf lignes :

RESTITVTA REP·SENENSI·LIBERATIS
OBSID·MEDIOMAT·PARMA MIRAND SANDAMI·ET
RECEPTO HEDINIO — ORBIS CONSENSU 1552.

Cette légende, comme on le voit, non-seulement est relative à la délivrance de Metz, mais elle consacre en outre l'affranchissement de Sienne, la levée des siéges de Parme, de la Mirandole et de San Damiano, et la reprise d'Hesdin, place qui devait retomber bientôt entre les mains de l'empereur.

L'exemplaire que j'ai reproduit est en cuivre et appartient au cabinet de Grance ; les autres collections que j'ai visitées n'en possèdent que des copies surmoulées.

Les trois pièces qui suivent, sans relief et mal sorties du coin, sont bien infé-
rieures à la précédente.

N° 2. — Buste du roi de profil, couronne en tête. En légende :

HENRICO II FRANC R CHRISTIANISS OPTO PRINCIPI.

℞ Grenetis circulaire. Dans le champ, en huit lignes horizontales :

MET LIBER OBSID CAR V IMP ET GERM OPPVG FRANC
A LOTHOR DVCE GVIS FŒLICIS PROPVG 1552.

A l'exergue, l'écu de Metz. Flan de 34 millimètres.

Cette rare médaille de bronze n'existe, à ma connaissance, que dans la collection de M. Norblin, qui a bien voulu me la communiquer. Dupré de Geneste ne
l'avait pas vue en nature. Il en a donné le *revers* d'après une gravure de Sébastien
le Clerc, qui avait lui-même négligé d'en reproduire le droit. La raideur et la
mauvaise exécution de la tête et l'irrégularité des lettres dont se compose la
légende horizontale, permettent de croire que ce coin, gravé à la hâte, aura
bientôt été brisé et remplacé par le suivant.

N° 3. — Même type au droit, mais exécution artistique plus satisfaisante.

HENRICO II FRANC R CHRISTIANISS OPTIMO PRINCIPI.

℞ MEDIOM LIBER OBSID CAR V IMP ET GERMAN
OPPVG FRANCIS A LOTHOR DVCE GVIS FŒLICISS PROPVG 1552.

On peut remarquer aussi que les abréviations sont bien mieux entendues dans
cette inscription que dans celle du N° 2.

Inédite ; même diamètre ; cuivre ; cabinet de France.

Médailles au nom du duc de Guise.

N° 4. — Couronne formée de tiges d'herbes reliées par une bandelette. L'artiste, fidèle au goût de la Renaissance, a buriné ici la couronne obsidionale (*gra-
minea corona*) qui, dans l'antiquité, fut de simple verdure avant d'être composée
de feuilles d'or. En légende circulaire :

FRANCISCO A LOTHOR DVCI GVISIÆ PARI FRAN DECR EXERCIT.

Dans le champ et en sept lignes horizontales :

OB SERV METIM ET FRAN PROCERES CAROLO V
IMP ET GERM OBSID 1552.

Cette double inscription peut se traduire ainsi :

L'armée a décerné cette récompense à François de Lorraine, duc de Guise, pair de France, pour avoir sauvé Metz et l'élite de la noblesse française assiégées par Charles-Quint et par les forces de l'Allemagne.

On lit au revers, en huit lignes horizontales :

MARS DEDIT GRAMINEAM PERGE DEDDET
REGIAS HIEROSOL ET SICIL TVORVM PROAVORVM
ORNAMENTA ___ H II F R JVSSV.

Mars t'a donné la couronne obsidionale. Continue ! Il te rendra les couronnes de Jérusalem et de Sicile qui ont orné le front de tes aïeux.

Enfin l'exergue nous apprend que cette pièce a été frappée par ordre de Henri II, roi des Français (H II F R IVSSV).

Argent, 35 millimètres ; cabinet de France.

Dupré de Geneste, dans ses dessins manuscrits, et Dom Calmet, dans son histoire de Lorraine, donnent la variante que voici :

FRANCISCO A LOTH DVCI GVIS PARI FRAN DECRET EXERC.

La fidélité bien connue des descriptions numismatiques de ces savants, me porte à croire qu'effectivement il a existé deux coins de cette médaille, comme de la précédente.

N° 5. — Buste du duc de Guise tourné à droite, la tête nue, les cheveux courts et la barbe pointue ; armure sans ornement. En légende :

FRANCISCVS DVX GVISIVS.

La tête est d'une belle expression et la forme des lettres d'une correction remarquable.

Au revers on voit une ville assiégée au-dessus de laquelle se développe une banderolle où est écrit :

1552 · HÆC TIBI META.

Cette apostrophe adressée à Charles-Quint, comportait peut-être un jeu de mots, *meta* (borne), ayant, suivant Dom Cajot, été quelquefois employé au lieu de *Mettis*, pour désigner la ville.

Le coin de cette médaille existe encore à la monnaie de France ; mais il est quelque peu fatigué ; aussi faut-il de l'attention pour bien saisir les détails nombreux et d'une extrême finesse qui s'accumulent dans le champ.

Maintenant il s'agit de savoir si le graveur a eu l'intention de reproduire une vue de Metz prise à vol d'oiseau, ou s'il s'est borné, comme on l'a fait si souvent, à représenter une ville imaginaire? Je n'hésite pas à me ranger à la première de ces deux opinions. On voit en effet sur le second plan une longue ligne de tours et de courtines, représentant avec assez d'exactitude l'ancienne enceinte de Metz, depuis le point où elle ouvrait passage à la Seille jusqu'à celui où elle se retournait à angle droit pour se développer le long de la Moselle. En outre, si l'on se reporte à la *Relation de Bertrand de Salignac* et aux *Ephémérides et Saillyes de Metz par le sieur des Chagnatz*, on reconnaîtra la partie de l'enceinte sur laquelle Charles-Quint avait dirigé ses attaques les plus longues et les plus régulières : ainsi, à la droite, mais en arrière, on aperçoit la porte des Allemands avec les tours qu'elle possède encore, et, sur le bord de la médaille, une sorte de ruban qui vient aboutir à cette porte et qui représente la rivière de Seille. Portant les yeux vers la gauche, on rencontre successivement le château de la porte *Mezelle*, celui de la porte *Saint-Thibauld*, et, un peu en avant, le front d'attaque au milieu duquel se trouvait la porte *Champenèze*, et qui s'étendait de la tour Serpenoise à la tour d'Enfer. Enfin, au pied de ce dernier bastion, un nouveau ruban commence à serpenter et indique le cours de la Moselle.

On remarque sur les voûtes de la porte Mazelle, les travailleurs qui, suivant la chronique, ont exécuté en ce point des terrassements et des blindages.

Si l'on pénètre dans la ville, on reconnaît, sur la droite, les arcades du Champ-à-Seille où s'élève aujourd'hui la caserne Coislin, et, au centre, un clocher qui domine les autres et qui doit être celui de la cathédrale ; enfin on aperçoit dans le lointain le calvaire de la montagne d'Ézirmont.

Notre médaille peut donc être considérée comme représentant la ville telle qu'elle était figurée sur les plans, et si l'image n'en est pas plus fidèle, il faut l'attribuer à l'ignorance où l'on était alors des règles de la perspective, et à l'habitude d'employer, pour les tours, les églises, les édifices et les rues, des poinçons tout faits qui n'en reproduisaient aucunement les formes.

Reportons-nous maintenant aux derniers moments du siége.

D'énormes cavaliers de tranchée s'élevaient en face du front Serpenoise ; de profonds cheminements aboutissaient à la contre-escarpe ; les tours de Vuassieux, des Ligniers et de Saint-Mihiel, étaient complètement ruinées ; la tour d'Enfer elle-même avait grandement souffert de la canonnade ; en un mot, la brèche était praticable et n'avait pas moins de quatre-vingt-dix pieds.

L'assaut semblait donc devoir être livré. Mais, pour une telle entreprise, le nombre ne supplée pas à la valeur. Or, l'armée de Charles-Quint, composée d'élléments hétérogènes, découragée d'ailleurs par la durée de la résistance, avait à faire à une troupe aguerrie, s'il en fût jamais ; car la garnison comptait dans ses rangs l'élite même de la noblesse française. Aussi, les assiégeants se bornèrent-ils à une vaine démonstration, et Charles, après avoir pompeusement étalé ses forces en face de la brèche, renonça à toute idée de conquête, et ne songea plus qu'à assurer sa retraite.

C'est ce moment solennel que l'artiste a choisi.

L'armée impériale occupe le premier plan; une colonne d'attaque se dirige vers le point où doit être pratiqué le passage du fossé; derrière les remparts apparaissent les défenseurs de la cité accourant au combat; Guise domine le sommet de la brèche, et s'appuyant d'une main sur sa lance, de l'autre sur son bouclier, il semble défier l'ennemi et dire à Charles-Quint : *Tu n'iras pas plus loin,* hæc tibi meta.

DVX GVISIVS · FRANCISCVS

N·1552· MEC·TIBI·META·

5

MET
LIBERICESID
CARVIMPETVG
RMOPVG·FRANC
A·LOTHOR·DVCE
GVIS·FOELICIS
PROPVG·
1552

MIFF

MILDION
CARVIMPH·FRAN
ANOPVG·FRANCIS
A·LOTHORI·DVCE
GVIS·FVELIXISS
PROPVG·
1552

MARS
DEDIT·GRA
MINEAM·PEAGE
RED·DET·REGIAS
NIERO·SOLETSICH
IVORVM·PROAVO
RVM·ORNAMENTA
H·II·F·R
IVSSV

HENRICO·II·FRANC·R·CHRISTIANISS
PRINCIPI

HENRICO·II·FRANC·R·CHRISTIANISS
PREVDI

1552

HENRICVS·II·GALLIARVM·REX·INVICTISS·P·P·

1552

RESTITVTA
REP·SENTENSI
LIBERATIS·OBSID·
MEDIOMAT·PARMA
MIRANDSANDANI·
ET·RECEPTO
HEDINIO
ORBISCONSENSV

Ch. Rebort del.

Ad. Ballanger Sculp.

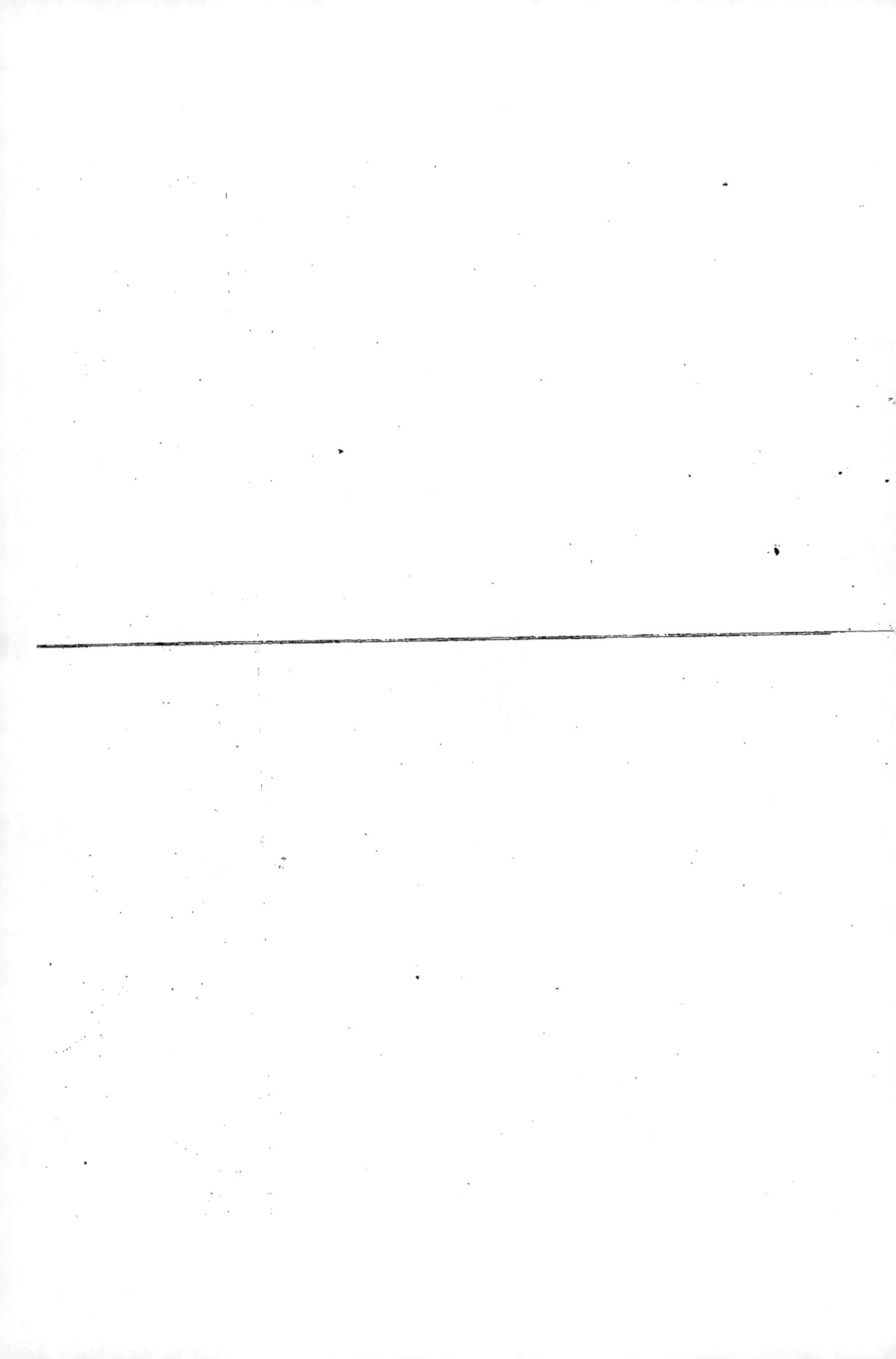

GLOSSAIRE

DES PRINCIPAUX MOTS HORS D'USAGE.

A.

ACCOUSTRÉ, disposé, préparé.

ADRESSER, *pour* dresser, instruire.

AGUET, vigilance.

AEY, Ay, village situé à la droite de la Moselle.

AFFAIRE, à faire.

AFFUSTER, mettre en batterie.

AINS, mais.

AINSI, comme.

ALLOYÉ, coulé.

AORNEMENTS, *pour* ornements.

ARCANCY, Argancy.

ARMET, petit casque fermé.

A TANT, alors, enfin.

ATTILTREZ, postés.

ATTILTRERENT (s'), se chargèrent, se donnèrent habituellement.

AUCUNS, quelques.

AU DEMOURANT, au surplus, du reste.

AU MOINS, au moyen de.

AUSSI, également.

AVALLER, enlever, descendre.

A VAU L'EAU, précipitamment.

AVOIR AFFAIRE, avoir besoin.

B.

BAILLER, donner, livrer.

BONNE PIECE, longtemps.

BONNY, Borny.

BOULAC, Boulay.

BOUSCHOIT, bandait les yeux.

BRASSALS, brassards d'armure.

BUSQUER, piller.

C.

CAMPAGNILH, sentinelle placée dans la tour d'un clocher.

CAQUE, baril.

CARGUE, peur, retraite.

CELUI, CELLE, *pour* ce, cet, ceste.

CERCHER, chercher.

CERTAINETÉ, certitude.

C'EST, CEST, *pour* cet.

CESTE, *pour* cette.

CESTUY, *pour* celui.

CESTUY CI, ce lieu-ci.

CHAMP PAPANE, Champ à Pane, terrain situé entre la porte Saint-Thiébault et celle de Serpenoise, à peu près en face de la poudrière, sur la même ligne que le port dit la Lunette de Montigny. Il servait autrefois à la sépulture des pauvres de l'hôpital Saint-Nicolas. Ces pauvres étaient vêtus d'une étoffe grossière appelée *panne* ou *pane*.

CHAMPENEZE, Champenoise, Serpenoise.

CHARROY, transport.

CHARROYS, chariots.

COMBIEN, encore bien.

CORNETTE, étendard. Ce mot désigne aussi la troupe elle-même.

CORSESQUE, poignard.

CONTEMNER, mépriser.

COULA, *pour* s'écoula, se passa.

COURTAUX, chevaux de selle.

COUSTAUX, côteaux.

CREANGES, Créhange.

CUIDANS, pensant, croyant.

CUIDENT, grave.

D.

DANS LE TEMPS, dans le délai.

DEBITIS, lieutenant.

DEDIÉS, donnés.

DEFFOURNIR, dégarnir.

DEMARCHER, déloger.

DEVOTION, obéissance.

DEXTREMENT, avec dextérité, adresse.

DIRE, chanter.

DISPENSER, départir.

DONT, d'où, donc, en conséquence.

DONCHAMP, Ladonchamps.

E.

EMBESOGNER, occuper.

EMPESCHANS, gênants.

EN LIEU, *pour* au lieu.

ENSEIGNE, compagnie.

ENTRETENEMENT, entretien.

ESCHAUFFÉ, violent.

ESCOPETERIE, salve, décharge d'escopettes, fusils de guerre.

ESTRETTE, alerte.

F.

FAILLOIT, manquait.

FAIRE MONSTRE, faire le paiement de la solde militaire.

FIANCE, confiance, sécurité.

FINER, trouver.

FLASQUES, partie de l'affût d'un canon.

FORCÉ DU COURANT, pressé, violenté par le courant.

FORPACH, Forbach.

FORS, excepté.

FOULLE, oppression, dommage.

FOURNISSEMENT, provision.

G.

GASPARD DE HUS, Gaspard de Heu.

GAST, ruine, destruction.

H.

HAULTURE, hauteur.

I.

ILEC, là, en cet endroit.

IMAGINATION, conception, dessein.

IMBOSCADES, embuscades.

IMPETRER, obtenir.

ISPURG, Insbruck.

J.

JETER A SAUVETÉ, mettre à l'abri, hors de danger.

JOINT QUE, outre que.

JUSQUES A VESPRES, jusqu'au soir.

L.

LANGUE, connaissance.

LANSQUENETS, fantassins allemands.

LON, *pour* t-on.

LORS, alors.

M.

MAISONNAGES, arbres de haute futaie.

MANDEMENT, juridiction.

MARRY, fâché, mécontent.

MESTIVES, moissons.

MOYENNER, procurer.

MUTINATIONS, tumulte, sédition.

N.

NAVEAUX, navets.

NE, *pour* ni.

O.

ONCQUES, jamais.

ORES, tantôt.

OU, *pour* où.

OULTRE CE, par-dessus cela, en outre.

P.

PALLIFICADES, constructions destinées à affermir le sol au moyen de pilotis.

PARFOURNIR, parfaire.

PAR QUOY, pour telle cause.

PARTEMENT, départ.

PAVESADES, palissades, appareil derrière lequel le soldat trouvait une sorte d'abri contre les coups d'arquebuses.

PENULTIME, *pour* pénultième.

PETIT METS, nom donné par les Messins à la forteresse importante qu'ils possédaient à Vry, village à 15 kilomètres nord-est de la cité.

PONT DES MORES, pont des Morts.

POUR CE QUE, par ce que.

PRATICQUES, menées.

PRECOMPTER, déduire.

PROVIDENCE, prévoyance.

Q.

QUARTENIERS, officiers préposés à la surveillance d'un quartier ou d'une localité.

QUASI, presque.

QUE, encore bien que.

QUE, QUI, *pour* ce que, ce qui.

R.

RAMENTEVOIR, rappeler.

RECOUSSE, secours, aide.

RELIQUES, restes.

ROMPEMENT, rupture, bris.

ROMPOIT LA BROCHE, coupait court.

RORANGES, Florange.

ROZEMONT, Richemont, bourg situé à gauche du ruisseau de l'Orne et de la Moselle.

S.

SAILLIE, sortie.

SAINCT AVAU, Saint-Avold.

SAINT IULIAN, Saint-Julien.

SAINCT THIBAULT, Saint-Thiébault.

SAINCTE GLOCINE, Sainte-Glocinde.

SALADES, soldats coiffés de l'armure défensive appelée salade, sorte de casque.

SAULVEMENT, conservation.

SAYES, casaques.

SE SEMOIT, se disait, se répandait.

SEREBRUCH, Sarrebruck.

SOMMIERS, chevaux de somme, de charge.

SOULOIT, avait coutume.

SOUSPEÇON, soupçon.

SQUADRES, escouades.

SUJETS, dépendants.

SUR *pour* sous.

SUR, au sujet de.

T.

TABOURINS, tambourins, espèce de tambours.

TEMPORISEMENT, retard.

THALANGES, Talange.

THÉONCOURT, Thicourt.

TOUCHE, épreuve, dommage.

U.

UN PETIT, peu s'en fallut.

V.

VALIERES, Vallières.

VICTUAILLES, provisions de bouche.

www.ingramcontent.com/pod-product-compliance
Lightning Source LLC
Chambersburg PA
CBHW072024080426
42733CB00010B/1810